全国学前教育专业（新课程标准）“十二五”规划教材

幼儿教师实用语文

主　编　杨　帆

副主编　冯维祥　蒋　薇

编　者（排名不分先后）

杨　帆　冯维祥　蒋　薇

张　运　吴晓宇　卢　波

復旦大學出版社

内容提要

本教材共三篇：第一篇“汉语基础知识”主要梳理汉语基础知识脉络，旨在加固幼师专业学生的语文基础；第二篇“阅读”主要选编古今中外经典的儿童文学作品，旨在通过阅读提高学生的赏析能力与语言运用能力；第三篇“写作”从幼师写作的实用性出发，介绍了幼儿教师在工作以及教学中经常使用的文体。“汉语基础知识”篇的“小试身手”、“阅读”篇的“思考与练习”、“写作”篇的“写作训练”都根据教材内容与教学实践，为读者提供了丰富的课后习题，有助于读者掌握与巩固知识点。

本教材可供普通高等学校、职业教育院校学前教育专业及幼儿师范院校的学生选用，也可以作为幼儿园教师继续教育和进修的培训教材。

编 委 名 单

主　编：杨　帆

副主编：冯维祥　蒋　薇

编　者：（排名不分先后）

杨　帆　冯维祥　蒋　薇

张　运　吴晓宇　卢　波

FOREWORD 前言

百年大计，教育为本。教育要发展，必须适应当前社会发展的需要，做到与时俱进。幼儿师范教育培养的主要是学前教育专业教师，他们肩负着培养祖国下一代的重任。万丈高楼平地起，要造就新时期的高素质人才，必须从娃娃抓起，学前教育因此备受社会关注。为顺应新时期基础教育改革的要求，幼儿师范教育界的同仁都在探索幼儿师范教育发展的新路径。编写一本适合幼儿师范学生使用的综合性实用教材，是我们培养幼教人才的一次尝试。《幼儿教师实用语文》力求综合现有不同版本、多种体系的语文教材的核心内容，筛选提炼幼儿教师必备的语文知识，融入编者日常教学的经验与案例，以期打造一本涵盖语音、语法、幼儿文学、阅读与写作等语文领域知识的实用语文教材。语文教育的目的，是让学生能说会写，增强其语言文字的表达能力，同时通过语文教育的过程，使学生能够崇德向善、求真尚美、进取务实，从而形成良好的品格、提升自身的修养、树立崇高的理想。本书遵循"抓基础、提技能、重实用、促发展"的编写宗旨，融知识性、趣味性、实用性为一体，凸显幼师职业教育的特点，可作为学前教育专业学生在未来职业生涯中常备的职业工具书。

本教材共三篇，其中第一篇"汉语基础知识"六个单元，第二篇"阅读"五个单元，第三篇"写作"三个单元。第一篇主要梳理汉语基础知识体系，旨在加固学前教育专业学生的语文基础；第二篇选编作品多为古今中外经典儿童文学作品，简单易懂，寓意深刻，具有现实的教育意义；第三篇介绍了幼儿教师在工作以及教学中经常使用的文体。三部分内容既相互联系又相互独立，在编写体例上既有共性，也有个性。本教材旨在将幼儿教师需要掌握的语文必备知识整合为一本实用性很强的通用教材。《幼儿教师实用语文》课程开设两学年，每学期按18周计算，每周安排2课时，共计144课时。其中第一篇全部、第二篇第一单元、第三篇第一单元为第一学年教学内容；第二篇第二至五单元、第三篇第二三单元为第二学年教学内容。此类划分仅供参考，各校可根据本校教学实际，灵活安排，不受此限。

本教材由毕节幼儿师范高等专科学校组织编写，由杨帆担任主编，拟定全书框架，冯维祥、蒋薇任副主编。具体编写分工如下：第一篇"汉语基础知识"由张运、杨帆撰写；第二篇"阅读"由卢波、冯维祥撰写；第三篇"写作"由吴晓宇、蒋薇撰写。全书由蒋薇、吴晓宇统稿。成书过程中得到了复旦大学出版社的大力支持，编辑们的负责态度与敬业精神给我们留下了深刻的印象，在此表示衷心的感谢。

本教材在编写过程中，集众家之长，参考了国内相关出版物和互联网上的资料，引用或借鉴了许多专家学者的研究成果，未能一一作注，在此一并谢过！仓促成书，疏漏谬误，在所难免，书中若有不当之处，敬请专家学者、语文教育界的同仁、读者批评指正。

杨帆

2015年6月30日

目录

第一篇　汉语基础知识

第二篇　阅　　读

第三篇　写　　作

第一篇

汉语基础知识

第一单元　汉语知识概述

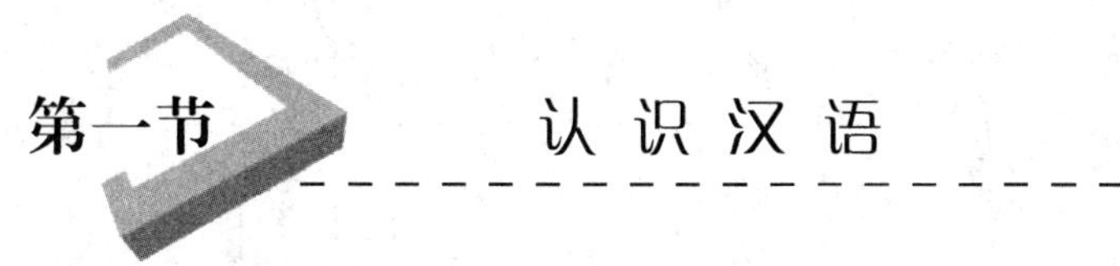

第一节　认识汉语

引子

汉语是华夏民族最主要的语言，也是全世界最美丽的语言，它的一个字里面就可能蕴藏着一句话或一个故事，可以这么说，全世界只有汉语才能称得上是学无止境，世界上没有什么语言可以与汉语的博大和精深相比。著名诗人余光中先生曾经说过一句话："英语充其量只是我们了解世界的工具，汉语才是我们真正的根。"近年来，随着中国经济实力的不断提升，汉语日益受到各国的重视。面对海外持续升温的汉语热，我们有什么理由不学好、用好汉语，把以汉语为载体的中华文明发扬光大呢？今天，就让我们一起走进博大精深的汉语世界，去品味她的美丽，领会她的神奇。

一、汉语的含义

汉语，又称中文、汉文，其他名称有国文、国语、华文、华语、唐文、中国语，还有唐话、中国话等俗称，广义上指不同地区的汉族人使用的语言，狭义上指普通话——以北京语音为标准音，以北方话为基础方言，以典型的现代白话文著作为语法规范的现代汉民族语言。

汉语作为汉民族使用的语言，也是我国的通用语言。主要分布在中国境内，在海外也有很多人把它作为母语或外语使用。汉语有着悠久的历史，尽管形成的年代无从考证，但从殷商时代的甲骨文算起，至少有 3 500 年的历史。世界上现在大约有 5 000 多种语言，汉语是世界上使用人口最多的语言。

二、汉语的魅力

（一）汉字是世界上唯一还"活着"的最古老的文字

古老的苏美尔人的楔形文字和埃及的象形文字消亡后，沿用了数千年的汉字便成为世界上至今仍在使用的最古老的文字，可谓源远流长。汉字是由甲骨文演变而来的，早在殷商时期，甲骨文就已经是一套完整的汉字体系了。

（二）汉语之美

1. 美在其形，美在其音，美在其意

汉字横平竖直，结构匀称，书法作品变化无穷，摇曳多姿。汉语四声分明，平仄相间，音韵和谐，诗词曲赋美不胜收。汉字浓缩了中国几千年文化精髓，言简意赅，表意丰富，讲究修辞，一个汉字里面就可能蕴藏着一句话或一个故事。

比如见到“年”字，就会让我们联想到凶残的年兽，驱魔的鞭炮，以及家人团聚的喜庆，年华易逝的慨叹。又如“家”字的写法是“宀”下一个“豕”字，造字法中，“宀”是“穴”字的变形。在远古时代，我们的先民都居住在洞穴中，穴就是我们先民最初的家，因此，先民在创造汉字时，“宀”也就有了“家”的含义。为什么“家”字的下半部分是个“豕”字，而不是“牛”“马”“羊”等字呢？“豕”的意思是“猪”。我们的先民所处时代生产力低下，人的寿命也很短，往往十几岁就死去，三十岁就已成老年。一个种族、一个家族能持续生存下去，最主要的体现就是人丁兴旺，人口众多。我们的先民在生活实践中发现，在捕获的野生动物中，猪的繁殖力是最强的，不但一胎中生育的数量是最多的，而且生育的周期也是最短的，牛马羊等动物无可与之匹敌。这对于先民来说是最为可喜的事情，蓄养猪不但可获得大量的食物来源，而且也看到了未来生活充足富裕的前景。猪也就成了我们先民最珍爱的动物。所以，我们的先民在造字时，就在表示“家”字含义的“宀”下放上一个“豕”，是赋予一个家族、一个家庭人丁兴旺、生活富裕的深刻含义。

2. 汉语的美还美在其变化

中国的语言很奇妙。就像一组积木能够搭出千变万化的形状一样，中国语言里面的词语通过不同的组合，可以表达不同的意思。

比如“我不是一个随便的人”（或：我是一个不随便的人），将这句话重新组合，可以变成“我一随便不是个人”，意思竟然大相径庭；再如“不可随处小便”只是一条告示，重新排列后，就变成了一条警世箴言“小处不可随便”。

再如中国特有的回文诗与回文对联，“客上天然居，居然天上客”。它既可顺读，又可倒读，将汉字遣词造句的独特奇妙之处发挥得淋漓尽致！还有我们生活中经常见到的猜灯谜游戏、成语接龙、歇后语、对对子等，无不体现着汉语的神奇。

三、汉语的特点

汉语在人称、数量、表示时间的词语、声调等方面与外国语（主要是印欧语言）的不同，使汉语具有委婉含蓄的特点。这决定了汉语是一种极富表现力的语言，它在语音、词汇和语法等方面表现出了独到的特性。

（一）汉语在语音上的特点

1. 汉语有声调

汉语音节的音高变化都有区别意义的作用。例如普通话中“妈、麻、马、骂”，声母和韵母相同，声母都是“m”，韵母都是“a”，但声调不同，表示的意义就不一样，在书面上也就写成四个不同的汉字。由于普通话中的声调只有四个，所以它负载的区别意义的任务就比声母、韵母重得多。

2. 汉语音节性强

汉语的音节是基本的表意单位，一般说来，每个音节都有意义，最小的声音和意义的结合体基本上都是单音节的，音节之间界限分明。汉语的音节构造简单而有规律，每个音节都可以分析成“声母、韵母、声调”三个部分。

（二）汉语在词汇上的特点

1. 双音节词占优势

古代汉语主要是单音节词；现代汉语里则是双音节词占优势。根据对使用频率最高的现代汉语8 000个常用词的统计，其中双音节词占71%，单音节词占26%，三、四、五等多音节的词（基本上都是外来音译词）只占3%。不过如果从日常口语中词的使用频率来看，单音节词又大大高于双音节词——单音节词的使用频率为61%，双音节词的使用频率只有37%。

2. 合成词占绝对优势

词的构造方式多种多样。现代汉语在构造形式上也就基本都是合成词。从世界上已知的语言来说，主要有重叠构词、派生构词和复合构词这三种构词方式。这三种构词方式在汉语中都存在。一种是重叠构词，即重复相同的词根构成词，如“妈妈”“轻轻”“偏偏”等。一种是派生构词，即由一个有实际意义的词根加一个意义比较虚的词缀构成词，比如“老鼠”“第一”“刀子”“木头”“盖儿”等。还有一种是复合构词，即由两个或多个有实在意义的词根构成词，比如“打造”“深造”“美丽”“缩小”“车辆”“博物馆”等。派生构词在英语等语言中很多，在汉语中很少，而且也不属于严格的词形变化；复合构词在其他语言中很少，在汉语里却很多，而且内部的构造类型也多种多样，如并列式、偏正式、支配式、补充式、陈述式、附加式和重叠式等。

（三）汉语在语法上的特点

1. 缺少形态标志和形态变化

汉语不是通过谓语的词形变化来表示“时、体、态”的语法意义，也没有像印欧语言那样的定式动词和不定式动词的区别。例如汉语里的动词可以作谓语、带宾语、带补语、作主语、作宾语、作定语，也可以受定语修饰（动名词），而在形式上则完全一样。例如“研究”的用法：(1) 他研究（作谓语），(2) 打算研究（作宾语），(3) 研究语法（带宾语），(4) 研究清楚（带补语），(5) 研究课题（作定语），(6) 语法研究（受定语修饰）。汉语谓语动词的语法意义是靠一套表示时态的助词（如“着”“了”“过”等）和表示语气的助词（如“了”“呢”“吗”等）来表现的。

2. 只要语境允许，句法成分可以省略

英语的主语、谓语、宾语都是不可以随便省略的。可是在汉语里，只要语境允许或不引起误解，很多成分都可以省略。例如回答“你吃苹果吗？”，可以说“我吃苹果”，也可以说“我吃”或者“吃”。汉语里还常常可以见到、听到只有一连串的名词而没有一个动词的句子，例如“明天上午全厂职工大会”。

3. 句子的构造规则跟词组的构造规则基本上一致

在印欧语里，词、词组、句子之间是一层一层的“组成关系”，即由词组成词组，由词组组成句子；而在汉语里，词和词之间是组成关系，词组和句子之间则是一种“实现关系”，即词组加上句调就成为句子。

4. 同一种语法关系可以包含较大的语义容量和复杂的语义关系而没有任何形式标志

比如同样是“动宾结构”，语义关系就很不一样。例如：(1) 吃桃子（动作—受事），(2) 吃大碗（动作—工具），(3) 吃食堂（动作—方式），(4) 吃利息（动作—凭借），(5) 躲高利贷（动作—原因），(6) 排电影票（动作—目的）。

5. 汉语语序固定，语序是表示语法意义的重要手段

汉语的基本语序是：主语在谓语之前，宾语在谓语之后，修饰语在中心语之前，补语在动词或形容词之后。语序变动，结构关系和意义也随之改变。(1) 眼睛大大的（主谓关系）≠大大的眼睛（偏正关系），(2) 打我了（动宾关系）≠我打了（主谓关系），(3) 客人来了（主谓关系）≠来客人了（动宾关系），(4) 来早了（动补关系）≠早来了（状语—中心语偏正关系）。外国人学汉语常常会将语序弄错。例如，不说“猪比牛小”，而说“猪小比牛”。

6. 汉语有量词和语气词

汉语在说明事物数量时，不能直接用“数词＋名词”来表示，中间一定要加量词。例如不能说“五书”“六笔”“三狗”，而得说“五本书”“六支笔”“三条狗”。英语里似乎也有量词，例如：“a piece of chalk”“a cup of tea”等，但英语里的“piece cup”是作为名词来用的，而且只出现在不可数名词的前面。汉语里还有系统的语气词，如“啊”“吗”“吧”“呢”“呗”“了”等，通常放在句末表示一定的语气。用不同的语气词，句子的意思就不一样。例如：(1) 他不愿意啊！(2) 他不愿意吗？(3) 他不愿意吧？(4) 他不愿意呢？(5) 他不愿意呗。(6) 他不愿意了。

小◇试◇身◇手

1. “有点儿”和“一点儿”都可以表示程度不深，但用法不同。请比较下面几组形容词作为谓语的句子，判断使用正误，错误的请改正。

   (1) 东西有点儿贵/不贵。
   东西一点儿贵/不贵。

   (2) 东西有点儿便宜/不便宜。
   东西一点儿便宜/不便宜。

   (3) 房间有点儿干净/不干净。
   房间一点儿干净/不干净。

   (4) 房间有点儿脏/不脏。
   房间一点儿脏/不脏。

2. 汉语在不同的时期有不同的名称，你知道多少？
   ——雅言(春秋　　)
   ——通语(　　　　)
   ——官话(　　　　)
   ——国语(　　　　)
   ——普通话(新中国成立后)

3. 下图是写在茶杯上的五个字，请问图中的字可以组成几句话？

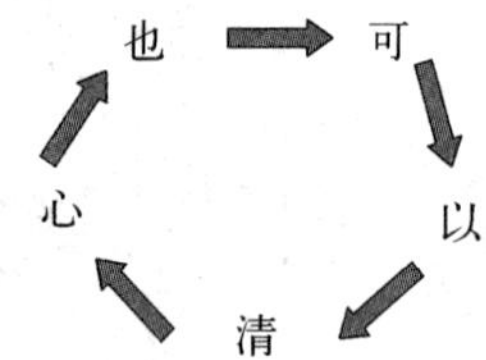

第二节　汉语的演变及现代特征

引子

汉语有几千年的历史，仅从有文字开始算也有三千多年了。几千年来，随着社会生产力不断发展，社会文明程度不断提高，汉语也在不断丰富和发展着。如果说汉语的历代文献串联成了汉语发展的轨迹，那么现代汉语的各种方言就是古代汉语的活化石。从这“死”的和“活”的两种材料中，大致可以看出汉语的发展脉络。

一、汉语的古今变化

(一) 汉语语音的演变

汉语语音的变化包括声母、韵母、声调以及音节组合规律的变化，因为涉及古代汉语的语音知识较多，这里不作深入说明。下面仅举两个例子来看看。

1. 声调的变化

大家知道诗歌押韵是有讲究的。一般的押韵规则是“平押平，仄押仄”（平指平声的字，仄包括上声、去声、入声的字），更严格的要求是“四声不通押”（平、上、去、入各个声调的字互相不能押韵）。可是按照这个标准，有些古诗现在读起来似乎就不怎么押韵了。例如柳宗元的《江雪》：“千山鸟飞绝，万径人踪灭。孤舟蓑笠翁，独钓寒江雪。”用普通话的读音来读，诗中的韵脚“绝”是第二声（阳平），“灭”是第四声（去声），“雪”是第三声（上声）。但实际上古代“绝、灭、雪”这几个字都是入声字，声调是相同的，因此完全符合押韵规则。这种情况就反映出古代汉语中的入声调在现代汉语普通话里已经消失，并入“平、上、去”等声调了。

2. 韵母的变化

再看一首约九世纪时一个叫胡曾的人写的《嘲妻家人语音不正》诗：“呼‘十’却为‘石’，唤‘针’将作‘真’。忽然云雨至，却道是天‘因’。”如果我们不了解古今汉语读音的变化，一定会觉得这个人真是鸡蛋里挑骨头，因为“十”与“石”、“针”与“真”、“阴”与“因”在现代汉语普通话里是同音的。殊不知在当时“十”和“石”、“针”和“真”、“因”和“阴”的韵母（特别是韵尾）是不一样的。这种情况就反映出古代汉语的韵母在现代汉语普通话中也发生了很大的变化，比如带“—p/—t/—k”塞音尾的韵母都消失了，带“—m”鼻音尾的韵母也消失了。

李白的《望天门山》：天门中断楚江开，碧水东流至此回。两岸青山相对出，孤帆一片日边来。

李白的《将进酒》：君不见黄河之水天上来，奔流到海不复回。

贺知章的《回乡偶书》：少小离家老大回，乡音无改鬓毛衰。儿童相见不相识，笑问客从何处来。

从诗的韵脚规律来看，这些“回”字，在古代极有可能读“huái”。

（二）汉语词义演变

1. 有些古代汉语的词，意义没怎么变，但是现在已经不能单独使用了

例如：古：形　　貌　　衣　　镜　　妻　　自　　修

　　　今：体形　容貌　衣服　镜子　妻子　自己　修长

2. 有些古代汉语的词只在某些情况下才使用，一般则被另一个词代替了

比如文言文中的“之”“其”等词就属于这种情况。以古代汉语里使用非常频繁的“之”为例。古代“之”的一个重要用法是放在两个名词成分中间表示领属性修饰关系（相当于现代汉语的“的”），如“城北徐公，齐国之美丽者也”。现代汉语只在某些固定词语或词组里还保留着“之”的这个用法：如“……之上”“……之中”“……之后”“三分之一”“原因之一”“一技之长”“音乐之声”等。而“北京大学之图书馆，香格里拉之神奇风光”等就不大能说了，“之”最好换成“的”。

3. 有些古代汉语的词的某个意义（即某个义项）在现代汉语中已经消失了

比如“服”“窥”这两个词就有这种现象。以“服”为例。“服”在古代汉语中有以下义项。(1) 衣服，服装。例如《离骚》“进不入以离尤兮，退将复修吾初服”（想为国君效劳不被接纳，反而遭祸，退下来就重新修饰我当初的服装吧）。现代汉语“校服、制服”都用的是这个意义。(2) 服务。例如《论语·为政》“有事，弟子服其劳”（有事情，让弟子来为您服务）。现代汉语“服务”中用的就是这个意义。(3) 食用，特指吃药。例如《礼记·曲礼》“医不三世，不服其药”（不是祖传三代的医生，不吃他的药）。现代汉语“服药”“服用”“口服”等词语还保留了这个意义。(4)《邹忌讽齐王纳谏》“朝服衣冠”中的“服”是个动词，表示“穿衣、佩带”的意思。这样的用法还见于《论衡》“服五采之服”。但是在现代汉语里已经没有这样的用法了。

4. 有些古代汉语的词的词义变化了

词义扩大：指今义表示的范围大于古义，而古义包含在今义中。如：“江”“河”二字，古代指长江和黄河，现在泛指一切较大的河流。“好”，古代指女子相貌好看，而现在泛指一切美好的性质。

词义缩小：指今义表示的范围小于古义。如："臭"，古代表示好坏气味均可，现在只表示坏的气味；"让"，古代既可表示辞让谦让之意，又可表示责备之意，现在则只有第一种意义了。

(三) 汉语语法的演变

汉语语法的发展变化主要表现在语句中词语的顺序变化以及某些句式的变化上。

1. 语序的变化

古代汉语句子中词语的顺序跟现代汉语比较，显著的不同之处是疑问句和否定句中的代词宾语要放在动词前。

例如"吾谁欺"和"不吾知"。而这两种句子在现代汉语中要说成"我欺骗了谁"和"不了解我"，也就是说现代汉语所有动宾结构中宾语的典型位置都是在动词的后面。

2. 句式的变化

有些句式古今都有，但表现形式不同。比如古代汉语和现代汉语都有判断句，但古代汉语通常不用动词"是"，而是在主语名词后面用"者"，句末加上语气词"也"，或者只用其中之一，甚至直接用"名词+名词"的形式。如"陈胜者，阳城人也"，"夫战，勇气也"，"荀卿，赵人"等。还有些句式古代没有，是后来才出现的，比如"把字句"就是汉语发展到近代才形成的。

3. 词类的变化

古代汉语中的词类常常可以活用。如"以其子妻之"，其中名词"妻"用作动词，是"嫁……为妻"的意思。再如"既来之，则安之"，其中形容词"安"用作动词，是"使……安定"的意思。又如"君为我呼人，吾得兄事之"，其中名词"兄"是"像对待兄长那样"的意思，用作状语；"事"也作动词用。这些词类活用现象现在已经消失了。

二、现代汉语特点

(一) 现代汉语语音的特点

1. 声调

现代汉语有四个声调：阴平、阳平、上声、去声。每个音节都有声调，其高低升降，都有区别意义的作用。

> 冬天刚到，宿舍里很冷，于是比尔去商店里买被子。他问售货员："你们这儿有'杯子(被子)'吗?"售货员从柜台里拿出一个杯子说："这个行吗?"比尔知道售货员听错了，可他却一下子怎么也发不对"被子"的音。于是只好一边说着"我要杯子(被子)，不要杯子"，一边作出瑟瑟发抖的样子，售货员这才领会了他的意思。

请大家想一想：为什么比尔会把"被子"说成"杯子"呢？人们可能会说，比尔也许是跟着一个普通话不标准的人学汉语。可事实上他的老师普通话都很棒。其实真正的原因是：汉语是一种有声调的语言，每个音节都有一定的声调，声调不同，意思就不一样；而欧洲语言中只有不同的句调，却没有汉语这样的声调。所以汉语的声调，对母语是英语的比尔来说，确实是一道不好过的门槛。

2. 音节构造简单而有规律

音节由声母、韵母、声调三部分组成。有的字也无声母(零声母)，如：昂 áng。

普通话有 21 个声母和 38 个韵母。

海水朝，朝朝朝，朝朝朝落 (朝有时作"潮")

haishuichao zhaozhaochao zhaochaozhaoluo

浮云长，长长长，长长长消(长有时作"常")(长有时作"涨")

fuyunzhang changchangzhang changzhangchangxiao

这两句诗的现代汉语意思是：

海水涨潮，天天早上涨潮，天天涨潮天天落潮。

浮云弥漫，常常到处弥漫，常常弥漫常常消退。

它利用中国汉字一字多音，一字多义的特点，叠音叠义，描绘了海潮涨落，浮云长消的自然景象，显示了自然界变幻多姿的景色，读后使人产生无限遐想：是自然？或亦是人生！

（二）现代汉语词汇的特征

现代汉语的主要特征有：双音节词的数量占优势；词的构造形式多种多样；有独特的量词。前两点在第一节中已有较详尽的论述，此处仅讲讲现代汉语中独特的量词。

一去二三（里），烟村四五（家），亭台六七（座），八九十（枝）花。

作者将一至十十个数词和量词的巧妙结合，使该诗形象丰满，朗朗上口，为读者再现了一幅幽静美丽的春居图。

一天，有一位中国同学问比尔："我听说你家的厨具餐具很齐全，做菜烧饭要用什么找你准没错。"比尔得意地说："是啊，前两天陈健切西瓜没有合适的刀，就慕名来找我，我马上就给了他一刀。"这位中国同学听得瞠目结舌。请大家想一想：为什么比尔会说出"我给了他一刀"这样吓人的句子呢？汉语中"动词＋一刀"有时是可以说的，只不过"给了一刀"和"给了一把刀"的意思完全不一样："一刀"表示动作，"一把刀"则表示事物。比尔想要表达的意思是"给了(他)一把刀"，而他将"把"(量词)丢掉了，说成了"给了(他)一刀"，意思就变成"砍了他一刀"了。

从这个例子可以了解到，如果要表示事物的数量，汉语名词前面一定要加上"个""把""件"这样的量词。这种情况跟英语就很不相同，因为英语表事物的可数名词前面是不需要加上量词的，英语中也没有"(砍)一刀""(打)一枪""(踢)一脚"这样的表示动作量的说法。

（三）现代汉语语法的特点

1. 词没有形态变化

汉语的词不论在词典中或在句子里，也不论在句子的什么位置上，读法和写法都是一样的。如：你正在读什么呢？(用副词"正在"表时态)，类似英文的 What are you reading(现在分词)？

2. 虚词重要而丰富

汉语句了中的语法关系和语法意义主要是通过虚词表示的，虚词的作用大致相当于印欧语言的形态变化。

洪承畴为明朝大臣时，深受崇祯皇帝宠幸，他自己也得意洋洋，曾在厅堂内挂出这样一副对联："君恩深似海，臣节重如山。"后来他松山战役败北，降了大清后，有人在每句话的后面各加了一个字，君恩深似海矣，臣节重如山乎？"乎"表示疑问语气，表达对洪承畴的质疑。对联的意思变为"君恩深似海，而臣节并没有重如山"。使得意思完全相反。

3. 语序的作用很重要

汉语的语序(包括词序、句序)是一种语法手段，常具有表意功能，变换语序，往往会使语义翻新。不同的语序，表意有区别，侧重点不一样，句式也可能不同。如下面这则小故事。

平江人李次青字元度本来是一个书生，根本不知道如何领兵作战。曾国藩命令他领兵作战，每打一次仗便败一次。曾国藩很生气，准备写奏折弹劾他，在他的奏折上便有"屡战屡败"这样的词语。后来曾国藩的幕僚中有一个叫李缓颊的人，把"屡战屡败"改为"屡败屡战"，意思便变得大为不同。于是元度因此才被免罪。

小◇试◇身◇手

1. 请看杜牧的一首诗:《清明》。这首诗可以说是家喻户晓的了。曾有好事者改编了这首诗,有人把它改成五言绝句,有人把它改成词,有人把它改成一出短剧。你知道怎么改吗?

   清明时节雨纷纷,路上行人欲断魂。借问酒家何处有,牧童遥指杏花村。

   (1) 有人认为这首诗还不够精练,应该删去一些词句,把它改成了五言绝句。

   (2) 有人将这首诗变为一首词。

   (3) 有人将这首诗加上一些标点符号,改编成了一出短剧。

2. 梁启超《饮冰室文集》记有"清科考官评点三劣文,一等的称放狗屁,二等的称狗放屁,三等的称放屁狗。"你能说说这三者之间的区别吗?

3. 有人想在祈祷时抽烟,他问牧师:"祈祷的时候可以抽烟吗?""不可以。"牧师答。于是这个人换了一种方式(只是变换一下语序)又问:"______________?"结果牧师高兴地说:"可以。"这个人达到了自己的目的。你知道他是怎么问的吗?

第二单元　语　　音

第一节　语音概述

引子

学习汉语，第一步就是要认识汉字和读准字音，要达到这项要求，这就需要有一种给汉字注音的办法。由于汉字本身是不表音的，要认识汉字和读出字音，只好用另外的汉字或符号来给这个汉字注音，这样便先后产生了各种注音方法。其中最主要的有“直音法”“反切法”“注音字母”和“汉语拼音方案”。

一、汉字的注音方法

由于汉字本身不表音，所以只能用另外的汉字或符号来注音，这样便先后产生了各种注音方法，其中最主要的有以下四种。

（一）直音法：用一个字直接给另一个字注音

直音法是汉代以前最常使用的注音方法。它的优点是简单明了，一看就懂。它的缺点也很突出：注音和查字的人都要有一定文化水平，必须先认识许多别的字并知道其读音；要找到能用来注音的汉字有时也不容易。

（二）反切法：用两个汉字拼出另一个汉字的读音

反切注音法就是找一个字作为反切上字，决定用什么声母，再找一个字作为反切下字，决定用什么韵母和声调。它的优点是差不多可以拼出所有字的读音。反切法也有缺点：反切用到的字很多，对查字的人词汇量的要求较高；汉字的读音逐渐发生改变但字形不变，就无法拼出正确读音。

（三）注音字母：中华民国政府法定注音方法

注音字母是中华民国政府1918年正式颁布的第一套国家法定使用的汉字注音方法。它采用独体古汉字的笔画式符号，一共有39个字母。它的优点是：字母数量少，照顾了古音，念法也固定。它的缺点在于：没有彻底音素化，有的符号可以表示两个音素；采用的符号也太民族化不便于国际交流。

（四）汉语拼音：新中国法定注音方法

汉语拼音方案是新中国1958年正式公布实施的汉语字词注音方法，也是联合国规定的标注汉语语音的国际标准。它包括字母表、声母表、韵母表、标调法、隔音法和省略法。它是一套完备科学的注音方法，符号数量少，做到了音素化（一一对应），也便于国际交流和计算机键盘输入。

二、古代汉语音韵常识

语音与语言的其他要素一样，无时无刻不在变化。这种变化是缓慢的，只有积聚到一定程度时才能被感知。汉语刚刚产生时的语音是什么样的？现在无从知道。近现代学者对有文献记载以来的汉语语音作了比较详尽的研究，各家得出的结论并不完全一致。但有一点是共同的，这就是汉语语音古今差别很大。

古今汉语语音不同，可以从现代汉语方言之间的比较中窥测到一斑，因为语音的地域差别正是语音古今变异的遗迹。也可以从读古代诗歌时觉察到。如《诗经·魏风·伐檀》："坎坎伐辐兮，置之河之侧兮。河水清且直猗。不稼不穑，胡取禾三百亿兮？不狩不猎，胡瞻尔庭有县特兮？彼君子兮，不素食兮。"以"辐""侧""直""亿""特""食"等字相押，用现代普通话来读，它们很不和谐。但在《诗经》时代，这些字是同一韵部，是押韵的。

（一）汉语语音演变的历史分期

现代学者对汉语语音演变的历史做了分期，目的就是在汉语发展史上规定几个具有代表性的共时语音系统，作为对语音进行研究的共同基础。汉语语音系统沿革的大势，可以细分为六个时期，也可以粗分为四个时期。四个时期的分法比较简明，概括性强，对我们学习古代汉语基础知识够用了，其具体划分如下。

1. 上古期（周秦两汉），公元 3 世纪以前。

2. 中古期（魏晋南北朝隋唐宋），公元 4 世纪至公元 13 世纪。

3. 近代（元明清），公元 13 世纪至 19 世纪。

4. 现代（"五四"运动以后），公元 20 世纪。

（二）音韵基本概念

关于声母的"声、声纽、纽、字母"，关于韵母的"韵、韵部、韵目、阴声、阳声、入声"，关于声调的"调、四声"。

1. 关于声母

"声"即今天说的声母，也称"声纽""纽"。古人在属同一声母的汉字中，取其中一个汉字作为这个声母的代表，这个代表字就叫"字母"。如用"帮"代表[P]，用滂代表[P']。

2. 五音、七音

传统习惯上用五音（或七音）三十六字母指称中古声母。所谓"五音"，指声母按发音部位分成唇音、舌音、齿音、牙音、喉音五类；所谓"七音"，就是在五音的基础上，又分出半舌音、半齿音两类。字母就是表示声母的代表字。一般认为三十六字母形成于唐末宋初。

3. 三十六字母

唇音	帮滂並明	非敷奉微
舌音	端透定泥	知彻澄娘
齿音	精清从心邪	照穿床审禅
牙音	见溪群疑	
喉音	影晓匣喻	
半舌	来	
半齿	日	

4. 关于韵母

"韵"这个概念的内涵比较复杂，常见的义项有以下两个。第一，相当于今天说的韵母，即一个音节中开头辅音以外的部分，包括韵头、韵腹、韵尾。第二，指韵书中把主元音、收尾音和声调相同的字归在一起的单位，即韵书中的"韵部"，如《广韵》有 206 韵，就是把 26 194 字按主元音、收尾音和声调是否相同分成的 206 个单位。

根据韵母韵尾的不同，可将韵母分为三类：阴声韵，也简称阴声，指无韵尾或以元音[－u][－i]收尾的韵；阳声韵，也简称阳声，指以鼻音[－n][－ŋ][－m]收尾的韵；入声韵，也简称入声，指以塞音[－p]

[－t][－k]收尾的韵。

古人在属同一韵部的汉字中，取其中一个汉字作为这个韵部的代表（通常排为这个韵部的第一个字），这个代表字就叫“韵目”。如以“东”字作为它所属韵部的代表字，这个韵部就称为东韵，简称东韵。东韵部的字，就都跟“东”字同韵。

押韵。诗句中某字与某字押韵，古人常说：“×与×韵”，或说“×与×为韵”。押韵条件是韵尾相同、主元音相同或相近。编辑韵书的最初目的就是为了方便诗人查找押韵字。但实际上作诗押韵比韵书规定的韵要宽，允许某些相邻近的韵通押。

5. 关于声调

调指声调。现代汉语普通话的声调，指一个音节内部的音高变化，有阴平、阳平、上声、去声四声。这样的定义不能完全适用于中古声调，因为中古有入声，而现代汉语普通话的声调不包括入声。入声与平、上、去三声的区别不在于音高的不同，而是语音成素不同。从这个意义上说，入声根本不应该与平上去声并列。但是，古人一直把入声当作一种声调，以后代代相传，约定俗成，仍把入声称为声调的一种。

（三）押韵和平仄

1. 什么叫押韵？

所谓押韵，就是韵脚的字必须同韵。这里的韵指韵脚字的韵腹、韵尾和声调的平仄都相同，不管声母和韵头。比如凡是属于“汉语拼音韵母表”中同一行韵母的平声字“安(ān)”“烟(iān)”“弯(uān)”“冤(üān)”相互都可以押韵，但是这些字与平声以外的“岸”“燕”“万”“院”等字就不能押韵了。所以格律诗押韵需要严格遵守古代的韵部，也还得懂点儿古音才行。

2. 怎样押韵？

(1) 使音调和谐悦耳，富有音乐美。

(2) 使吟诵、演唱顺口，便于记忆。

《我家的小院》

一头牛，两匹马，五头肥猪六只鸭，

千棵桃树万朵花，我家小院一幅画。

上面是 首充满了天真童趣的儿歌，小朋友为自家小院画了一幅生动的图画。儿歌是诗歌的一种，因此也是要讲究押韵的。押韵使得歌词朗朗上口，富有节奏感和跳跃感，也容易记忆和诵读，这样小朋友才喜欢随口吟唱，也便于相互传诵。这首儿歌押韵的韵脚就是每一行的最后一个字：“马”“鸭”“花”“画”。

3. 绝句和律师的押韵

(1) 绝句：第一句可押可不押，以押韵居多。第二、四句一定要押韵，一般押平声韵，一韵到底，中间不能换韵。第三句的最后一个字限用仄声字。

(2) 律诗：第一句可押可不押，若不押韵，限用仄声字。第二、四、六、八句一定要押韵，一般押平声韵，一韵到底，中间不能换韵。第三、五、七句的最后一个字限用仄声字。用韵的字在诗中不能重复出现。

4. 什么叫平仄？

平就是平声，仄就是上、去、入三声。比如在普通话中，阴平、阳平都是平声，上声、去声都是仄声。古代入声在普通话中都并入其他三声了，其中现在转到上声、去声的，都还是仄声；只有转到阴平、阳平的入声字，作诗的时候才需要记一下，而这类字是有限的。吴方言、粤方言、闽方言、湘方言、赣方言中仍然保留着平声，因此辨别诗中的平仄相对要容易一些。平仄两声在诗歌中交错出现，就能使声调多样化，使诗歌具有参差美，便于感情的抒发。

5. 平仄使用原则

(1) 本句中交替，对句中对立。

(2) 一三五不论，二四六分明。

(3) 平仄相黏规则。平黏平，仄黏仄，下联出句与上联对句平仄要一致。

> 相间：一句中，平仄相间。相对：上下句，指出句与对句，平仄相反。相黏：上联的对句与下联的出句，二、四、六字平仄相同，平黏平，仄黏仄，把上联与下联黏起来。

6. 诗歌的平仄格式

五言诗的平仄可以构成两联："仄仄平平仄，平平仄仄平"和"平平平仄仄，仄仄仄平平"。由这两联就可构成五律的四种平仄格式，其中两种是基本格式，另两种稍有变化。七律是五律的扩展，办法是在五律的前面加上两字头，仄前加平，平前加仄。下面就是五律最基本的两种平仄格式。

(1) "仄起式"(如杜甫的《春望》)

国破山河在，城春草木深。　仄仄平平仄，平平仄仄平。
感时花溅泪，恨别鸟惊心。　平平平仄仄，仄仄仄平平。
烽火连三月，家书抵万金。　仄仄平平仄，平平仄仄平。
白头搔更短，浑欲不胜簪。　平平平仄仄，仄仄仄平平。

(2) "平起式"(如王维的《山居秋暝》)

空山新雨后，天气晚来秋。　平平平仄仄，仄仄仄平平。
明月松间照，清泉石上流。　仄仄平平仄，平平仄仄平。
竹喧归浣女，莲动下渔舟。　平平平仄仄，仄仄仄平平。
随意春芳歇，王孙自可留。　仄仄平平仄，平平仄仄平。

7. 对仗与对称美

(1) 对仗的定义

上下句字数相等，而且相对字的意义、词类、平仄也都要一一相对，这就是对仗。这称呼来自古代宫殿前的仪仗队，两两相对的形式，故名对仗。古代有一本叫作《声律启蒙》的书，其中对仗的例子如"云对雨，雪对风，晚照对晴空，来鸿对去燕，宿鸟对鸣虫，三尺剑，六钧弓，岭北对江东，人间清暑殿，天上广寒宫，两岸晓烟杨柳绿，一园春雨杏花红……"。因此格律诗中实词不能对虚词，动词不能对名词，另外像"日"也不能对"月"，因为都是仄声，"云裳"也不能对"霞衣"，因为都是平声。

律诗对仗一般用在颔联和颈联。绝句对偶要求较宽。清代有人解释绝句即截句，是截律诗之半而成，合乎绝句对仗的四种情况：截取律诗后半首，前两句对仗；截取律诗前半首，后两句对仗；截取律诗首尾两联，均不对仗；截取律诗中二联，四句全对仗。

例如杜甫的《春日忆李白》：

白也诗无敌，飘然思不群。
清新庾开府，俊逸鲍参军。
渭北春天树，江东日暮云。
何时一樽酒，重与细论文。

(2) 对仗的好处

对仗是格律诗的一个重要要求，也是我国诗歌独有的最有魅力的格律元素。对仗，通常是律诗的闪光部分。诗人的艺术功底、文学才气，在对仗中能充分地显示出来。一首律诗的优劣成败，主要之一看对仗。

对仗的好处在于使诗句匀称、平衡、圆满及句与句之间产生相互映衬的效果，形成整齐的结构形式美。对仗会聚了声韵音乐美，使表现的内容鲜明精美，富有张力。有时，对仗还能产生十分鲜明的对比效果。

(3) 对仗的类型

① 工对。出句与对句相同位置上的词语必须词性相同，且同属一类。如：晓战随金鼓，宵眠抱玉鞍。浮云游子意，落日故人情。

② 宽对。出句与对句相同位置上的词组同类即可。征蓬(植物)出汉塞，归雁(动物)入胡天。

③ 借对。借意对与借音对，即利用汉语的特殊特征，在一词语同时具备两种意义的状态下，作者在联中用的甲义，又借用它的乙义同另一词相对。如：人近百年犹赤子，天留二老看玄孙。联中在用“赤子”(初生婴儿)和“玄孙”(曾孙之子)的甲义相对的同时，又借“赤”(红色)和“玄”(黑色)的乙义相对。

④ 串对(流水对、走马对)。上下联意思相承，把一个意思分成两句话来说，上下联紧相衔接，联贯而下的联语。如：一失足成千古笑，再回头是百年身。

(4) 对仗与对偶的区别

对偶，是一种修辞格。成对使用的两个文句“字数相等，结构、词性大体相同，意思相关”。这种对称的语言方式，形成表达形式上的整齐和谐和内容上的相互映衬，具有独特的艺术效果。

对仗，是指诗词创作及对联写作时运用的一种特殊表现形式和手段。它要求诗词联句在对偶基础上，上下句同一结构位置的词语必须“词性一致，平仄相对”，并力避上下句同一结构位置上重复使用同一词语。

如：先天下之忧而忧，后天下之乐而乐。这两个句子各方面都符合对偶的要求，但由于其平仄不相对、音律欠和谐，并在同一结构位置重复使用了“天下”“之”“而”等这样的词语，则不符合对仗的要求。

三、现代汉语音韵常识

汉语的音节是发音和听觉上可以感知的最小语音单位，也是语音分析的基本单位。汉语的音节分析可以有两种角度，即“元辅音分析”和“声韵调分析”。

(一) 元辅音分析

元辅音分析就是把音节分解到元音音素和辅音音素。音素是对音节进行分解得到的最小的语音单位，也可以说音节或所有大大小小的语音单位都是由音素组成的。比如汉语普通话“Ji suan Ji(计算机)”是三个音节，但又可以切分为“j－i－s－u－a－n－j－i”八个单位，后者从音质角度不能再继续切分，这些单位就是音素。

音素包括元音和辅音两类。比如“ji suan ji(计算机)”中的“a”“i”“u”就是元音，“j”“s”“n”就是辅音。汉语拼音方案中的字母“a”“o”“e”“i”“u”“ü”代表的音就是元音，其他字母如“b”“p”“m”“f”等代表的音就是辅音。

元音和辅音的区别主要是两点：一是发元音时气流在声腔中没有任何阻碍，即发音时可以“畅通无阻”。比如“a”，嘴巴直接张开就可以发出这个音。发辅音时声腔的某个部位必须先形成阻碍，气流要克服这种阻碍才能通过。二是发元音时声带都要振动，而发辅音时声带不一定振动。汉语普通话共有10个元音和22个辅音。

(二) 声韵调分析

声韵调分析就是把音节看作由声母、韵母、声调三个部分构成。声母可以定义为“音节开头的辅音”。如“那(na)”中的“n”就是声母。韵母可以定义为“音节中声母后面的部分”。如“那(na)”“南(nan)”“年(nian)”，声母“n”后面的“a”“an”“ian”，不管有多长都是韵母。声调可以定义为“贯穿整个音节的音高”，也就是说一个音节一定有一个声调，而且只能有一个声调。

（三）经典素材

采 桑 谣

周有光

春日起每早，采桑惊啼鸟。
风过碧空飘幽香，花落知多少。

捕 鱼 歌

周有光

人远江空夜，浪滑一舟轻。
网罩波心月，竿穿水面云。
儿咏欸唷调，橹和嗳啊声。
鱼虾留瓮内，快活四时春。

这两首小诗都是通过描写乡间百姓生活、劳作的场面表达某种感情，从形式和内容看，跟大家学过的其他诗词没什么不同。但其实在简短的文字背后，却隐藏着汉语注音的“密码”。《采桑谣》共 22 个字，正好对应了汉语普通话的 22 个声母（包括零声母）；《捕鱼歌》40 个字，涵盖了汉语普通话的全部 38 个韵母。声母和韵母是汉语音节的基本要素，也体现了现代汉语注音方法的主要特征。

（四）汉语拼写规则

1. 加写和改写

（1）i 行韵母独成音节时，在 i 前面加 y，其余的均把 i 变成 y。

（2）u 行韵母独成音节时，在 u 前面加 w，其余的均把 u 变成 w。

（3）ü 行韵母，一律在 ü 前面加 y，然后去掉 ü 上的两点。

2. 省写

（1）iou、uei、uen 前面加声母时，省去中间的元音字母 o、e，写成 iu、ui、un，如：liú（留）、shuǐ（水）、chūn（春）。

（2）ü 行韵母与 j、q、x 相拼时，省去 ü 上的两点。

（3）i 上标调号时，省去 i 上的一点如 yī、shuǐ。

（4）韵母 er 作儿化韵母时省去 e，写出 r，如 huar（花儿）。

（5）在给汉字注音时，为使拼式简短，ng 可省作 ŋ。

3. 连写

在拼写句子时，同一个词的音节要连写，词和词要分开。

如：中华人民共和国 Zhonghua Renmin Gongheguo

4. 大写

句子开头和诗歌每行开头的字母，专有名词的第一个字母，姓和名字每部分的第一个字母都大写。标题可以全部大写，也可以每个词的开头的字母大写。商标和商店的名字一般全部大写。

5. 隔音符号

a、o、e 开头的音节连在其他音节之后，如果音节的界限发生混淆，用隔音符号（’）隔开。例如：xī’ān（西安），pí’ǎo（皮袄）。

6. 声调符号的位置

【标调歌】a 母出现不放过，没有 a 母找 o、e、i、u 出现标后头，i 上标号把点抹。

小◇试◇身◇手

1. 排列下列诗句顺序：

① 泥融飞燕子　② 春风花草香　③ 迟日江山丽　④ 沙暖睡鸳鸯

2. 下面是一首被打乱了顺序的七言律诗，请排出正确的顺序：③ ________

① 万里寒光生积雪　② 论功还欲请长缨　③ 燕台一去客心惊　④ 海畔云山拥蓟城　⑤ 少小虽非投笔吏　⑥ 沙场烽火连胡月　⑦ 笳鼓喧喧汉将营　⑧ 三边曙色动危旌

3. 拟写一条"护花护绿"为内容的公益广告词。要求主题鲜明，语言简明，注意押韵(20字以内)。

4. 古代诗词对押韵的要求比较严格，现代文的写作在文句上有时也是讲究押韵的。同学们试着欣赏两首现代诗歌(庄奴的《娃娃的故事》和余光中的《乡愁四韵》)的情感，同时也体会一下它们是怎么押韵的。

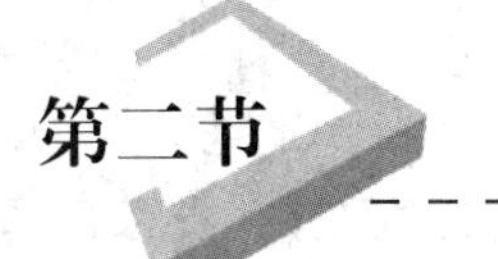

第二节　音节的基本常识

引子

音节是构成词和句子的最小的自然语音单位，是说话和听话是最容易分辨出来的语音单位。在汉语里，音节是语素的语音形式，汉字是音节的基本形式。普通话里，除了个别情况外，原则上一个汉字就是一个音节，反过来也如此，一个音节就写成一个汉字。由此，我们说话时，逐字逐句，吐字清晰，掷地有声、声声入耳。

一、汉语音节的特点

"音节"是汉语在发音和听觉上可以自然感知的最小的语音片段，也是语音的最基本的结构单位。

音节最少由一个音素(元音)构成，如"屋(u)"；最多由四个音素(元音和辅音)构成，如"天(tian)"；元音可以单独构成音节，辅音则不能单独构成音节。

音节都是由声母、韵母和声调构成的；声母必须由辅音充当(可以是零声母)；而韵母可以由元音充当，也可以由元音和辅音一起充当，韵母还可以分成韵头、韵腹和韵尾(必须有韵腹，可以零韵头或零韵尾)；同时每个音节都必须有声调。

元音可以在音节中连续出现(组成复韵母)，辅音不能；而且辅音在音节里的位置非常固定，绝大多数只能出现在音节开头当声母，只有鼻辅音"n、ng"可以出现在音节末尾当韵尾。

二、关于声韵调的基本常识

(一) 声母

声母是指位于汉语音节开头的辅音。

舌根鼻音"ng[ŋ]"只能作韵母的韵尾，不能作声母。汉语中有四部分音节没有辅音声母，如"安(an)、烟(ian)、弯(uan)、冤(uan)"等，但没有声母的空位置实际也能起到声母的作用：如"班(ban)"和"干(gan)"意义不同，是因为有不同的辅音声母；而"班(ban)"和"安(an)"意义也不同，就是因为一个有声母一个没有声母。这样就可以把没有辅音声母的空位置叫作"零声母"。有了零声母这个概念，就可以说汉语的所有音节都有声母和韵母，或者说都是声韵相拼构成的。

(二) 韵母

韵母是指音节中声母后面的部分。汉语普通话中共有10个元音，汉语普通话的韵母就是由这10

个元音单独或者相互组合，以及元音和鼻辅音“n、ng[n、-ŋ]”相互组合构成的。汉语拼音韵母表只列出了35个韵母，再加上未列入韵母表的舌尖元音“-i[ɿ]”“-i[ʅ]”和卷舌元音“er[ər]”，汉语普通话中一共有38个韵母[如将韵母“ê(ㄝ)”计入则为39个韵母]。这38个韵母一般分成单韵母、复韵母、鼻音韵母三类。

单韵母就是由一个元音构成的韵母，有9个；复韵母就是由2个或3个元音构成的韵母，有13个；鼻音韵母就是由元音加上鼻音构成的韵母，有16个。汉语韵母的构造有极强的规律。首先是所有的韵母中一定要有元音。其次如果韵母只有一个元音，那么任何元音都可以当韵母；但如果韵母中有两个或三个元音，那么其中一定只有一个是舌位较低的元音，如“ɑ”“o”“e”等，其余的则一定是高元音“i[i]”“u[u]”“ü[y]”；而且如果三个元音构成韵母，则舌位较低的元音一定在中间，高元音一定在两边。根据这种情况就可以发现：汉语韵母实际上又都可以分成韵头、韵腹、韵尾三个部分。一个韵母中可以无韵头和韵尾，但是必须有韵腹。如果韵母只由一个元音构成，则这个元音一定是韵腹；如果韵母由两个或三个元音构成，则一定是舌位较低的元音充当韵腹，高元音充当韵头和韵尾。此汉语的韵母就可以做另外的两种分类。一种就是根据韵母的韵尾分类：把没有韵尾的韵母叫作“开韵母”，其他是“元音尾韵母”和“鼻音尾韵母”。而从整个汉语方言的情况看，还有“塞音尾韵”(即由塞音[p/t/k]充当韵尾)。还有一种是根据韵母的韵头来分类，也叫作“四呼分类”：即有韵头而韵腹又不是“i”“u”“ü”的韵母叫“开口呼韵母”；凡韵头或韵腹是“i”的韵母叫“齐齿呼韵母”；凡韵头或韵腹是“u”的韵母叫“合口呼韵母”；凡韵头或韵腹是“ü[y]”，韵母叫“撮口呼韵母”。

(三) 声调

声调包括调类和调值两个概念。

调类是指按照字音的高低升降分出的类别。普通话有四种声调，所以叫“四声”。四个调类分别叫作“阴平”“阳平”“上声”“去声”。注意调类的名称不是由调值决定的，而是与古代汉语的声调系统相联系的。

调值就是各调类的实际读法。字音的高低升降采用五度标调法来记录，最高5度，半高4度，中音3度，半低2度，最低1度(如图2-1所示)。用数字标出声调高低升降的起讫点和转折点就是“调值”。普通话中阴平调值是[55]，阳平调值是[35]，上声调值是[214]，去声调值是[51]。

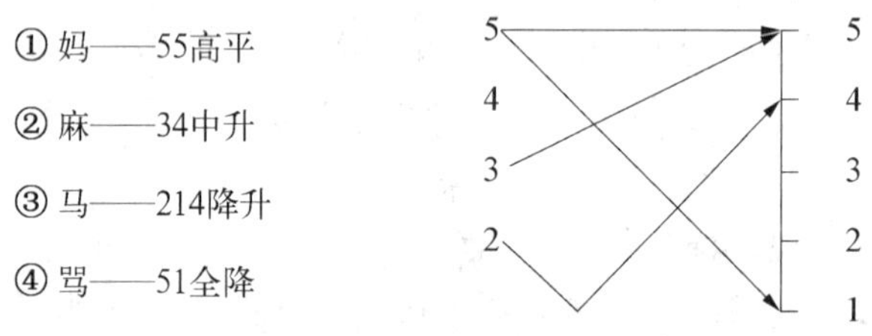

图2-1　五度标记法

三、同音字和同音词

(一) 同音原因

汉语的22个声母和38个韵母，加上4声变化，这样可以组合成1 200个有效音节，而汉字在10 000个以上，于是就难免会出现一些同音字和同音词。这说明汉语中的同音现象是无法避免的，是一种正常的语言现象。

汉语中的同音字，是指一音对多字的情况，即声韵调完全相同的一个音节对应形式和意义不同的多个汉字。多数情况下，同音字的存在不会影响交际，因为语言交际的基本单位是词而不是字；而且出现的语言环境也不同，可以结合具体的构词环境对同音字加以区分。如果同音的字同时也是词，或者双音节词的两个字都同音，那就是同音词了。汉语同音词有同音同形和同音异形两种情况。后者又包括部分异形和全部异形两种情况。同音词之所以产生，有语音偶合、历史音变和词义分化三种原因。

（二）妙用同音

妙用同音，可以造成同音双关，表明说话人的机智，取得特殊的效果，含蓄风趣，耐人寻味。你能写出生活中一些妙用同音的例子吗？

1. 诗词中的谐音双关

在古典诗歌中，由于作者要追求一种诗味，一种弦外之音，往往要在语言方面精雕细刻。最常用的手法就是“双关”。双关是利用字词同音或者同义的关系，使词语具有了双重意思，从另一个角度表达出诗人内在的指向。在表现形式上它是多样的，一是运用词语的多义性，如“夕阳无限好，只是近黄昏”；二是借助于多音而构成。如以下一些谐音双关例子(妙用同音字的例子)。

(1) 刘禹锡《竹枝词》：东边日出西边雨，道是无晴却有晴(情)。(刻画少女含蓄微妙的心理。)

(2) 李商隐《无题》：春蚕到死丝方尽，蜡炬成灰泪始干。(表达坚贞不渝的爱情，后喻指对工作或事业的忠诚执著奉献。)

(3)《红楼梦》“终身误”：空对着，山中高士晶莹雪；终不忘，世外仙姝寂寞林。(宝玉与洁身自好的薛宝钗“金玉良缘”徒有虚名，仍不能忘怀逝去的林黛玉。)

(4) 毛泽东《蝶恋花》：我失骄杨君失柳，杨柳轻飏直上重霄九。(这里的“杨”指杨开慧，“柳”则是毛泽东所赠诗词的李淑一的亡夫柳直荀。)

(5) 南朝乐府《西洲曲》：采莲南塘秋，莲花过人头；低头弄莲子，莲子清如水。(“莲子”即“怜子”，“青”即“清”；这里是实写，也是虚写，语意双关，采用谐音双关的修辞，表达了一个女子对所爱的男子深长思念和爱情的纯洁。)

(6)《子夜歌四十二首》之三十五：雾露隐芙蓉，见莲不分明。(雾气露珠隐去了荷花的真面目，莲叶可见但不甚分明，这也是利用谐音双关的方法，写出一个女子隐约地感到男方爱恋着自己。)

(7) 相传有个神童，宰相爱其才招为女婿。宰相宴请时，当着满堂宾客给女婿出了一上联：“因荷而得藕。”女婿脱口而出：“有杏不须梅。”客人们连连称妙。你认为妙在哪里？(这里用了谐音妙言他意：荷—何，藕—偶，杏—幸，梅—媒。)

2. 对联

对联是我国特有的语言艺术，其中有不少是利用汉字的谐音形成妙对的。

(1) 刘伶饮尽不留零，贾岛醉来非假倒。(唐寅与张灵)

(2) 无山得似巫山好，何水能如河水清。(苏轼与佛印)

(3) 童子打桐子，桐子落，童子乐；幼儿摘柚儿，柚儿完，幼儿玩。

(4) 眼珠子，鼻孔子，珠(朱)子还居孔子上；眉先生，须后生，后生更比先生长。

(5) 两舟竞渡，<u>橹速</u>不如<u>帆快</u>(鲁肃、樊哙)；百管争鸣，<u>笛清</u>难比<u>箫和</u>(狄青、萧何)。

3. 歇后语

(1) 窗口吹喇叭——鸣(名)声在外

(2) 山顶上放暖壶——水瓶(平)高

(3) 孔夫子搬家——尽是书(输)

(4) 卖布不备尺——存心不量(良)

(5) 打架拉胡子——牵须(谦虚)；

(6) 小葱拌豆腐——一青(清)二白

(7) 公共厕所扔石头—— 激起公粪(愤)

(8) 麻布袋换成草布袋——一袋(代)不如一袋(代)

(9) 外甥打灯笼——照舅(旧)

(10) 何家姑娘嫁郑家——郑何氏(正合适)

4. 吉祥话

比如婚庆,新人床上要放上枣儿、花生、桂圆、瓜子等,寓意“早生贵子”;送给新人的花,要选择百合,寓意“百年好合”;天津泥人张有一款泥人特别受欢迎,那是一个财神爷骑马的形象,寓意“马上发财”;小孩子打碎了东西,长辈会说“岁岁平安”讨口彩。

5. 广告词(争议话题)

现在的广告语和宣传标语中,十分热衷使用同音字和同音词。不少广告人认为在熟语中嵌入与自己宣传的商品相关的同音字是非常巧妙的宣传语。

如:汽车广告“我行我速”;手机广告“闻机起舞”;药品广告“有痔不在年高”,“大石化小、小石化了”;酒广告“喝酒必汾,汾酒必喝”;等等。

6. 剧本台词

(1) 曹禺《雷雨》中鲁侍萍面对亲生儿子周萍无法相认时的台词:你是萍……凭——凭什么打我的儿子?(痛苦,痛心,失望,无可奈何)

(2) 赵本山小品《卖拐》中台词:树上 qi 个猴,地上一个猴,一共几个猴?(七、骑)

7. 脑筋急转弯

(1) 狐狸、老虎、兔子哪一个最容易摔倒?答案:狐狸。原因:狐狸最狡猾(脚滑)。

(2) 铅笔姓什么?答案:萧。原因:削(萧)铅笔。

(3) 麒麟飞到北极会变成什么?答案:冰淇淋。原因:冰淇淋(冰麒麟)。

(4) 哪位历史人物最欠扁?答案:苏武。原因:苏武牧羊北海边(被海扁)。

(5) 布和纸怕什么?答案:布怕一万,纸怕万一。原因:不怕一万,只怕万一。

(6) 兔子和山羊比赛吹气球,谁输了?答案:羊。原因:扬眉吐气(羊没吐气)。

(三) 尴尬同音

1. 同音歧义

由于读音相同,容易混淆,产生歧义,影响人们的正常交际。

张某—章某,致癌—治癌,今天 yóulún(油轮、游轮、邮轮)不准进港,机场—鸡场,为什么—喂什么,一对对男女—一队队男女,五香豆腐干—五箱豆腐干。如这些同音词语,在某些交际场合,都可能造成误解。

2. 广播稿

汉语有很多同音字和同音词,这些字词看书写不会产生歧义,而只听读音就很容易产生歧义。广播编辑在编写广播稿时应尽量避开容易产生歧义的同音字和同音词。下面一段文字如果用作广播稿,哪些词语需要进行修改?

> 这是北方靠近大海的一个村庄,“地道战”的故事就发生在这里。这里出产地道药材,为保证药材质量,这里不准油轮进来。近来,这里遭受了强烈地震,震灾以后的人民积极开展赈灾活动,忙着在垄上点播。

【解析】 地道(第二个)—珍贵　油轮—轮船　近来—不久前　震灾—灾害　垄上—田间　点播—耕种

3. 广告影响书写

在熟语中嵌入与自己宣传的商品相关的同音字固然巧妙,但若过分依赖这种包装手段,反而会弄巧成拙;而且从保持语言的规范和健康的角度说,在广告中乱改成语本身也是不可取的。

下面是一篇专门讽刺在广告中利用同音字词乱改成语现象的文章。文章以“一位广告人对爱慕已久的恋人的表白”为内容，写了一封“情书”。请同学们找找看，这封信中用到了哪些同音字（音近字），猜想这些“成语”可能是给什么商品做广告的。

亲爱的：

当衣衣难舍的深情化为天尝地酒的思念，我只想咳不容缓地低问一声：是否鳖来无恙？年轻的心渴望着一明惊人，渴望着像钙世无双的一戴添娇那样，创建喝喝有名的丰功伟液，于是有痔无恐、易燃决燃地投笔从绒，去做前城无量的美梦。

当布布为营、志在壁得的雄心在红尘俗世中被一次次摔打历练，方明白酒负盛名的背后其实是颗苍老疲倦的心，而拥有一份贤漆良木般的温暖，才能令远行的航船有被无患，即使风浪滔天也能豪情万丈、骑乐无穷地奋斗。

真正的爱是说不清楚的，能说清楚的就不叫爱。酒酒归一，所有默默无蚊的眼神都异曲同工，全部遮遮掩掩的心跳都无所不用其机，都是为了鸡不可失地说出那句古老美丽的低语：我爱你。

是的，我爱你。我不知道爱你什么，只知道我爱你这个人，爱属于你的无鞋可及的优点和所有盒情盒理的缺点。爱你，是因为你与众不铜；爱你，是因为你别具一革；爱你，是因为你就是你，有点好有点坏有点痴的你，股往金来独一无二的你。爱你无胃不治的关怀，也爱你百衣百顺的依赖；爱听你随心所浴的谈笑，也爱伴你默默无炎的沉思……

是的，天下事不能食全食美、净如人意，我不再梦想令人洗出望外的衣见倾心，在穿流不息的汹涌人潮中，拥有一份令朋友首屈一纸有口皆杯、令我终身无汗饮以为荣的爱，我已别无锁求。

爱你的广告人

××年×月×日

（1）同音字（音近字）

衣衣难舍——依依难舍　天尝地酒——天长地久　咳不容缓——刻不容缓
鳖来无恙——别来无恙　一明惊人——一鸣惊人　钙世无双——盖世无双
一戴添娇——一代天骄　喝喝有名——赫赫有名　丰功伟液——丰功伟业
有痔无恐——有恃无恐　易燃决燃——毅然决然　投笔从绒——投笔从戎
前城无量——前程无量　布布为营——步步为营　志在壁得——志在必得
酒负盛名——久负盛名　贤漆良木——贤妻良母　有被无患——有备无患
骑乐无穷——其乐无穷　酒酒归一——九九归一　默默无蚊——默默无闻
盒情盒理——合情合理　与众不铜——与众不同　别具一革——别具一格
股往金来——古往今来　无胃不治——无微不至　百衣百顺——百依百顺
随心所浴——随心所欲　默默无炎——默默无言　食全食美——十全十美
净如人意——尽如人意　洗出望外——喜出望外　衣见倾心——一见倾心
穿流不息——川流不息　首屈一纸——首屈一指　有口皆杯——有口皆碑
终身无汗——终身无憾　饮以为荣——引以为荣　别无锁求——别无所求

（2）涉及的商品类别可能有：服装鞋帽、食品药品、日常用品，等等。

（四）正确对待同音字

我们究竟该如何看待同音现象在生活中的运用呢？

同音现象在诗歌、对联、歇后语和吉利话中的运用风趣幽默，充分表现了汉语特点，丰富了我们的生活。

同音现象在广告语中的运用虽然有助于广告给人留下深刻印象，但也容易使人混淆词语的正误用法，也有其弊端，我们要辩证看待。

四、误读和异读

（一）误读

1. 什么是误读？

误读有两种情况：一种是读错了（本无此音），一种是读混了（有多种读音，但该读这个音的时候读成了另一个音）。

> 清末有年科考，应试作文的题目是《昧昧我思之》。此句出于《尚书·秦誓》，昧昧者，暗暗也。昧昧而思，就是深潜而静思。谁知有一考生，将"昧昧"错写作"妹妹"，此两字一错，文章自然做得离题万里，成了哥哥妹妹的爱恋之语。考官看后，信手批之，两语相对，竟成一联：妹妹我思之，哥哥你错矣。

2. 造成误读的原因

（1）形声字、形近字读半边。如瞻、澹、蟾、赡；咄、拙、绌、茁；掇、缀、啜、辍、裰。

（2）多音字混读：畜、曲、处、喝、臭、角、强、累、地、得、几、薄、背、拗、查。

（3）方言音错读：风台——哄台，鞋子——孩子，洗——死。

（4）生僻字错读：魑魅魍魉、酕醄、饕餮、龃龉、龌龊。

（5）古音、姓氏（专有名词）：① 阏氏（Yānzhī）、可汗（Kèhán）、单于（Chányú）、龟兹（Qiūcí）、郦食其（Lì Yìjī）、左仆射（Zuǒpúyè）、天台山（Tiāntāishān）；② 姓氏：仇（Qiú）、解（Xiè）、单（Shàn）、朴（Piáo）、翟（Zhái）、查（Zhā）、尉迟（Yù chí）；③ 河水汤汤（shāng shāng）、衣（yì）锦还乡、一叶扁（piān）舟、拓（tà）片、慰藉（jiè）、炮烙（páo luò）、稽首（qǐ 古时的一种跪拜礼，叩头至地，是九拜中最恭敬的）、叱咤（zhà）风云、心广体胖（pán 谓人的心胸宽广，体貌自然舒泰安详）、拾级而上（shè 沿着台阶一级一级地登上）、力能扛鼎（gāng 扛：用双手举起沉重的东西；鼎：三足两耳的青铜器。形容气力特别大。亦比喻笔力雄健）、熨帖（yù tiē 指用字、词等妥当、合适，亦指心中没有波澜，平静）、锁钥（suǒ yuè 开锁的器件，比喻成事的关键所在；亦喻指在军事上相当重要的地方）。

（二）异读

1. 什么是导读？

异读是指一个字在实际使用中存在两种读音，造成读音的不统一。因而需要有关部门加以规范，统一读法。异读产生的原因主要有三方面：（1）文白差异（古汉语中的某些字词要异读，是由于通用、假借、古今字、外来语以及古书注解相沿所致）。（2）方言异读。（3）误读造成。

2. 如何防止误读异读？

勤动手查，多动口说，多动手写，第一时间记。利用好读的机会。

（1）形声字、形近字：看清字形的细微差别，辨别清楚词义。

如：棘/辣、盲/肓、肆/肄、管/菅、券/卷、荼/茶、誉/誊。

纵横捭（bǎi）阖、脾（pí）气、啤（pí）酒、俾（bǐ）有所悟、奴颜婢（bì）膝、髀（bì）肉复生、石碑（bēi）、睥（pì）睨、裨（bì）益、裨（pí）将、稗（bài）官野史。

哺（bǔ）育、辅（fǔ）导、胸脯（pú）、果脯（fǔ）、追捕（bǔ）、黄埔（pǔ）、浦（pǔ）口、莆（pú）田、逋（bū）逃、晡

(bū)时、惊魂甫(fǔ)定、铺(pù)子、铺(pū)床、苗圃(pǔ)。

(2) 多音字：切记据义定音。

(3) 方言音：矫正地区缺陷，多查字典。

(4) 生僻字、古音字：多查字典，反复记忆，加强巩固。

有些字的读音不好把握，很难找出一点读音的凭借。有些字自己常读错，成了习惯，不多次朗读强化难以改正。如霾(mái)、魑(chī)、鬣(liè)、醴(lǐ)、虚与委蛇(yí)、晷(guǐ)、踽踽(jǔ)独行、擢(zhuó)发难数、沆瀣(xiè)一气、茕(qióng)茕孑立。

五、读音判断方法

(一) 音义结合法

汉字是音、形、义的统一体，很多多音字都是"音随义转"，所以我们在辨析时可以将字音与字义结合起来。例如：

(1) 臭：读"chòu"的时候指"难闻的气味"，如臭气熏天、遗臭万年、臭味相投；读"xiù"的时候则可指一切气味，如无色无臭、乳臭未干、满身铜臭。

(2) 累："léi"表示"成串、多余"，如果实累累、累赘；"lěi"表示"堆积、积聚"义，如积累、危如累卵、日积月累、连累、罪行累累；"lèi"表示"辛苦"，如劳累、又苦又累。

(3) 靡：读"mí"的时候表示"浪费"，如靡费、奢靡；"mǐ"表示 "顺风倒下、没有"等义，如风靡、所向披靡、靡日不思、靡不毕见。

(二) 词性分析法

很多多音字在读不同音时表示不同的词性。如果明确这一点，在辨析时将词性与字音结合起来会更容易判断。例如：

(1) "畜"字，作动词读作"xù"而作名词的时候却读作"chù"。

(2) "处"字，作动词念"chǔ"，做名词念"chù"。

(3) "曲"字，作动词读"qū"，如弯曲、曲折、是非曲直、曲突徙薪、曲尽其妙、曲酒等；名词读"qǔ"，如歌曲、戏曲、曲调、曲高和寡、曲不离口等。

(4) "数"字，名词读"shù"，如数字、数目、心中有数、定数、不计其数等；动词读"shǔ"，如屈指可数、数典忘祖、数九寒冬、数来宝等；副词读"shuò"，如数见不鲜；特殊读音如"cù"，数罟(形容词，"细密"的意思)。

(5) "扫"字，名词读"sào"，如扫帚；动词读"sǎo"，如扫地、扫盲、扫兴、扫描、扫射、扫尾、扫墓、祭扫。

(三) 语境辨析法

遇见多音字的时候，一定要结合语境弄清它的意义和用法。有些字在书面语和口语中读音是不一样的，以下举两例。

(1) 露：书面语"lù"，露天、露水、抛头露面、揭露、崭露头角、原形毕露、露骨；口语"lòu"，露丑、露头、露怯、露脸、露富、露相、露拙、露一手、露馅、露马脚。

(2) 剥：书面语"bō"，用于复合词，剥夺、剥削、剥落、剥蚀、生吞活剥；口语"bāo"，去掉外面的皮或其他东西，如剥皮、剥花生。

(四) 声旁类推法

"读字读半边"这句话虽然并不时时奏效，甚至很多时候成为我们误码读生字的主要原因，但形声字的声旁毕竟能为我们识记字音(特别是易受方言干扰的平翘舌、前后鼻音)提供参考。

(1) 侧"cè"同声旁的形声字(测、厕、恻)均读平舌音。

(2) 少"shǎo"以其为声旁的形声字(吵、炒、沙、抄、钞、砂、纱、莎、鲨、裟、痧)均读翘舌音。

(3) 今"jīn"以其为声旁的形声字(琴、吟、岑、衿、衾)均读前鼻音。

(4) 丁"dīng"以其为声旁的形声字(叮、钉、订、顶、盯、仃、酊)均读后鼻音。

(5) 令"ling"以其为声旁的形声字(拎、呤、泠、冷、翎、聆、苓、龄、囹、岭、领、零、羚、铃)均读边音。

(6) 尼"ní"以其为声旁的形声字(呢、泥、铌、妮、昵、伲、怩、旎)均读鼻音。

(五) 特殊记忆法(记住特殊,其余统读)

(1) 佣:除"佣金(钱)"中读"yòng"外,其余读"yōng",如雇佣、女佣、佣工。

(2) 遂:只有"半身不遂"读"suí",其余都读 suì。

(3) 艾:只有在"自怨自艾"中,当治理、改正的意思讲,读"yì",其余情况都读 ài。

(4) 扁:只在"扁舟"一词中读"piān",其他情况读"biǎn"。

(5) 埋:只在"埋怨"一词中读"mán",其他情况一律读"mái"。

(6) 逮:解释为"捉"时,只有"逮捕"一词中读"dài",还有一种意思"到,及"也读"dài",如"力有未逮"。其他都读"dǎi"。

(7) 苔:只在"舌苔"一词中读"tāi",其他情况一律读"tái",如青苔、苔藓。

小◇试◇身◇手

1. 请同学们读一读下面的词语,看一看你读对多少,想一想读错的原因。

   庇护　狭隘　粗犷　执拗　烘焙　稗草　商埠　圩场　褫夺

   粗糙　绰约　傣族　撺掇　点缀　补裰　婆娑　内讧　聒噪

   脚踝　菜畦　畸形　侥幸　觊觎　攻讦　鞫讯　桎梏　痉挛

   气馁　熟稔　木讷　琵琶　枇杷　妊娠　坯子　栖息　小憩

   绮丽　戕害　羞怯　苍穹　龃龉　龌龊　刽子手　佝偻病

   相形见绌　咄咄逼人　惴惴不安　婀娜多姿　囫囵吞枣

   为虎作伥　同仇敌忾　恪守不渝　踉踉跄跄　提纲挈领

2. 请同学们读一读下面的词语,看一看你读对多少,想一想读错的原因。

   桧树/秦桧　虾蟆/龙虾　咀嚼/咬文嚼字

   稽查/稽首　巷道/小巷　学校/校对

   骠勇/骠马　澄一澄/澄清　果脯/胸脯　炮烙/烙印

3. 想一想,日常生活中,福字为什么要倒着贴?给人送礼时,最忌讳送什么?新人结婚时,为什么床上要撒上红枣、花生、桂圆、莲子?

第三单元　汉　　字

第一节　汉字概述

引子

中华五千年文明，有着太多让外国人仰慕的东西，包括四大发明、文字等。印度前总理尼赫鲁曾对女儿说："世界上有一个伟大的国家，她的每个字都是一首优美的诗、一幅美丽的画，你要好好学习。"汉字是见证中国悠久历史的重要载体，今天让我们一起走进汉字的历史。

一、汉字的起源及发展

（一）汉字的起源

关于汉字的起源，中国古代文献上有种种说法，如"结绳""八卦""图画""书契"等，古书上还普遍记载有黄帝史官仓颉造字的传说。《淮南子·本经训》："昔者仓颉作书，而天雨粟，鬼夜哭。"

仓颉造字说

仓颉：史皇氏，陕西省渭南市白水县人。《说文解字》记载：仓颉是黄帝时期造字的史官，被尊为"造字圣人"。传说中仓颉生有"双瞳四目"。

仓颉看见一名天神，相貌奇特，面孔长得好像是一幅绘有文字的画，仓颉便描摹他的形象，创造了文字。

还有一种传说，传说他仰观天象，俯察万物，首创了"鸟迹书"震惊尘寰，堪称人文始祖。黄帝感他功绩过人，乃赐以"仓(倉)"姓，意为君上一人，人下一君。

鲁迅曾对仓颉造字这一史实，作过精辟的论述，意即文字非一人独创，而是群众智慧的结晶。

（二）汉字的造字方法

许慎《说文解字·序》中汉字有六种构成方法，即六书：象形、指事、会意、形声、转注、假借。一般认为前四种是构字方法，后两种是用字方法。

1. 象形

象形字简化了事物的图形，是最早造出来的汉字符号(如图 3－1、3－2 所示)。如：人、门、日、月、山、水、衣、目、耳、石、田、火、车、牛。《说文解字》解释："象形：象形者，画成其物，随体诘诎。日、月是也。"

图 3-1　象形字

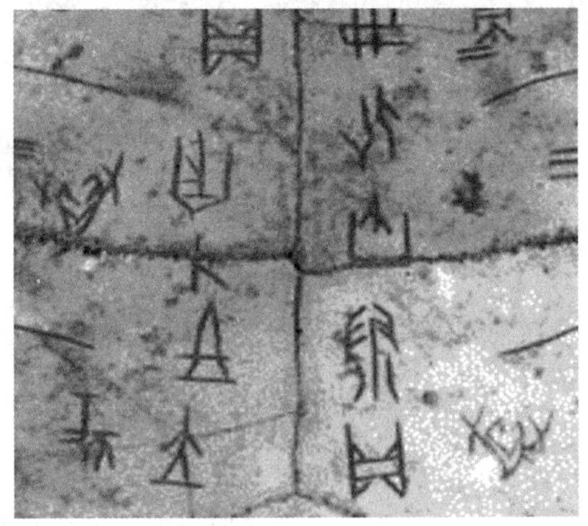

图 3-2　象形字

2. 指事

指事字在象形字的基础上增加提示性符号构成的，如“刃”是在“刀”上加一点，表示刀口；“曰”是在口上加一点，表示口中发出的声音。《说文解字》解释：“指事者，视而可识，察而见意。上、下是也。”如图 3-3 中的指示字。

图 3-3　指示字

3. 会意

把两个或两个以上象形字或指事字拼合在一起，且把它们的意义结合成一个新的意义的造字方法就是“会意”。《说文解字》解释：“会意者，比类合谊，以见指撝。武、信是也。”

例如：“朝”字像日、月同现于草莽之中，表示太阳初升而月亮未落的早晨的情景。“莫”字是“暮”字的初文，从日，从茻，像日落于草莽之中，表示日暮。“及”字从人，从又，像人的后面有一只手，表示追赶或赶上的意思。“即”字像人靠近饭食就食，本义为靠近(如图 3-4 所示)。

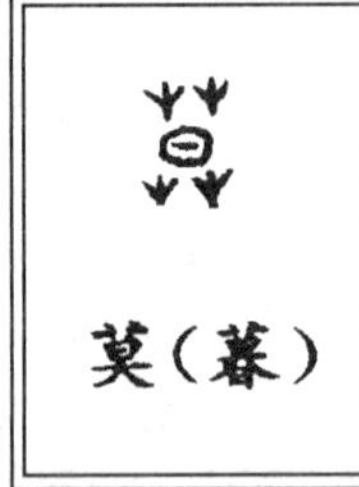

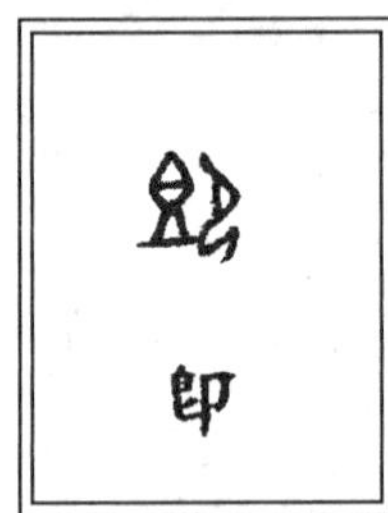

图 3-4　会意字

4. 形声

“形声者，以事为名，取譬相成。江、河是也”。就是取一个字表示事类(一般称为“形旁”)，另一字表示读音(一般称为“声旁”)。形旁和声旁的部位大体有以下八类。

左形右声：梧、堆、惜、蝗、惜、秋　　右形左声：攻、切、视、颂、削、欣

上形下声：竿、宇、爸、露、爸、芳　　下形上声：型、姿、裳、慈、斧、贡

外形内声：囤、匣、阁　　内形外声：问、闻、辩

形占一角：载、腾、佞、颖、强　　声占一角：旗、旌、嵌、寤、婺

5. 引申

(1) 转注：“转注者，建类一首，同意相授。考、老是也。”即归于同一部类的词，它们的字义可以互为训释。

（2）假借："假借者，本无其字，依声托事。令、长是也。"即同音代替。口语时有的词没有相应的文字对应，于是找一个和它发音相同的同音字来表示它的含义。

（三）汉字的演变

汉字的演变大致经历了甲骨文、金文、小篆、隶书、楷书等几个阶段（具体见表 3－1）。其中，隶书化小篆圆转弯曲的笔道为平直的笔画，它的出现大大方便了书写和镌刻，在文字演变史上跨上了一个新的、关键性的阶梯，对于汉字的规范和最终定型至关重要。

表 3－1　汉字的演变

形成时代	代表性文字	主要载体
殷商	甲骨文	龟甲、兽骨
商周	金文	青铜器、石器
西周晚期	大篆（籀文）	石器
秦	小篆	石器
西汉	隶书	竹简，帛
汉代	草书	帛、纸
东汉晚期	行书	帛、纸
汉魏	楷书（真书）	纸

⇨　⇨　⇨　⇨　⇨
甲骨文　金文　小篆　隶书　楷书

1. 甲骨文

甲骨文是刻在龟甲和兽骨上的文字，具有象形程度高、字体方向不稳固的特点（如图 3－5 所示）。

在清朝光绪年间，有个叫王懿荣的人，是当时最高学府国子监的主管官员。有一次他看见一味中药叫龙骨，觉得奇怪，就翻看药渣，没想到上面居然有一种看似文字的图案。于是他把所有的龙骨都买了下来，发现每片龙骨上都有相似的图案。他确信这是一种文字，而且比较完善，应该是殷商时期的。后来，人们找到了龙骨出土的地方——河南安阳小屯村，又出土了一大批龙骨。因为这些龙骨主要是龟类兽类的甲骨，是以将它们命名为甲骨文。

图 3－5　甲骨文

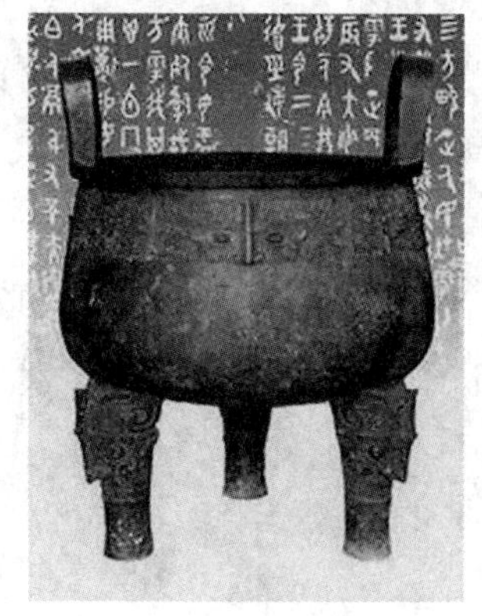

图 3－6　毛公鼎（金文）

2. 金文

金文指铸刻在殷周青铜器上的铭文，也叫钟鼎文（如图 3－6、3－7 所示）。

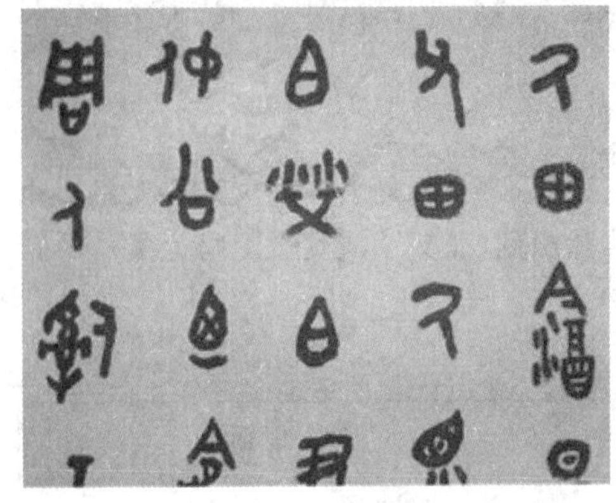

图 3-7　金文

商周是青铜器的时代，青铜器的礼器以鼎为代表，乐器以钟为代表，“钟鼎”是青铜器的代名词。象形程度仍比较高，但已有了线条化的趋势。周宣王时铸成的《毛公鼎》上的金文很具有代表性，其铭文共 32 行，497 字，是出土的青铜器铭文最长者。

3. 大篆

大篆也叫籀文，上承金文，下启小篆。大篆的代表是“石鼓文”，石鼓文具有遒劲凝重的风格。字体结构整齐，笔画匀圆，并有横竖行笔，形体趋于方正（如图 3-8 所示）。

4. 小篆

秦统一六国后，小篆成为全国通行的文字。小篆字体规整匀称，字形有所简化，象形程度进一步降低（如图 3-9、3-10 所示）。

图 3-8　大篆

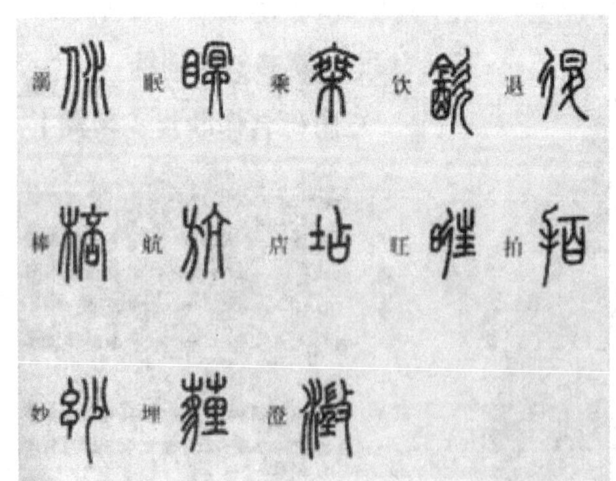

图 3-9　小篆

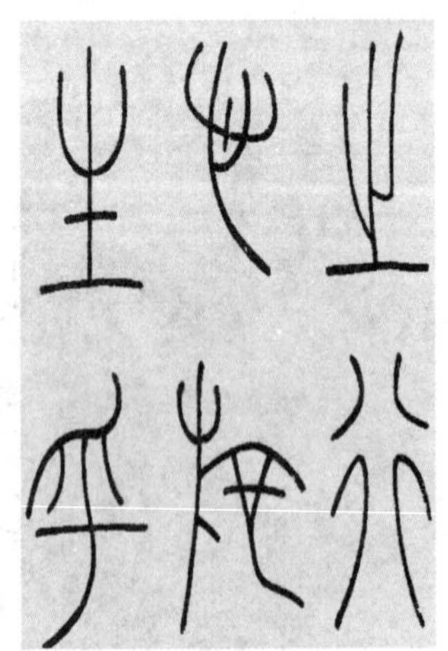

图 3-10　小篆

5. 隶书

隶书是汉字中常见的一种庄重的字体，书写效果略微宽扁，横画长而直画短，讲究“蚕头燕尾”“一波三折”（如图 3-11 所示）。

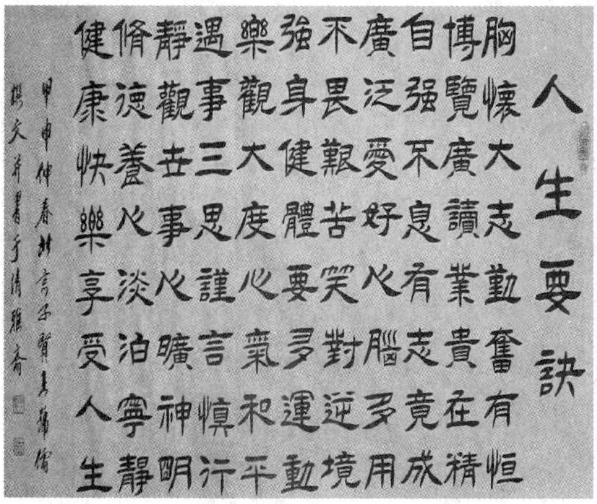

图 3-11 隶书

图 3-12 楷书

6. 楷书

楷书又称正楷、真书。字形方正严整，有撇、捺和硬钩，笔画减少，波势减少，笔画趋于平易圆转，便于书写（如图 3-12 所示）。

7. 草书

草书结构简省、笔画连绵。形成于汉代，是为书写简便、在隶书基础上演变出来的（如图 3-13 所示）。

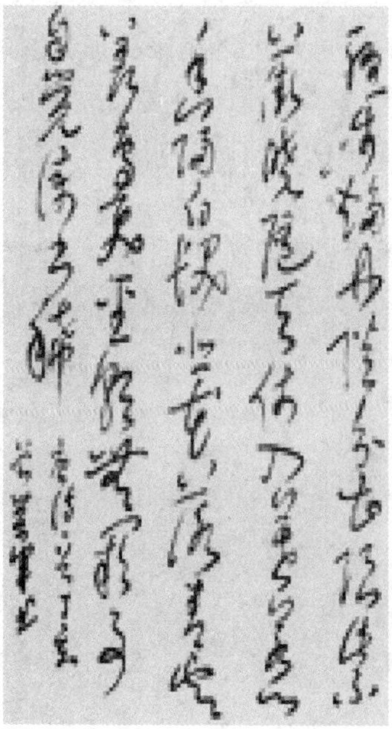

图 3-13 草书

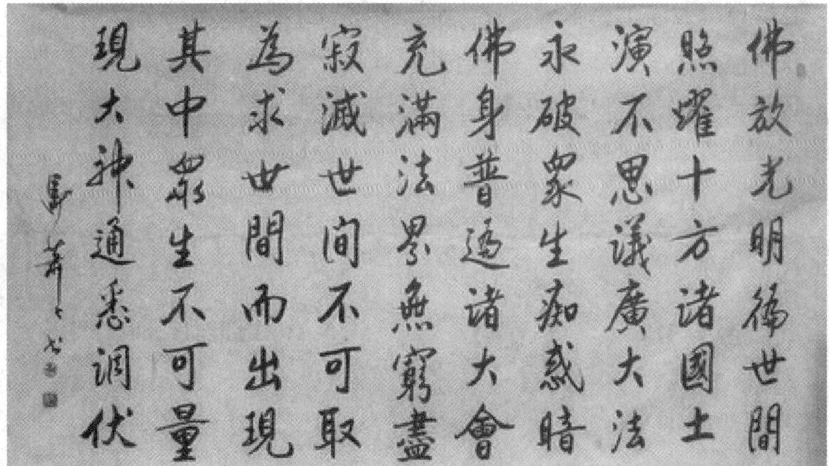

图 3-14 行书

8. 行书

行书是辅助隶书的简便字体，运用连笔，书写快捷，难以辨认，具有艺术审美价值（如图 3-14 所示）。

（四）汉字演化的总趋势

汉字演化的总趋势：图画描绘性记录方式改为符号性记录方式，同字异形减少，字的写法和结构趋简，肥笔改为瘦笔，弧形线条改为直线（如表 3-2 所示）。

表 3-2　汉字演化趋势表

	魚	鳥	羊
甲骨文			
金文			
小篆			
隶书	魚	鳥	羊
楷书	魚	鳥	羊
草书			

小◇试◇身◇手

1. 从字的形体上看，甲骨文主要有哪些特点？
2. 什么是金文？
3. 有些字虽然不是象形字，人们现在却能利用它们来“象形”。拼音文字的字母也可以用来象形，比如“S 路”“T 恤”等，但是跟起源于图画且至今仍属表意文字的汉字比起来，就是小巫见大巫了。汉语中说“一字眉、八字脚、丁字路口、工字楼、国字脸、之字路线”等，无不形象生动。请同学们再想一想，还有哪些汉字的字形曾经给你带来记忆的联想或表达上的方便。
4. 汉字演进中的种种形态一直启发着后人的书法艺术创作。甲、金、篆、隶、楷都成为书法创作的一种风格，并且演进分化出许多小的分支流派来。课外找一些书法作品的图片，请鉴赏一下，看看分别属于或接近哪种字体。

第二节　汉字的简化和规范

引子

在汉字漫长的发展岁月中，既有繁化、分化现象，也有简化、规范化现象，但总的趋势是简化、规范化。数千年不断地简化、规范化，使汉字的面貌发生了全新的变化。我国是一个地域辽阔、人口众多、方言纷繁的大国，汉字要发挥其交际职能，就必须保持高度的统一性。语言文字规范化是国家统一、民族团结的标志，在现代社会更是一个工业化国家的标志。当前，人类社会已进入信息时代，语言文字用于计算机信息处理技术，对语文字本身的规范化、标准化要求更高，不仅要求字体字形统一规范，而且要求笔画的位置及长短尺寸都严格符合统一的标准。

一、汉字的简化

（一）异体字

读音和字义完全相同只是写法不同的一组字叫异体字。异体字有两种意思。一是指一个字有两种或两种以上写法的，每一种写法都是异体。如“峯”是“峰”的异体字，同样，“峰”也是“峯”的异体字。二是指几个异体字中，以官方规定的一个为正体字（表现在官方组织编写的字典里），如果官方没有规定的，则以书籍中常用的是正体字，其他写法的是异体字。如“峰”是正体字，“峯”是异体字。

回字有四样写法吗？

“读过书，……我便考你一考。茴香豆的茴字，怎样写的？我想，讨饭一样的人，也配考我么？便回过脸去，不再理会。孔乙己等了许久，很恳切的说道，“不能写罢？……我教给你，记着！这些字应该记着。将来做掌柜的时候，写账要用。”我暗想我和掌柜的等级还很远呢，而且我们掌柜也从不将茴香豆上账；又好笑，又不耐烦，懒懒地答他道，“谁要你教，不是草头底下一个来回的回字么？”孔乙己显出极高兴的样子，将两个指头的长指甲敲着柜台，点头说，“对呀对呀！……回字有四样写法，你知道么？”我愈不耐烦了，努着嘴走远。孔乙己刚用指甲蘸了酒，想在柜上写字，见我毫不热心，便又叹一口气，显出极惋惜的样子。

上面这段文字同学们一定都很熟悉。它出自鲁迅先生的短篇小说《孔乙己》。孔乙己迂腐不堪，为了显示自己学识渊博，他教酒店的小伙计写“回”字的四种写法。从上面的描写中可以看出，他很以自己知道“回”字的四种写法而骄傲，对小伙计的不屑一顾感到非常遗憾。

（二）繁体字、简体字、简化字的区别

繁体字、简体字、简化字是三个不同的概念。一个字如有几种写法，笔画多的叫繁体字，笔画少的叫简体字。从这点上看，繁体字和简体字也是异体字，只是繁体、简体是从笔画多少的角度上分的。繁体和简体古已有之，甚至可以说从有文字的时候起就有了，一个字有人写得简略一些就成了简体字。以后又由于不同地域的人运用不同的造字法来给同一个意思造字，造出来的字，笔画多少会有不同，如“岩”“巖”两字在古书中都有，前者是简体，后者是繁体。因此，简体字广义的包括对异体字加以比较取舍的“简体字”和对本身没有异体字的字进行简化的字；狭义的仅指后来对本身没有异体字的字进行简化形成的新字。至于简化字是指由国家有组织有规划地对汉字进行笔画简省整理而定的字，因此简化字自然也是简体字。中国历史上有过两次大规模的由国家组织的对汉字的简化，一次是秦始皇时代，一次是新中国成立后的1956年，陆续公布了四批简化字。

二、汉字演变的趋势

汉字自产生以来，始终在发展变化着。大量事实证明，汉字发展变化的总趋势是由繁到简。这可以从字体和字形两个方面来说明。从字体说，在古文字阶段，汉字的象形程度在不断降低。在古文字演变为隶书的过程里，大多数的字丧失了象形的意味，圆转的线条变为平直的笔画，成为用笔画组成的符号。从字形说，汉字演变为楷书之后，字体的演变处于稳定状态，而字形却在不断简化。据统计，现在使用的简化字80%是由古代传承下来的，其中在先秦两汉时就有的，占到30%。

简体的“汉”字来自汉代的草书，在东汉《章帝千字文断简》里就有这个字。但是在古代，这些简体字被认作是俗字，只能在民间流传，用来记账、写唱本，不登大雅之堂，而繁体字被认为是正字，在经典和文书等重要场合只准用正字，不准用俗字。进入20世纪后，中国出现了声势浩大的简体字运动，要求承认简体字的正字地位，用来代替繁体字，汉字开始进入了简化字时代。

既然文字简化是一个总的趋势，那么是否意味着汉字越简单越好呢？

历史上曾出现过极端简化的例子。“文革”后期，有人推行第二代“简化字”，在这个方案中，汉字简化过于极端，很多字只剩下两三画，如“家”被简化成“切”，“寡”成了“这”，结果出现混淆、混乱情况，负面效果很快暴露，以至尚未推广，便被叫停废除。事实上，现有的简体字，有的偏旁用得太多，也有一些弊端出现。比如，“鸡”“滩”“邓”，都用“又”替代了以前的偏旁“奚”“莫”“登”，以达到简化的目的，而这些则掩盖了造字时遵循的规律，割断了汉字的系统性。

因此，简体字和繁体字都不能偏废。中国古代的传统文化多是以繁体字记载的，从文化传承的角度而言，人们也应该学会认识繁体字，要“识繁写简”，做到两者无障碍地转换。

三、汉字简化方法

（一）汉字简化和规范的原因

第一，简化字减少了字符的笔画，容易书写，节约了书写的时间，有利于人民群众掌握文化，也符合汉字发展的总趋势。

第二，使用简化字符合国家的法律规定。

第三，繁体字难学、难认、难写、难用，也难以适应现代社会对汉字机械化、信息化处理的需要。

第四，使用异体字和不规范的简化字会造成汉字使用时的混乱局面。影响正常的交际和交流，减少了它的“工具”的功能。

（二）《汉字简化方案》规定汉字简化的方法

一是“省”，二是“并”，三是“又并又省”。“省”即简省字的笔画；“并”即把某几个字合并，保留其中一个笔画少的字；“又并又省”即不但合并某些单字，而且造一个新字形来表示。

四、汉字的规范

（一）不写繁体字

目前客观上存在着繁体字和简化字两套汉字系统并用的局面。我国大陆使用的是《汉字简化方案》规定的简化字，而在我国港、澳、台地区及海外华人社团中通行的仍是繁体字。现在有的人受港台音像产品和书籍报刊的影响，把使用繁体字当成一种时髦，导致社会上繁体字泛滥，其中也不乏繁简转换错误和繁简混杂的情况。这种现象既不符合《国家通用语言文字法》关于“我国推广使用简化字”的法律规定，也会造成语言文字应用的混乱，影响正常的交际和交流。因此，除了书法等艺术作品，一般情况都应该使用简化字、不写繁体字。

（二）不用异体字

我国历史上各朝各代都对汉字有一定的“正字”规范。有的是采取向前看的原则，着眼于方便、简易；有的是采取向后看的原则，讲究以古为本、以古为正：所以文字字形的混乱情况并没有得到彻底改变。1955 年国家公布了《第一批异体字整理表》。废除了很多异体字，基本上做到一字一形，并明确指出除翻印古书、姓氏等特殊情况外，不得再使用废除了的异体字形。

（三）不写不规范的简体字

写汉字也不是越简单就越好。我国在 1977 年搞过一次汉字的“二次简化”就很不成功，因为简化得太过火了。比如把“展”简化为“尸”字里有一横，意思成了“一具死尸”。还有“藏”字简化为草字头下面加一个“上”字，让人不知所以。再如像“舞”简化成“午”，结果又造成了一大批同音词和同形词。这样的简化造成汉字使用上的混乱，因此很快就被废止了。目前社会上有时还见到有人这么写，或者自造一些新的“简化字”，这些都是不符合汉字使用规范的。

根据法律规定，有些场合可以使用繁体字，如书法作品中；有些场合可以使用异体字，如翻印古籍、姓氏等特殊情况时但绝不能因此而滥用繁体字和异体字。

小◇试◇身◇手

1. 按照汉字简化的方法，给某个复杂的偏旁换用简单的符号后，就可以依此类推，简化含这个偏旁的所有汉字。但是可以发现这个类推并没有贯彻到底，比如“雚”多数已被简化成了“又”(歡—欢)，可是在“獾、灌”等字中却没有简化。请查一下字典，看看能不能再找出一些这样的例子。你认为是否该把这些“死角”也清理掉呢？讲一讲你的理由。
2. 汉字简化在中国大陆已经是既定的事实了。然而历史上和今天都一直有反对的声音。反对汉字简化的观点有：(1) 很多汉字在简化时没有考虑字形，这就使一些字不再符合“六书”的规律，破坏了汉字结构；(2) 汉字简化后使得古典文章就像外语，不经翻译或注释就不能流畅地解读，于是中国文化成了已死去的“古代文化”；(3) 简化字的笔画差别太小，形体近似的字增多，容易造成辨别的错误，无助于汉字的阅读和书写。

   请大家讨论一下，上面这些反对意见有没有道理。如果你作为“汉字简化利大于弊”的正方参加一场辩论会，你该怎么阐述自己的观点呢？
3. 简化汉字的笔画不可避免地使很多字的构造方式变得无法再跟原来的字一致了。比如“门”(門)长得不像门了，“邓”(鄧)也不再是形声字了。但是有些字的简化却很巧妙，简化后的字形依然是很有“理据”的。看看下面这些简化字的例子，想想它们的妙处所在。

   驚—惊　認—认　態—态　竈—灶

   筆—笔　淚—泪　寶—宝　燈—灯

第三节　汉字的结构

引子

古老的方块汉字不仅具有形体美，而且结构也深藏奥妙。就像盖房子少不了地基、围墙、房梁、隔断一样，方块汉字也像一所所小房子，需要各种基本建筑构件，这些构件就是“笔画”“部首”和“偏旁”。

俗话说：“没有规矩，不成方圆。”汉字是方块形的，它的构造大有讲究：汉字由各个部件构成，构成字的部件都合理地安排在方框内，相互平衡，使得每个字从视觉上看都疏密得当，重心平稳，结构对称，肥瘦适中。这就是“方块的奥妙”！

一、汉字的结构

(一) 汉字的构件

1. 笔画

笔画指构成汉字字形的各种形状的点和线，是汉字中最小的单位。根据笔画的形状，可以给汉字分出几十种笔画来，其中最基本的、较为常见的有五种：横(一)、竖(丨)、撇(丿)、点(丶)、折(乛)。

2. 部件

部件是由笔画组成的具有组配汉字功能的构字单位，是汉字基本的构形单位。比如“丽”“旦”里边的“横(一)”，本身就具有构字的能力。部件是一个独立的书在某些字里，有的笔画就是一个部件书写单位，但却并不一定都有语音和意义。从一方面说，不管笔画多么复杂，如果串联在一起分不开，都可以作为一个部件看待，如“事”“串”“重”整体就是一个独立的部件。但从另一方面说，只要能够拆开作为独立的结构单位，就都可以看作是部件。比如“杜”可以拆分成“木”和“土”，“忠”可以拆分成“中”和“心”。

3. 偏旁

偏旁是比部件更高一级的构字单位，也是构成汉字的最直接的单位。汉字有“独体字”和“合体字”的区别。独体字在结构上不能再拆分，象形字和指事字都是独体字。合体字由独体字组合而成，会意字和形声字都是合体字。合体字的表音或表意单位就叫偏旁。比如“灯”字的“火”和“丁”都是偏旁，前者是形旁，后者是声旁。

4. 部首

部首是具有字形归类作用的偏旁，是专为汉字分类检索而设立的部目，即字典、词典中各部的首字。部首不等同于部件，如“鼻”“黑”“麻”“鹿”等都是《新华字典》中的部首，也都可以再分出两个或两个以上的基础部件。

一般地说，部首是表义的偏旁。部首也是偏旁，但偏旁不一定是部首，偏旁与部首是整体与部分的关系。

(二) 部分常用偏旁及其含义

冫　两点水　多与冰或寒冷有关，冰、冷、冻、次、准。

氵　三点水　多与水有关，汁、汇、汉、江、汛、汔、池、汤、汪。

冖　秃宝盖　多与覆盖有关，写、军、冠。

宀　宝盖　多与房屋有关，宁、它、安、字、完、宝、室、宫。

广　广字旁　多与房屋或场所有关，庄、庆、床、库、应、庐、店。

山　山字旁　多与山有关，岗、岔、岛、岸、岩、岳、岭、峰。

艹　草字头　多与花草植物有关，菜、花、苗、茶、药、芽、茶、芬。

禾　禾木旁　多与庄稼(农作物)有关，秀、秆、季、香、种、秋。

木　木字旁　多与树木有关，本、末、札、朴、机、朵、杂、杜。

皿　皿字底　多与器皿有关，盘、盆、盈、盏、盐、监、益、盛。

钅　金字旁　多与金属有关，针、钉、钓、钞、钟、钢、钥、钱。

巾　巾字旁　多与布、织物有关，布、帮、市、帆、帐、希、帖、帜。

扌　提手旁　多与手或手的动作有关，扎、打、扑、扔、扣、执、扩。

忄　竖心旁　多与内心活动有关，忆、忙、怀、快、怄、怖、性、怕。

犭　反犬旁　多与兽类动物有关，猫、狗、猴、猪、狼、猥、狮、狈。

夕　夕字旁　多与夜暮有关，多、梦、岁、名。

饣　食字旁　多与食物或吃有关，饥、饭、饮、饯、饱、蚀、饺、饼。

纟　绞丝旁　多与丝、线、织有关，纠、红、纤、约、级、纪、纬。

幺 yāo	幺字部	多与小有关，幻、幼。
歹	歹字旁	多与死人有关，歼、残、殃、殊、殒、殖、毙。
贝	贝字旁	多与钱财有关，财、货、贪、贫、购、资、贱、贵。
爪爫	爪字头	多与手或手的动作有关，妥、采、受、爬、乳、爱。
瓜	瓜字旁	多与瓜有关，瓢、瓣、瓤、呱。
月	月字旁	① 多与月亮或时间有关，朗、朦、胧。
	肉月旁	② 更多的是与身体、器官肌肉有关，肌、肝、肚、肠。
礻	示字旁	多与祭祀、祝愿有关，礼、社、祈、神、祖、祥、祸。
衤	衣字旁	多与衣服有关，补、初、衬、衫、袄、袜、袖、被。
耒 lěi	耒字旁	多与农具或耕作有关，耕、耘、耗、耙、耦、耧。
糸	紧字底	多与丝及织的行为有关，系、素、索、紧、累、紫。
酉 yǒu	酉字旁	多与酒有关，酒、配、酝、酬、酷、醋、酸、酿。
雨	雨字头	多与天气、气象有关，雪、雷、零、雾、需、震。
隹 zhuī	隹字旁	多与鸟类有关，难、雀、售、集、雄、雅、焦、雇。

二、汉字的架构

汉字在结构上有两个最显著的特征：一是都是有方有隅的方块形，一是建构汉字的所有部件都以占方占隅的形式进入这个方块形。汉字的各个单位(笔画、部件、偏旁)之间的组合形式和方位关系都是有一定的规则的笔画进行组合时，既要讲究组合的位置，又要讲究书写的顺序。

(一) 笔画组合的原则

笔画的组合位置有三种：(1) 笔画彼此分离，如“二”“八”“川”“小”“习”。(2) 笔画和笔画相连接，如“上”“刀”“厂”“凹”。(3) 笔画和笔画相交叉，如“十”“力”“卅”“丰”。有时候，相同的笔画由于组合关系不同，构成的部件也不同。例如“上”“土”“十”或“石”“右”或“八”“人”“入”“乂”等。所以，笔画的位置关系一定不能搞错，否则就会写错别字。

(二) 笔顺的基本规则

笔画的书写顺序也有规则，也就是说要讲究“笔顺”。笔顺的基本规则有：先横后竖，先撇后捺，先上后下，先左后右，先外后内，先中间后两边，先进去后封口，重叠套嵌结构要根据层位定顺序，等等。按照笔顺规则写字，可以把字写得准确、迅速而美观。

(三) 部件组合成字也有规则

现代汉字以双部件和三部件构成的合体字为多。结构类型上则以左右结构的字最多，上下结构的字次之。各种结构还有各自的规律特点，比如一个字由三个相同的部分组成。一般就采用上一下二品字形的重叠式，如“焱”“森”“鑫”“淼”等。而不会是上二下一，以免头重脚轻。在汉字的方格里品字形的重叠式难以写得四四方方，匀匀整整，所以有的已经被左右结构的形式代替，例如“鱻”字被“鲜”字代替，“姦”字被“奸”字代替，“羴”被“膻”字代替。这都是为了使汉字的外形更美观。

小◇试◇身◇手

1. 宋朝有个女诗人叫朱淑真。相传，她曾经创作了一首《断肠谜》词，描写一位纯情少女失恋后的悔恨心情和断绝相思的决心。这首词的每一句话都是字谜的谜面，每句打一个字，谜底恰是“一”到“十”十个汉字。下面把词的句子打乱了顺序，请把它们整理成原词。

① 问苍天，人在何方　　② 下楼来，金簪卜落

③ 悔当初，吾错失口　　④ 罢冤家，言去难留

⑤ 千里相思一撇消　　⑥ 有上交，无下交

⑦ 恨王孙，一直去了　　⑧ 分开不用刀

⑨ 皂白何须问　　⑩ 从今莫把仇人靠

2. 变字小魔术

减一笔：鸟——(乌)　　产——(　　)　　季——(　　)　　睛——(　　)

加部首：安——(按)　　米——(　　)　　更——(　　)　　扁——(　　)

3. 我来猜字谜

雨下山倒。(　　)

一箭穿心。(　　)

一条狗四张口。(　　)

大雨落在横山上。(　　)

天上无二，合去一口，家家都有。(　　)

4. 解字

例——骆：luò　9画　左右结构

茶：(　　)

翅：(　　)

因：(　　)

第四单元　词　　汇

第一节　词汇概述

引子

词汇是语言的建筑材料，没有词汇，任何语言都是不可想象的。要使自己的语言生动活泼，就要掌握丰富的词汇；要掌握词汇，这就要求我们学习有关词汇的基本知识，了解词的内部结构规律，正确地理解和解释词义，以便提高我们的阅读和表达能力。

一、什么是词汇

词汇是一种语言(或方言)里的词的总汇。

从广义上来说，一种语言(或方言)里的所有的词就构成这种语言的词汇，如“汉语词汇”“吴方言词汇”“英语词汇”“藏语词汇”等。

从狭义上来说，一个人使用的全部词或一本书或一篇文章使用的全部词，也可以叫作这个人、这本书或这篇文章的词汇，例如可以说“鲁迅的词汇很丰富”“《红楼梦》的词汇”“《谁是最可爱的人》的词汇”等。

二、词汇和词的关系

词是指一个个具体的、个别的词，词汇则是指词的总和，两者是个体和总体的关系。它们的含义不同，不能混淆。例如，可以说“人民”是一个词，而不能说它是一个词汇。

下面三例中的“词汇”都用得不对，应改为“词”。

谈“过失”——从一个词汇联想到其他(《光明日报》1979 年 11 月 15 日一篇文章的标题)

新中国成立以来，出现了不少新词汇。

民事判决书不应随意缩写词汇(《司法文书与公文写作》1984 年第 2 期第 30 页，一篇文章的标题)

三、现代汉语词汇

(一) 现代汉语词汇的主要类别

现代汉语词汇，一般就是指普通话的词汇。现代汉语词汇还包括了作用相当于词的熟语——成语、惯用语、谚语、歇后语等。

1. 成语

成语是最重要最常用的一种熟语，它是人们长期使用后凝固下来的固定词组。汉语中的成语多由四个字组成，并且多有特定的出处。我们可以从以下几个方面认识成语。

(1) 成语是语言文字的珍品。成语主要采用“四字格”的形式。这首先是因为四音节最符合汉文化中“以偶为佳”“以四字为正”的审美要求。其次从音律上看，四字格较能体现汉语声调特有的节奏感和音乐美，而且双声、叠韵、重叠等语音修辞手段也能在四字格中得到充分体现。此外，四字格结构灵活多变，能满足各种结构变化的需要。还有就是四字格便于记忆，可以提高语言的使用效率。

(2) 成语是民族文化的精华。从内容上看，不少成语是由古代寓言、神话传说或历史故事浓缩而成的。而这些古代寓言、神话传说或历史故事本身就是中华文化宝库中的珍品。比如出自寓言的成语“狐假虎威”“守株待兔”等；出自神话传说的成语“开天辟地”“精卫填海”等；出自历史故事的成语“一鼓作气”“卧薪尝胆”等。还有一些成语出自古代名家名篇，出自《论语》的成语就有百余条。

(3) 成语是古代汉语的“活化石”。成语不仅是现代汉语词汇的重要组成部分，而且还比较完整地保留了古代汉语的词汇、语法、修辞等特征。比如古汉语的使动用法在成语中就有许多用例，如“沉鱼落雁”“息事宁人”中的“沉”“落”“息”“宁”都是动词的使动用法。所以学习成语的时候也要注意成语“背后”的知识。

2. 惯用语

惯用语指有特定比喻含义的同义词组。如动词性的“背黑锅”“开倒车”“踢皮球”“碰钉子”“走后门”“泼冷水”“戴高帽”“唱对台戏”等；名词性的“墙头草”“马后炮”“定心丸”“耳旁风”等。惯用语大多是贬义的，但也有褒义的，如“跳龙门”“打头阵”“领头羊”“主心骨”等。

3. 歇后语

歇后语是汉语的一种特殊熟语形式，一般由两部分构成，有点像猜谜语。前半截是形象的比喻，像谜面；后半截是说明或解释，像谜底。因为通常只说出前半截，所以称歇后语。歇后语分喻意和谐音两类。喻意的歇后语，前面部分是一个比喻，后面部分是对前面部分的解释。如“黄鼠狼给鸡拜年——没安好心”，“老鼠钻进书箱里——咬文嚼字”等。谐音的歇后语，后面部分借助音同或音近现象来表达双关的意思，如“旗杆顶上绑鸡毛——好大的掸(胆)子”，“老虎拉车——没人赶(敢)”等。

4. 谚语

谚语指在民间流传的比较通俗的一些语句。其中有的是反映生产和生活经验，有深刻寓意的语句。例如“纸包不住火”“百闻不如一见”“众人拾柴火焰高”“一着不慎，满盘皆输”“只要功夫深，铁杵磨成针”等。还有的只是反映某种实际现象的语句，又叫作“俗语(俗话)”。例如“清官难断家务事”“跑得了和尚跑不了庙”“背靠大树好乘凉”“三天打鱼，两天晒网”“眉头一皱，计上心来”“情人眼里出西施”“天下乌鸦一般黑”等。

“熟语”是由词构成的，但大多比词长一些。因此熟语的构造有自己的一些特点。

第一，熟语是一种特定的组合形式。因此不能颠倒原有成分，如“朝思暮想”不能说成“暮想朝思”。也不能插入其他成分，如“世外桃源”不能说成“世外的桃源”。也不能替换原有成分，如“三个臭皮匠，顶个诸葛亮”不能改成“六个小裁缝，顶个皮尔卡丹”。当然很多熟语本身就是人民群众在生活中新创造的，如“巾帼不让须眉”“妇女能顶半边天”就是对“女子无才便是德”、“女人头发长见识短”之类具有封建意识的熟语的否定，这不算改动。

第二，熟语大多不能像词组那样根据组成成分来分析整体意义，而往往有自身特殊的意义。例如“胸有成竹”比喻有主见有准备，“风声鹤唳”形容惊慌和恐惧，“瓮中捉鳖”表示十拿九稳，这些都不能只看字面的意义或组合的意义。即使某些熟语中包含了同样的词语，如“高山流水”“落花流水”“落花有意流水无情”“流水不腐，户枢不蠹”，其中都有“流水”，但意思也不都一样。

第三，熟语结构形式比词更复杂，而且不同类型的熟语有各自的特殊形式。例如成语一般都是四字格，惯用语一般都是三字格等。成语的结构限制比较严格，但惯用语的组成成分有时却又可以拆开，例如可以说“吹牛皮——吹什么牛皮”“拍马屁——拍领导的马屁”“穿小鞋——给他小鞋穿”“踢皮球——

把我当皮球踢来踢去”等。歇后语的结构形式最特别，因为实际上是一种省略了后一分句的复句形式。如“泥菩萨过江（自身难保）”，“瞎子点灯（白费蜡）”，“姜太公钓鱼（愿者上钩）”等。

（二）现代汉语词汇发展概况

词汇能够反映语言的状况，词汇丰富是语言发达的一个极为重要的标志。一种语言的词汇越丰富，这种语言就越发达。汉语的词汇是无比丰富的，汉语也是世界上最发达的语言之一。

现代汉语是从古代汉语、近代汉语发展而来的。在漫长的历史进程中，它逐渐充实和积累了大量的词汇，在《现代汉语词典》这样一部中型词典中，就收录词语 56 000 余条。词汇的丰富为使用这种语言的人们反映纷繁的事物和现象提供了丰富的语言材料。就一个人来说，他掌握的词汇越丰富，驾驭语言的能力就越强，思想感情的表达就越精确，说话、写文章就能生动有力、丰富多彩。一句话、一篇文章都是由词组成的，词汇贫乏，就必然“语言无味”，“像个瘪三”。因此，不断地努力扩充自己的词汇量是学好语言的一个重要前提。

（三）现代汉语词汇的特点

与古代汉语相比，现代汉语词汇的主要特点是：(1) 语素以单音节为主，词则以多音节为主；(2) 词语有明显的双音节化趋势。其原因具体如下。

第一，避免同音。汉语的音节数目有限，单音节词往往会造成大量的同音词，这样就会给交际带来困难，多音节有助于避免大量同音词的出现。

第二，精确语义。单音节词往往是多义词，因而有时语义难以确定。双音节词就使得词义的表达更为细腻、精确，也有利于更加全面深入地表述概念。

第三，民族心理。双音节读起来往往带有一种乐感，轻重之间形成一种节奏，悦耳动听，也比较符合汉族人的求平衡、求中允的心理。

四、词汇的发展和规范化

（一）词汇的发展变化

词汇是人们认识、改造客观世界和人类自身的一种记录。客观世界在不断发展变化，人类的认识水平在不断提高，词汇也随着不断地发展、变化和丰富起来。词汇是语言三要素中反映社会发展变化最敏感、最迅速的部分。社会生活中的每一个变化，都会反映到词汇中来，说词汇是社会生活的晴雨表可能不算夸张。

（二）词汇的规范化

汉语词汇规范化是汉语规范化的一个组成部分。词汇的规范化，就是按照词汇内部发展规律进行人为调节，引导词汇向更完善、更精确、更丰富的方向发展。普通话词汇规范化的标准是以北方方言为基础方言，以北京话的词汇为核心。北方方言区域十分辽阔，其间又包括了若干次方言区，各个次方言区使用的词汇也是不统一的。因此必须选择其中的一个次方言区作为词汇规范的核心，这个核心就是北京话的词汇。词汇规范化应该考虑以下三个主要原则。

第一，必要性原则，即在表达上是不是必不可少的，该词在普通话词汇中有无存在的必要。词汇规范化不是让词汇变得简单、单调，相反地要让它更丰富多彩。某些方言词有某种特殊的意义，而在普通话里又没有适当的词可以代替，或者即使代替也有细微差别的（如“名堂”“扯皮”“搞”等）；有些古语词可以表达特殊的意义、感情或语体色彩；有些外来词是我们语言里没有的而又对我们适用的东西。以上这些，普通话都应吸收进来。

第二，普遍性原则，即要选择大家普遍使用的或使用频率较高的词，而舍弃那些过于土俗的方言词、陈旧冷僻的古语词和只在个别地区使用的外来词。例如，在北方方言区内，“玉米”“珍珠粟”“包米”“包谷”“棒子”等并用，从普遍性原则看，该选用“玉米”。

第三，明确性原则，即选用意义明确的、已经为大家了解或容易为大家了解的词，而舍弃那些含义模糊的方言词、晦涩费解的古语词和一些音译外来词。例如，不取“洋火”“火水”，而取“火柴”“汽油”；不取音译词“盘尼西林”而取意译词“青霉素”；不用“揠苗助长”而改用“拔苗助长”。这些都是遵循意义明确的原则来取舍的。

五、词汇的基本属性

（一）词汇的系统性

1. 词汇系统表现在词与词之间的联系，词自身内部的联系上

例如：“买与卖”“来与往”“往与返”在意义上相反又相互依存。不同语言的颜色词、亲属称谓词都体现出了词汇的系统性。

2. 词汇的系统性还体现在词义的发展上

例如：在古代汉语里“耳听为闻”“鼻闻为嗅”，由于语言的发展，“闻”发生了变化，“鼻嗅”为“闻”了，原来的“嗅”的使用范围缩小，“闻”的原职由新词“听”来代替。一个词的变化引起了几个词的变化。

（二）词汇的历史性

词汇跟社会发展的历史进程有着相当密切的关系。20 世纪中国社会发展的各个历史阶段都在词汇身上留下了明显的痕迹：五四时期——“反对封建王朝”，追求“民主”和“自由”；土地革命时期——“反帝反封建反官僚资本主义”；抗日战争时期——“反对日本侵略者”；解放战争时期——“解放全中国”；20 世纪 50 年代初——“抗美援朝、保家卫国”“三反”“五反”，以及后来的“合作社”“人民公社”“大炼钢铁”“高产卫星”；20 世纪 60 年代中期——“两条路线”“斗私批修”“阶级斗争”。

（三）词汇的多源性

词汇的构成有不同的来源：有历史上传承下来的，有从外族吸收的，有从方言或专门行业吸收的，也有新创的等。认识到词汇的多源性，对于加深对语言的民族性、地域性、语言的规范和发展、跨语言或方言交际等的认识都非常重要。

一些西方国家有“参议院”“众议院”“上院”“下院”等，中国没有等同的事物，这就需要吸收他们的词语，或者直接借用（例如来自俄语的“杜马”），或者造出相应的词来。

在汉语内部，不同的地域文化也会对词语产生影响，如“走私物品”在有着广阔海岸线的粤闽地区被称作“水货”，而在边境线是山脉连绵的西南地区则被称作“山货”，这种实同名异的情况是不同的地域环境造成的。

海外华人社会也会有自己的需要造出相关的新词，而这些通过媒体、人群等也会向另外的华人社会扩散。

（四）如何对待新词语

每一个人都无法回避新词语的冲击。新词语用冒了并不可怕，语言僵化、词汇贫乏，那才是真正的可悲可怕呢。网络语言确实方便快捷，能够制造一种亲密、有趣的特殊气氛。它在网上的产生和流行是人力阻挡不住的，我们该用如下态度对待这些新词。

宽容对待：我们这个时代是一个开放的时代，是多元化的时代，新的社会现象层出不穷，所有新生事物都是有这样那样的不足，需要经过时间的检验，经过实践的检验，才能有较为客观的评价。对于新词语也是一样的，因此要求我们对新词语要有宽容心。

规范使用：新词语是为了适应社会的需要才创造出来的，新词语的构造要符合汉语的构词规则，意义要比较明确，大多数人能够理解，而且经过时间检验被大多数人认可。所以有些不符合社会需要，也不被大家认可的词语，即使是“新”也不应该随便乱用，具体需要注意以下几点。

第一，说话行文不能总是夹杂外语单词（包括生造的汉译单词）。可以用汉语表达清楚的意思，就没有必要夹杂外语单词。

第二，对于越来越多出现在日常生活中的英文单词或者英文缩写，除非经过规范作为专业术语在一

定范围内使用，否则还是应该使用中文表达。

第三，对于网络中出现的生造的“外来词”应该加以抵制。如“坑爹”“拼爹”“犀利哥”。

六、词汇的构成

（一）基本词汇

基本词汇是词汇的核心部分，是具有较长历史、与人们日常生活相关且社会普遍使用的比较稳固的词汇。具有全民性（普遍性）、常用性、稳固性、能产性、民族性等特点。

（二）一般词汇

一般词汇指基本词汇以外的词汇。主要包括古词语、方言词、外来词、行业语、新词、社会习惯语、隐语等。以下简单介绍前三种。

1. 古词语

古词语不同于古代的词语，古代的词语包括三部分：一部分逐代相传，至今仍活在现代人口头；一部分已完成其历史使命，从现代来看已经死亡；一部分绝少用于现代口语，但现代书面语里却还常用——古词语。

2. 方言词

方言词进入现代汉语是因为：方言中一些词语表示的概念，普通话里没有适当的词语来表示某些概念；或普通话中有某些词语表示，但是由于相应的方言词语或者更富于表现力，或者词语意义的表现方式新颖独特。另，方言词语本身是否符合普通话的规范及表义是否明晰等。

3. 外来词

外来词＝借词，其意义和构词材料均来自外民族。但意译词不是外来词。汉语的外来词有三类：（1）完全音译的；（2）半音译半意译的；（3）完全音译加“类名”的。

（三）特殊词汇

特殊词汇指熟语、成语、惯用语、歇后语、谚语等，也有人统称为熟语。

（四）基本词汇和一般词汇的关系

1. 区别

（1）使用范围不同。

（2）稳定性不同。

（3）构词能力不同。

（4）使用频率不同。

2. 联系

（1）都是词汇重要内容之一，基本词汇是一般词汇的构词基础。

（2）交际中交替使用。

小◇试◇身◇手

1. 什么是词汇，阐述词汇在语言中的地位如何？
2. 试述词汇的基本属性。
3. 汉语语素有哪些基本类型？
4. 外来词有哪些种类？

第二节 词的构成

引子

词是构成语言的基本材料，英国作家斯威夫特说："文学是适当的词放在适当的地方。"词语是语言表达的基础，要想把语言表达得准确、简明、连贯、得体，就必须恰当地选用词语，而恰当地选择词语的前提就是掌握词语，而掌握词语必须从了解词的结构开始。

一、语素

（一）语素的概念

语素是语言中最小的语音、语义结合体，它不是独立运用的语言单位，而是用来构词的备用材料。现代汉语的语素以单音节形式为主，如"书"，意为"装订成册的著作"。也有多音节语素，如"霹雳"，意为"云和地面之间发生的一种强烈雷电现象"。"书"和"霹雳"都是音义结合体，而且都已经"最小"——不能再行切分，所以，它们都是语素。

（二）语素的分类

语素可以从不同的角度、按不同的标准进行分类。从音节的角度看，语素可以分为单音节语素和多音节语素；从意义的角度看，语素可以分为实语素和虚语素；从活动能力角度看，语素可以分为成词语素（也称为"自由语素"）和不成词语素（又分为半自由语素①和不自由语素）。由于分类的角度和标准不同，所以不同角度的分类之间往往存在着互相交叉的情况。

1. 单音节语素和多音节语素

单音节语素是由一个音节构成的语素，如"山""人""语""言""胖""子""吧"等。单音节语素是汉语语素的基本形式，它在汉语语素中占绝对优势。语素单音节化是汉语语素的一个特点。

多音节语素是由两个或两个以上音节构成的语素，如"玫瑰""玻璃""参差""巧克力""奥林匹克""英特纳雄耐尔"等。这些语素中的每一个音节都不能单独表示意义，只有几个音节合在一起才表示一定的意义。这是多音节语素的特点。

多音节语素有两种情况，一种是由古汉语遗留下来的构成联绵词（即两个音节连缀成义而不能拆开的词）的语素，如"秋千""琉璃""苗条""逍遥""玛瑙""妯娌"等；另一种是构成音译外来词的语素，如"坦克""咖啡""吉他""沙发""菩萨""莫斯科""巧克力""奥林匹克""英特纳雄耐尔"等。

多音节语素数量不多，在现代汉语语素中不占主要地位，一般也比较容易辨认。

2. 实语素和虚语素

实语素是具有比较实在的词汇意义的语素，虚语素是没有实在的词汇意义的语素。例如："改革"中的"改"和"革"，以及"胖子""阿姨""以前"中的"胖""姨""前"都有实在的词汇意义，都是实语素；而"子""阿""以"都没有实在的词汇意义（只表示一些语法意义或抽象的词汇意义），都是虚语素。

汉语的语素中绝大部分是实语素，虚语素的数量很少。汉语中多音节语素基本上都是实语素，单音

① 半自由语素在有些教材中被称为"黏着语素"。

节语素中绝大多数都是实语素，极少数是虚语素。

虚语素可以分两种：一种是具有抽象的词汇意义的，主要用来构成汉语的虚词，其构词能力很弱，数量也十分有限，如"因而"中的"因"和"而"；另一种是具有特定的语法意义的，其构词能力很强，数量也不多。后一种由于在词中的位置比较固定，处于词的前部叫前缀，处于词的后部叫后缀，总称词缀，跟词缀相对的叫词根（是词中表示基本意义的语素）。例如，"阿姨""胖子"中的"阿"和"子"分别是前缀和后缀（都是虚语素），"姨"和"胖"则是词根（都是实语素）。

3. 成词语素和不成词语素

成词语素是具有独立运用能力的语素。这种语素不仅可以单独构成一个词，而且可以同其他语素组合成词，组合时它的位置可以在前，也可以在后。

4. 语素构成词的基本情况

能独立成词的语素，词和语素的外延是重合的，一个语素一个词，这样的词叫单纯词，由一个语素形成，其构造简单，无需深究。不能独立成词的语素，可以和别的语素结合构成一个词，这就是我们所说的合成词。关于合成词的构造关系，这里试列举几种。

（1）两个语素按一定的关系组合成词，这种组合方式叫复合式，它又可以分为以下六种形式。

① 两个语素之间的关系是平等的，不分主次，它们之间是联合关系。例如：

朋友　语言　斗争　伟大　勇猛　刚才

是非　开关　东西　迟早　反正　彼此

② 两个语素有主次之分，它们之间是偏正关系，前一个语素是描写或限制后一个语素的。例如：

火车　铁路　优点　重视　雪白　只要

石器　花蕊　善意　豪情　前门　飞船

③ 两个语素之间有一种支配关系，前一个语素表示一种行为动作，后一个语素表示受这个行为动作支配、影响的事物。例如：

革命　带头　动员　有限　干事　绑腿

守旧　安心　知己　失信　认输　鼓掌

④ 后一个语素是对前一个语素加以陈述说明的，它们之间是陈述关系。例如：

地震　冬至　心疼　年轻　性急　胆怯

日出　心慌　口渴　民用　自愿　体重

⑤ 后一个语素是补充说明前一个语素表示的行为动作的结果，它们之间是补充关系。例如：

说明　提高　看见　推广　降低　认清

打败　缩小　改正　打倒　证明　揭露

⑥ 前一个语素表示事物，后一个语素指明这种事物的计量单位，它们之间的关系比较特别。例如：

船只　纸张　人口　房间　枪支　书本

车辆　马匹　灯盏　布匹　米粒　花朵

（2）一个表示具体词汇意义的语素跟一个附加成分组合成词。例如：

① 子：刷子　梳子　钳子　夹子　剪子

② 儿：画儿　棍儿　盖儿　圈儿

③ 头：馒头　石头　后头　甜头　苦头

④ 们：我们　你们　他们　咱们

⑤ 第：第一　第二　第十

（3）用重复语素的方法组合成词，这种组合方式叫重叠式。例如：

妈妈　渐渐　常常　刚刚　慢慢　想想

汉语中大部分词是由两个语素构成的，有的词包含的语素则不止两个。例如"拖拉机""图书馆""人生观""电气化""典型性""小伙子"等，这样的词，先由前两个语素组成一个词，再加上一个语素。

二、词

(一) 词的概念

词是能够自由运用的、最小的语言单位。它代表一定的意义，具有固定的语音形式。"能够自由运用"是指词本身具有一定的语法功能，可以独立地自由地用来造句，能自由地从一句话换到另一句话里去。例如"小红吃葡萄"里的三个词，都可以分别自由地用来造句，并不是一定要这样固定地结合在一起，我们也可以说"小红爱学习""他吃苹果""葡萄成熟了"等。

(二) 词的分类

1. 单音词和多音词

从音节的角度来看，词可分为单音词和多音词两种。

(1) 单音词就是由一个音节构成的词，如"人""学""绿""把""了""花儿"等。单音词在书面上一般就是一个汉字，至于"花儿"，虽由两个汉字组成，但也只有一个音节，所以也是单音词。

(2) 多音词又叫复音词，是由两个或两个以上的音节构成的词，如"人民""芙蓉""拖拉机""巧克力""社会主义"等。

(3) 在现代汉语的词汇中，两个音节的双音词占大多数。双音词中又有下面几种特殊的形式。这些具有特殊形式的双音词，在语音表达上，声韵和谐，有音乐美，在文学作品中，特别是在民歌、诗词中用得比较多。

① 叠音词：由两个相同的音节重叠而成的双音词，例如"悄悄""熊熊""常常""往往""巍巍""妈妈""奶奶"等，"妈妈""奶奶"中的第二个音节都念轻声，这不妨看作叠音词中的一种特殊情形。

② 双声词：由两个声母相同的音节构成的双音词，例如"仿佛""忐忑""参差""蒙昧""弥漫""大地"。

③ 叠韵词：

由两个属于同一个"韵"(只要韵腹、韵尾相同，韵头可以不管，都算同一个韵)的音节构成的双音词，例如"叮咛""殷勤""窈窕""从容""逍遥""草帽""玫瑰"等。其中"玫瑰(méi · guī)"两个音节的韵母并不完全相同(只是韵腹和韵尾相同，都是 ei)，但它们属于同一个"韵"，所以也是叠韵词。

2. 单纯词和合成词

从构成词的语素的多少来看，词可以分为单纯词和合成词。

(1) 单纯词是由一个语素构成的词。它又分单音节的和多音节的两种。

① 单音节单纯词是由一个单音节语素构成的单纯词。例如："天""地""马""看""红""二""他""不"。

一般情况下，单音词都是单音节单纯词，只有"花儿(huar)"之类的情况例外，"花儿"是单音词，但并不是单纯词。

② 多音节单纯词是由多音节语素构成的单纯词。多音节的单纯词，不论音节多少，其中的每一个音节(字)，单独都不表示任何意义，只有合在一起才表示一个意义。它主要包括以下几种类型。

A 联绵词指两个音节连缀成义而不能拆开来讲的词。其中有双声的、叠韵的、非双声叠韵的。

a. 双声指两个音节声母相同的联绵词。例如：伶俐、仓促、吩咐、慷慨、枇杷、澎湃、踟蹰、蜘蛛、忸怩、玲珑、参差、仿佛。

b. 叠韵指两个音节的"韵"相同的联绵词。例如：苗条、逍遥、蜻蜓、依稀、苍茫、堂皇、叮咛、从容、窈窕、玫瑰、烂漫。

c. 非双声叠韵，即两个音节声母与韵母皆不相同的联绵词。例如：芙蓉、蝴蝶、鸳鸯、蝙蝠、蛤蚧、囫囵。

B 叠音词由相同的两个音节重叠而成的词。例如：孜孜、巍巍、熊熊、匆匆、奕奕、瑟瑟、潺潺、翩翩、饽饽、猩猩、姥姥、皑皑。

C 拟声词，指模拟声音的词。例如：叮咚、轰隆、哗啦、扑通、嗡嗡、叽叽、喳喳、叽里、咣当、噼里啪啦、叽里咕噜。

D 音译外来词，指按外族语词的声音翻译过来的词。例如：咖啡、扑克、坦克、沙发、吉普、伦敦、拷贝、法西斯、模特儿、尼古丁、奥林匹克、歇斯底里、英特纳雄耐尔。

(2) 合成词是由两个或两个以上的语素构成的词。合成词绝大多数是多音节的，儿化的单音词是个例外，如“花儿”，只有一个音节，但它是由“花”这个实语素和“儿”这个虚语素构成的一个合成词。合成词的构成方式主要有以下几种。

① 复合式是由词根与词根复合构成合成词的构词方式。现代汉语的构词以词根复合法为主，所以它在构词法中占有很重要的地位。从词根和词根之间的关系看，复合式又可分为以下几个小类 。

A 联合式由两个意义相同、相关或相反的语素并列组合而成的合成词，称为联合式合成词。例如：

a. 两个语素的意义可以互相说明、补充。例如：语言、土地、朋友、道路、群众、停止、改革、询问、收获、书写、购买、美丽、刚才、永久。

b. 两个语素结合起来后产生了新的意义。例如：眉目、领袖、矛盾、买卖、尺寸、手腕、优劣、骨肉、笔墨、方圆、口舌、反正、开关、成败。

c. 两个语素结合成词后，只有一个语素的意义在起作用，另一个语素的意义已完全消失，整个词的意义偏于一方。例如：国家、质量、窗户、人物、女儿、妻子、动静、忘记、干净。

B 偏正式。前一个语素修饰、限制后一个语素的合成词，称为偏正式合成词。偏正式合成词的词性，一般随后一个语素（即中心语素）的性质转移，词义也以后一个语素的意义为基础，基本意义由中心语素意义来体现。例如：火车、卧铺、花城、象牙、纸烟、花盆、唐诗、笔谈、面授、前进、狂欢、热爱、偷听、轻视、雪白、笔直、葱绿、飞快、火热、冰凉。

C 补充式。后一个语素补充说明前一个语素的合成词，称为补充式合成词。这种合成词前一个语素是中心语素，是主要表义部分，后一个语素是次要的补充、说明部分。前一个语素决定整个词的词性和意义。有的书又称它为后补式、述补式或前正后偏的偏正式。具体又可以分为以下两类。

a. 前一语素表示动作行为，后一语素表示动作行为的结果或趋向。例如：缩小、说明、提高、推广、看见、割断、刷新、改正、削弱、揭穿、肃清、延长、扭转、降低。

b. 前一语素表示事物，后一语素是与该事物相应的计量单位。例如：书本、车辆、花朵、船只、枪支、灯盏、稿件、人口、羊群、布匹、纸张、事件、药剂、房间。

另外，“地球”“汗珠”“雪花”“熊猫”等词，也可归入补充式合成词。“地球”并不是像地一样的球，而是像球那样的大地；“汗珠”是像珠子般的汗滴；“雪花”是像花一样的雪片；“熊猫”是像猫那样的一种熊。前一个语素是中心语素，所以它们也都是补充式，而不是偏正式。“晚上”“夜里”“天上”“国外”“乡下”等，也有人主张把这些词归为补充式合成词。

D 动宾式。前一个语素表示动作、行为，后一个语素表示动作行为支配关涉的事物，这种合成词称为动宾式合成词。有的书又称为支配式或述宾式。例如：传奇、拉手、顶针、司令、打手、鼓掌、留神、出席、拍马、理发、表态、投资。

E 主谓式。后一个语素用来陈述前一个语素的合成词，称为主谓式合成词。有的书又称为陈述式。例如：月亮、霜降、海啸、事变、饼干、自修。

主谓式合成词同有些偏正式合成词形式上很相似，如“狐疑”和“年轻”。“狐疑”不是指狐狸多疑，而是指像狐狸一样地多疑，语意重点在“疑”，所以不是主谓式，而是偏正式；“年轻”则是指年纪不大，前后语素是陈述与被陈述的关系，所以是主谓式。其他如“鸟瞰”“桃红”“铁青”“油绿”等也都是偏正式合成词，而不是主谓式的合成词。另外，“夏至”是“夏之极”（即夏天中白天最长的一天）的意思，而不是“夏天到了”的意思，所以“夏至”也是偏正式合成词；同样的道理，“冬至”也应是偏正式合成词。

复合式合成词主要是上面这五种，另外还有连动式的（如“接管”“借用”“查封”“报销”“抽调”“退休”

"承包""进驻""贩卖"等)、兼语式的(如"请教""逼供""遣返""召见""召集""引见"等)。由于这些类型比较少见,我们就不再着重分析了。

② 附加式是由表示具体词汇意义的词根和表示某种附加意义的词缀构成合成词的构词方式。

- 词缀+词根(又称"加前缀",即"虚语素+实语素")。
- 词根+词缀(又称"加后缀",即"实语素+虚语素")。
- 词根+词缀+词根(又称"加中缀",即"实语素+虚语素+实语素")。

另外,还有词根附加上两个或两个以上的词缀的。

③ 重叠式是由两个相同的词根重叠而构成的合成词。例如:妈妈、爸爸、哥哥、妹妹、星星。有的书把"仅仅""偏偏""刚刚"也看作重叠式合成词,本书认为把它们归入单纯词似乎更为合理。有的合成词由三个或三个以上语素构成,在这样的合成词里,语素和语素的组合是有层次的。

三、语素、词、字

语素、词和字是不同的概念,它们之间既有联系也有区别。

(一) 语素和词的关系

语素和词都是音义结合的语言单位。有的词是由一个语素构成的,在这样的情况下,词和语素是一致的。

语素和词的区别主要表现在以下三个方面。

第一,从结构功能上看,语素是构词单位,是词里的一个有意义的成分;词是造句单位,是比语素高一级的语言单位。词可以直接充当句子成分,语素不能。

第二,从意义上看,词表示的意义比较确定,语素表示的意义则比较宽泛。

第三,从语音形式上看,词一般都具有完整、固定的语音结构形式,在词的末尾可以停顿;语素的语音形式并不固定,它往往随着结合条件的不同而产生变化;语素只有当它处于一个词的末尾时,才可以停顿,语素本身是不容许停顿的。

(二) 字与语素、词的关系

文字是记录语言的符号。文字有拼音的,也有不拼音的。在拼音文字里基本上没有字和词的区别,它们运用的最小单位,不管是由一个音节或几个音节组成的,只要是在语言中自由运用的最小单位都是词。汉字不是拼音文字,是写出来的方块字,看起来一个字就是一个单位。它是不是一个语素或一个词呢? 不一定。汉字同语素、词并不完全是一一对应的。它们之间的关系有以下几种情况。

(1) 一个字就是一个语素,也是一个词,如"人""走""学""好""红""吧"等。

(2) 一个字只是一个语素,而不是词,如"语""肃""阶""妇""童""牧"等。

(3) 一个字既不是语素,也不是词,如"玻""葡""璃""萄"。"布尔什维克"中的每一个字也都只是字,既不是语素,也不是词。

(4) 同一个字有时是词,有时又只是一个语素。例如:

我们学外语。("学"是一个词。)

小良爱学习。("学"只是一个语素。)

我们迷了路,不辨东西。(指方向时,"东"和"西"都是词。)

我买了点东西。(指事物时,"东"和"西"就分别只是一个语素。)

小◇试◇身◇手

1. 单项选择题

(1) "别人 别去 别离 别针"四个词中的"别"之间存在的关系是________。

A. 多音多义　　B. 译音同形　　C. 形义同一　　D. 同音同形

（2）“住宿　一宿　星宿”中带点的三个“宿”是________。

A. 同音同形　　B. 多音多义　　C. 同形异音　　D. 文白异读

（3）蚕食　狐疑　鼠窜，三个词的结构方式是________。

A. 主谓型　　B. 偏正型　　C. 补充型　　D. 支配型

（4）特区　扶贫　关爱，三个词都属于________。

A. 外来词　　B. 新造词　　C. 行业词　　D. 方言词

（5）骨头　苦头　想头，其中的“头”都属于________。

A. 方位名词　　B. 定位语素　　C. 自由语素　　D. 结构助词

（6）蹩脚　尴尬　噱头，三者都属于________。

A. 外来词　　B. 新造词　　C. 行业词　　D. 方言词

（7）下列各组中都属联绵词的是________。

A. 琉璃　惆怅　琵琶　慷慨　　B. 蛐蛐　噼啪　琵琶　鸳鸯

C. 结实　马虎　逍遥　坎坷　　D. 平台　朦胧　腼腆　仓促

（8）书本　房间　山脉，这三个词都是________。

A. 带缀式合成词　　B. 并列式合成词　　C. 偏正式合成词　　D. 补充式合成词

（9）布头　烟头　来头，这三个词中的“头”分别是________。

A. 词根　词根　词缀　　B. 词缀　词根　词缀

C. 词缀　词根　词根　　D. 词根　词缀　词缀

（10）“嘴很甜”和“糖很甜”中的“甜”是________。

A. 同音词　　B. 多义词　　C. 同形词　　D. 多音词

2. 多项选择题

（1）下列几组词中经历了词义的转移变化的是________。

A. 汤　臭　金　脚　　B. 走　兵　钱　权

C. 消息　行李　牺牲　喽啰　　D. 事故　丈人　勾当　丈夫

E. 瓦　虫　河　同志

（2）下列各组中有比喻义的是________。

A. 包袱　摇篮　疙瘩　潮流　　B. 葵花　太阳　微机　心情

C. 担子　东风　舌头　气味　　D. 破绽　风尘　迷雾　骨干

E. 气球　龙虾　花朵　小麦

3. 填表题

（1）将下列语言单位按要求分别填入表格内。

接　健将　房　郊　白布　言　语　电视　幽默　人　天　伟　黑板

黄金　蓝天　感　踯　蜻　吃饱　说明　大浪　霹　馄　风　回家

短语	
词	
只是语素	
无意义的音节	

（2）将下列各词按照其构造方式分别填入表内。

扑通　可耻　浪费　窈窕　扩大　取笑　肉麻　心扉　妯娌　刚刚　克隆　欸　司令　岌岌

团结　英雄榜　巴不得　红彤彤　树　柳树

单纯词	联绵词	双声		复合式合成词	联合		附加式合成词	
		叠韵			偏正			
		其他			主谓			
	音译				补充			
	象声				动宾			
	叠音				重叠式合成词			
	单音节							

4. 分析语素"化"在构成下列词中是定位语素，还是不定位语素

美化　绿化　消化　烧化　西化　感化　简化　变化　液化　欧化

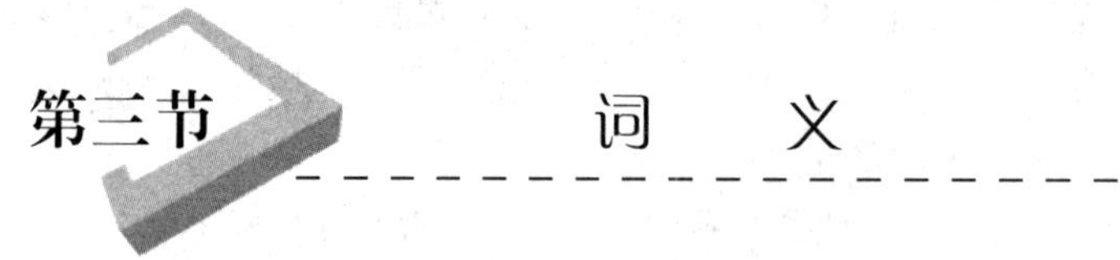

第三节　词　义

引子

词义是人的主观世界和客观世界相互作用的产物，同时又与语言世界（包括词语的形式结构、词语的系统联系及词语的使用功能）密切相关。由于汉语言本身的复杂性，尤其是汉语词语意义的多元性和不确定性，导致汉语言语过程中词语理解运用的多变性。汉语的同义词非常丰富，它可以准确地描写客观事物，恰如其分地表达人物丰富的思想感情，避免用词的单调、重复，便语言富有变化。即便是同一个词在不同的语言环境中表达不同的意思，这就是汉语的魅力所在。

一、多义词

凡是表示多种相互联系的不同意义的词叫多义词。一个多义词不论它的义项有多少个，其中必有一个是本义，其他的意思是从这个本义发展变化而来，因此要把握词义应从词语的本义入手。意义发展变化的途径有两种：引申和比喻。

（一）本义

本义指文献记载的词的最初的意义。不一定就是这个词现在最常用、最主要的意义。

比如"浑"的本义是"水势盛大"，"兵"的本义是"兵器"。随着词义的发展演变，有些词的本义已经消失了，因此一般词典中也不列为义项了，比如"浑"的本义就只有在古代汉语的词典中才能查到。有的本义虽然还存在，但已不能独立使用，比如"兵"的本义就只在"短兵相接、厉兵秣马"等成语中还保留着。

（二）基本义

基本义是词在现代中最常用和最主要的意义。一般在现代汉语的词类中列出的第一个义项就是该词语的基本义，基本义和本义可能一致，如"割"的本义和基本义都是"用刀截断"。基本义和本义也可能不一致，比如"兵"现在的基本义是"战士、军队"。

（三）借代引申义

引申义是由词的本义演变发展而产生的意义，因此引申义与本义在意义上或多或少有一种子与母、

流与源的关系。如“浅”的本义是表示以表面到底部距离短的意思(水很浅),引申为程度不深(他的功底浅),引申为表示时间不久(他们相处的日子很浅),引申为颜色淡(浅蓝色)。学习过程中要记住本义,学会引申。

多义词的“借代引申”是指甲、乙两类对象之间有某种相关性,所以就可能用原本指称甲类对象的词语去指称乙类对象。整体与部分、物品与使用者、行为与行为发出者、工具与活动、材料与产品、产地与产品等都有着稳定而明显的关联,因而都可以在人们意识中建立起某种联系,从而使词语产生新的意义。

比如“口”原指“人的一个器官”,后又用作指“人”的量词,这是用部分指称整体;“便衣”原指“平常人的服装”,后又用来指“穿着便衣执行任务的军人、警察等”,这是用物品指称使用者;“编辑”原指“对资料或现成的作品进行整理、加工”,后又用来指“从事编辑工作的人”,这是用行为指称行为发出者的借代引申义;“兵”后来产生出“军事、战争”(如“纸上谈兵”里的“兵”)和“兵士”(如“强将手下无弱兵”里的“兵”)的意义,也是一种借代引申义。

(四) 比喻引申义

多义词的“比喻引申”是指甲、乙两类对象之间有某种相似性,所以就可能用原本指称甲类对象的词语去指称乙类对象,从而使词语产生新的意义。

比如“包袱”原指“用布包起来的包儿”,由于包袱可以使人有负重感,于是人们使用“包袱”来指称“影响思想或行动的负担”,使“包袱”产生出新的意义;“迷雾”在《现代汉语词典》中有两个义项,一是“浓厚的雾”;二是“比喻叫人迷失方向的事物”,后者就是这个词的比喻引申义。又如用“手足”比喻“兄弟”,用“虎口”比喻危险境地。

比喻义和修辞中的比喻不同。词的比喻义虽然最初是通过比喻用法逐渐形成的,但它已成为词的一个稳定的义项,为群众接受,在词典里可以查到;而比喻修辞是在特定的语言中临时打比方,本体和喻体间无固定搭配关系,一个本体可以有多个喻体,词典里没有这个义项。

二、词的演变

词的意义会随着科学的进步和人类对外界及对自身认识的发展变化而不断演变。词义的演变包括“词义深化”“词义扩大”“词义缩小”和“词义转移”等现象。

(一) 词义的深化

词义的“深化”指词的适用对象不变,但意义更深刻或更准确。比如“人”这个词古今适用对象一致,可是古代的《说文解字》解释为“天地之性最贵者也”,而《现代汉语词典》解释为“能制造工具并使用工具进行劳动的高等动物”。古人的认识当然总会有某种局限,不能苛求;后者的释义则反映了对人的本质的科学认识,抓住了人的本质特征。

(二) 词义的扩大

词义的“扩大”是指词的今义所表示的范围大于古义,而古义包括在今义中。比如“江”“河”,古义专指长江、黄河,现在则泛指一切河流。“菜”在古代专指蔬菜,现泛指菜肴。“诗”原来专指《诗经》,后来则泛指一切诗歌类的文学作品。一般说来,词义的扩大总是具有从个别到一般、从部分到全体的特点。

(三) 词义的缩小

词义的“缩小”是指词的今义所表示的范围小于古义。如“禽”在古代指“鸟”和“兽”,后来专指鸟类(包括飞禽和家禽)。“子”原义包括“儿子”和“女儿”,现在却只能指“儿子”。“宫”原是房屋居室的通称,秦汉开始专指帝王的住所。

(四) 词义的转移

词义的“转移”分为两种情况:词表示的概念的转移和感情色彩的转移。词的概念的转移指词表示的概念发生了根本的变化,当新的词义产生后,旧义一般就不复存在了。比如“涕”原指眼泪,而现代汉语中，除成语“感激涕零”“痛哭流涕”还保留古义外，“涕”均指鼻涕。“走”原义为跑，现在则为步行。词的感情色彩的转移指词表示的基本概念没变化，只是词的感情色彩转变了。如“爪牙”原指得力的武臣、猛将，是中性词或褒义词，现在比喻坏人的党羽，用为贬义。又如“勾当”，原义是办理，是动词，中性词，现在指“坏事情”，是名词，贬义词。

三、拓展延伸——双关

双关是汉语传统的修辞方式，指在一定的语言环境中，利用词的多义和同音的条件，有意使语句具有双重意义，言在此而意在彼，有一箭双雕之妙。

恰当地使用双关，可使语言表达得含蓄、幽默，而且能加深语意，给人以深刻印象。法国大文豪雨果也说：“双关语是飞舞着的灵魂的产物。”

（一）谐音双关

宋朝民谣：打破筒（谐童贯的姓），泼了菜（谐蔡京的姓），便是人间好世界。

《红楼梦》的《护官符》中有“假”与“贾”谐，“雪”与“薛”谐，也是妙趣横生。

（二）语义双关

鲁迅在《为了忘却的纪念》中写道：“夜正长，路也正长，我不如忘却，不说的好罢。”“夜”实指黑暗统治，“路”实指革命征途，这就是利用了双关的修辞方法来表明作者在当时白色恐怖时期的态度。

《我的前半生》一书中，爱新觉罗·溥仪三岁登基，大哭大喊，其父摄政王说：“别哭，别哭，快完了，快完了！”这引得文武百官心中嘀咕，认为乃不祥之兆，怎么能说“快完了”呢？

猴子死后去见阎王，请求来世做人。阎王说：“你要做人，必须把身上的毛都拔掉。”就叫小鬼过来，给他拔毛。才拔一根，猴子就痛得大叫大嚷起来。阎王说：“看你，一毛不拔，怎能做人呢？”这则笑话假托一个寓言故事，讽刺极端吝啬自私的人，他们拔一毛利天下而不为。

（三）双关歇后语

歇后语，是熟语的一种，由近似于谜面、谜底的两部分组成的带有隐语性质的口头用语，前一部分是一个比喻或隐语，后一部分是意义的解释。“双关”是歇后语一种重要的修辞方法。歇后语的趣味性和内涵使其在某些时刻有“只可会意不可言传”的妙处，并为人们喜爱。

1. 狗咬乌龟——找不到头

“头”的本义是乌龟的脑袋，但有两个比喻义：一是比喻事情没有头绪，不知从哪儿下手，或找不到解决问题的办法；二是比喻办一件事情找不到负责人。这里当“脑袋”讲的“头”和当“事情的起点”或“头目”讲的“头”语义双关。

2. 狗咬粽子——难解

“解”的本义是把束缚着或系着的东西打开，比喻引申义是弄不清楚，无法理解，有时也指某种纠葛难以解决。“解”的本义与其比喻义语义双关。

3. 驴拉磨子——上了圈套

“圈套”的本义是套在驴身上的套子，比喻使人上当受骗的计策。

4. 老牛打滚——大翻身

“翻身”既指身体转动，又比喻落后面貌或不利处境有了彻底改变，也是比喻的语义双关。

5. 哑巴吃黄连——有苦说不出

苦，指黄连的味苦；而全句的实际含义是指内心有苦楚，但不敢或不便向人诉说。

6. 中秋后一天结婚——喜出望外

“喜出望外”作为成语时，没有双关义，但在歇后语的后半部分就具有了双关义。喜，本特指结婚，泛指值得高兴或庆幸的事；望外，中秋节后的一天；“望外”前加“喜出”，形成新的语义，指遇到出乎意料之外的好事，感到非常高兴。

四、同义词

（一）同义词的含义

同义词就是意义相同或相近的词。同义词可分为两类：一类是意义相同的词，也叫等义词；一类是意义相近的词，也叫近义词。

意义相同的同义词是少数，虽然它们所指的事情和现象相同，但它们往往在词的风格、情调、色彩或用法上有不同；意义相近的同义词是多数，它们的意义有某些相近的地方，但它们标志的并不完全是同一事物或现象，因而通常不能互相代替。

（二）同义词辨析方法

1. 从相异的语素分析

如“废除”“解除”“破除”三个动词，重点是区分“废”“解”“破”三个相异的语素。废是废止不用的意思，解是去掉消除的意思，破是打破揭穿的意思。

再如“协同”“偕同”两个词，重点是区分“协”“偕”两个语素。“协”是协力的意思，“偕”是一起的意思。如“机智”和“机警”，它们的不同之处就在那个“智”与“警”上，“智”有“聪明”的意思，“警”有“警觉”的意思。

2. 从轻重程度上辨析

如“蔑视”比“轻视”意义要重一些。“批判”比“批评”要重一些。“监禁”比“拘留”更重一些。

3. 从感情色彩上辨析

如“团结、结合、勾结”，“鼓舞、鼓动、煽动”，“成果、结果、后果”这三组词语中，第一个是褒义词，第二个是中性词，第三个是贬义词。

4. 从范围大小来辨析

如“边疆”和“边境”都指远离内地靠近国境的区域，但“疆”比“境”的范围要大。“人民”和“公民”都是指取得一个国家国籍的人，但人民只对敌人而言，而公民的范围要大得多。

5. 从适用对象上辨析

如“关心”与“关怀”是同义词，“关心”适用的范围比较广，对人、对事物，不管上下、大小，一般都能用。“关怀”适用的范围比较狭窄，它的对象多半是人或者是与人有关的一切，如人的成长、利益、思想、工作等。组织、领导对群众或者长辈对晚辈用“关怀”，个人对领袖或者后辈对前辈，一般不能用“关怀”，可以用“关心”。

又如“夸奖”的是别人，“夸耀”的是自己。

6. 从语法特点上辨析

(1) 搭配关系不同。如“实行”和“执行”是同义词，“实行”常常同“计划”“办法”“主张”“主义”搭配；“执行”常同“命令”“决议”“方针”“政策”“任务”搭配。又如“冲破”的是“束缚”“阻力”“牢笼”，“突破”的是“界限”“定额”。

(2) 词类和功能不同。如“消亡、消失”与“消除、消灭”是一组同义词，“消亡”和“消失”是自动词，后边不能带宾语，而“消除”和“消灭”是他动词，后边可以带宾语。又如“分别”和“差别”都是名词，但是“分别”还有动词的用法，“差别”就没有。“英勇”和“英雄”，一个是形容词，一个是名词。

(3) 语体风格不同。① 书面词与口语词。如“死”是口语词，“逝世”是书面词；“筵席”是书面词，“酒席”是口语词。又如“照相”和“摄影”，“小气”和“吝啬”，前者为口语，通俗平易，有较浓厚的生活气息，而后者为书面语，比较典雅、庄重。② 普通词、文艺用语和科学用语。如“飞”是普通词，“翱翔”多用于文艺作品，“滑翔”是科学技术用语。另外的例子，如“蓝”“蔚蓝”“普鲁士蓝”、“气”“空气”“大气”等。此外，如“缭绕”“晶莹”“乳燕”等都属于文艺用语，既不是日常通用词，也不是科学用语。③ 方言词和普通话词。如“娘”是方言词，“妈妈”是普通话词。

除了注意以上方面之外，还要掌握辨析同义词的具体方法。辨析前要搜集大量的用例。辨析时要分两步走：第一步先确定同义词的共同的地方；第二步再比较有差异的地方。如“冤枉”和“委屈”都是形容词，也都可以用作动词，都有“遭受到不应有的处分或者责罚”的意思。但是“冤枉”比“委屈”词义重些，“冤枉”含有“无罪受刑”的意思，“委屈”则有“自己有不得已的苦衷而得不到别人谅解”的意思。

（三）同义词的作用

掌握较多的同义词，并能准确、恰当地运用，可以增强语言的表现力，使文章的表达更贴切、更细致、更严密。

1. 同义词有助于避免用词重复的现象，使语言丰富多变，表达更加精确

看、瞧、盯、瞟、窥、瞥、瞪、望等就是同义词。一般地看，可以用“看”“瞧”，集中视力注意看的神态可用“盯”，斜眼看可用“瞟”，很快地看一下可用“瞥”，生气地睁大眼睛看可用“瞪”，从小孔或缝隙中偷偷地看可用“窥”，向远处看可用“眺望”，向上看可用“仰望”，向下看可用“俯视”“鸟瞰”，向四方看可用“张望”，仔细看可用“观察”，等等。

2. 同义词连用可以加重语气，达到强调的目的

比如“坚决彻底干净全部消灭之”，这一句里的“彻底”“干净”“全部”是同义词，这三个词连用能更鲜明地表现立场的坚定和态度的坚决。

3. 同义词用得恰当灵活，有助于表现出人物的性格和心理活动

比如鲁迅先生的《孔乙己》里有这样一段：“孔乙己便涨红了脸，额上的青筋条条绽出，争辩道，‘窃书不能算偷……窃书！……读书人的事，能算偷么？’”“偷”和“窃”是同义词，“偷”是口语，“窃”是书面语言。孔乙己不承认自己是偷书，只承认是窃书，暴露了深受孔孟毒害的穷困潦倒的旧知识分子迂腐、死要面子的性格特点。

4. 同义词还能表示不同的风格色彩

在不同的文体中运用与之相适应的词，可使词与文体风格一致，增强表达的效果。如“诞辰”和“生日”是同义词，前者是书面词，一般显得庄严、隆重，后者是口语词，一般显得亲切随意。《骆驼祥子》里的刘三爷说：“二十七是我的生日，我还要搭个棚请请客”。这里的“生日”不能说成“诞辰”。

又比如毛泽东同志的《中国人民解放军布告》中有这样的话：“人民解放军所到之处，深望各界人民予以协助。兹特宣布约法八章，愿与我全体人民共同遵守之。”这里由于使用了书面语、文言词，显得庄重严肃、简要有力，与“布告”这种文体风格协调一致，如果把“深望”换成“深切希望”、把“兹”换成“现在”、把“之”换成“它”，就与文体的风格不协调了。

5. 同义词还有一定的构词作用

由同义词构成的词，如声音、房屋、温暖、迁移、寒冷、仇敌、庆祝、永久、自从、刚才等。由同义词构成的成语，如聚精会神、兴高采烈、心安理得、粗心大意、不屈不挠、养精蓄锐等。

小◇试◇身◇手

1. 阅读“微须”的故事，解释文中“微”的意思，再查查字典看看“微”有哪些解释。

在清朝时有一个真实的故事。那时参加科举考试的考生都要填相貌册，以防止冒名顶替。有个考生写上“微须”二字，表示自己长有少量的胡须。没想到到了试场，考官却把他轰出了考场，理由是“微须”二字应解为“没有胡须”。

巧的是另一个考生也写了“微须”，他见势不妙，赶紧回去把胡子剃掉了，哪知来到考场，考官一拍惊堂木：“又来个冒名顶替的！”原来，考场文书是该考生的老相识，暗中把他填的“微须”改成了“有须”。

这时，又有个考生不服同考官争执起来。考官训斥他说：“读书人怎能连老父子（朱熹）以‘微’训

‘无’都不知道呢？”在当时，应试者是非读朱熹注解的《四书》不可的。结果这考生也不示弱，笑着回答道：“照你这么说，那么孔子微服而过宋，就是脱得赤膊精光了？”这一驳让考官哑口无言了。

2. 多义词练习

(1) 判断下面加点词的意义相同的一组(　　)

A. ① 老孙头慷慨地说：“我那玻璃眼倒也乐意换给她，就怕马儿性子烈，她管不住。”

② 刘胡兰这位十七岁的女英雄慷慨就义了。

B. ① 两岸的豆麦和河底的水草散发出来的清香，夹杂在水气中扑面地吹来；月色便朦胧在这水气里。

② 这朦胧的橘红的光，实在照不了多远。

C. ① “夜雨剪春韭”是老杜的诗句吧，清新极了。

② “老圃种菜，一畦菜怕”不就是一首更清新的诗？

D. ① 他的面孔黄里带黑，瘦的教人担心，但是精神很好，没有一点儿颓唐的样子。

② 他少年外出谋生，独立支持，做了许多大事。哪知老境却如此颓唐！

(2) 判断下面句子中多义词“松懈”的含义与其他三句不同的一句(　　)

A. 自以为对革命有功，摆老资格，大事做不来，小事又不做，工作随便，学习松懈。

B. 它是一种腐蚀剂，使团结涣散，关系松懈，工作消极，意见分歧。

C. 为了搞好总复习，许多同学废寝忘食，毫不松懈。

D. 刚才出力摇船犹如赛龙船似的那股劲儿，现在在每个人的身体里松懈下来了。

(3) 判断下面例句中的“则”与文段中“则忧其民”中的“则”意义、用法相同的一句(　　)

嗟夫！予尝求古仁之心，或异二者之为，何哉？不以物喜，不以己悲；居庙堂之高则忧其民，处江湖之远则忧其君。

A. 此则岳阳楼之大观也。

B. 复之以掌，虚若无物；手裁举，则又超忽而跃。

C. 公使阳处父追之，及诸河，则在舟中矣。

D. 居则具一日之积，行则备一夕之卫。

3. 同义词练习

(1) 依次填入下列各句横线处的词语，恰当的一组是(　　)

① 2500 年前的孔子，曾对着________的江水感叹：逝者如斯夫，不舍昼夜。站在千禧之年的门槛，我们更深切地领悟到了先哲的睿智。

② 营房各处________的灯火，欢腾热闹的情景，使他又激动起来，回想起白天参加国庆大典的场面。

③ 鲁迅的作品，即使是纯属个人生活的回忆，也总能使我们有乐观、清醒的感觉，得到深刻的________。

A. 流逝　闪烁　启发　　　　B. 流逝　闪耀　启示

C. 流泻　闪烁　启示　　　　D. 流泻　闪耀　启发

(2) 依次填入下列各句横线处的词语，最恰当的一组是(　　)

① 毋庸________，法兰西优秀的民族文化是人类历史上的一笔宝贵财富。

② 小男孩一下子________索然了，站在那里没有目标地东张西望。

③ 当浮力大于物体所受的重力时，物体上浮，________ 物体下沉。

A. 置疑　兴味　反之　　　　B. 质疑　趣味　反之

C. 质疑　趣味　否则　　　　D. 置疑　兴味　否则

(3) 依次填入下列横线处的词语，最恰当的一组是(　　)

① 面对“两会”代表、委员的依法________，有的官员虽然还不能圆满答复，但都表现出虚心接受、认真反思的态度。

② 在5月4日结束的第三届中国国际动漫节上，杭州市有关部门与中国动画学会签订了合作________，准备共同培养动漫人才，开发动漫资源。

③ 距离同济大学校庆还有5天，世界各地的校友________将启程，前往上海参加庆典，共贺母校百年华诞。

A. 质对　协议　不日　　B. 质对　协约　翌日

C. 质询　协约　翌日　　D. 质询　协议　不日

(4) 依次填入下面横线上的词语，最恰当的一组是(　　)

① 这粒纽扣在草丛中被侦察人员________发现，为侦破这个案件提供了重要的线索。

② 这种航天器进入太空轨道后，便自动开始工作，可以________到来自各方面的信息。

③ 看来，这个经历了八百年风雨________的古塔，究竟还能保存多久，实在难以预料。

④ 祖冲之经过认真的实际________，敢于怀疑前人的学说，敢于推翻前人的错误结论。

A. 偶然　搜集　腐蚀　考查　　B. 偶然　搜集　侵蚀　考核

C. 偶尔　收集　侵蚀　考查　　D. 偶尔　收集　腐蚀　考核

4. 在汉语的歇后语中，人们经常利用多义词造成语义双关。请找出下面各个歇后语中语义双关的地方，并试着自己创造一些含有双关义的歇后语。

(1) 狗咬乌龟——找不到头　　(2) 狗咬粽子——难解

(3) 驴拉磨子——上了圈套　　(4) 老牛打滚——大翻身

第四节　妙用成语

引子

成语是人们长期以来习用的、形式简洁而意思精辟的定型词组或短句。成语源于历史故事、古代寓言的概括，或是古代书面语言中现成的语句。成语绝大多数是四字结构，在朗读时一般都是两个字停顿一次。成语是汉语宝库中璀璨夺目的明珠，要正确地理解这些成语，首先要弄明白这些成语的来源或其涉及的人物、故事，以及蕴涵的意义，进而才能恰当地使用它。

一、“活化石”——成语

成语是人们在长期运用语言的过程中形成的一种固定词组，是比词大而语法功能又相当于一个词的语言单位。以下简要介绍成语的来源、特点、结构与俗语置换等。

(一) 成语来源

1. 来自古代人们的生活

如带“马”的成语大多与战争有关，因为马是古代战争中的“重装备”，古代战争中一般少不了它，因而流传下来的与战争有关的带“马”的成语就非常多，如兵荒马乱、人仰马翻、千军万马、鞍前马后、马革裹尸，等等。

2. 来自人们的日常生活

马不仅在战争中担任主要的角色，在日常生活中也运用得非常普遍，因此，一些与生活关系密切的成语也流传了下来，如走马观花、走马上任、青梅竹马等。另外，马身上还有许多优秀的品质，我们的祖先据此还创造了许多与“马”有关的成语，如马不停蹄、龙马精神等。

3. 来自古代寓言、历史故事

这样的成语一般都包含着一个具体的内容，大都可以在书本上找到它的出处，也称为典故。如指鹿为马、倚马可待、风马牛不相及等。

指鹿为马：指着鹿，说是马。比喻故意颠倒黑白，混淆是非。源于赵高故事。

倚马可待：倚在即将出发的战马前起草文件，可以等着完稿。比喻文章写得快。

风马牛不相及：风，走失；及，到。本指齐楚相去很远，即使马牛走失，也不会跑到对方境内。比喻事物彼此毫不相干。

（二）成语特点

1. 意义的整体性

与一般固定短语不同，成语的意义往往并非构成成分意义的简单相加，而是在此基础上进一步概括出来的整体意义。其整体性隐含于表面意义之后，表面意义只是借以表现实际含义的手段。如“凤毛麟角”，表面意义是凤凰的毛、麒麟的角，但实际含义是稀少而可贵的人才或事物。

2. 结构的凝固性

成语的构成成分和结构形式都是固定的，一般不能任意变动词序或抽换增减其中的成分。如“任重道远”，既不能说“道远任重”，也不能说“任重路远”，或“任重又道远”。

（三）成语语法结构

1. 并列关系　　例如：披坚执锐　任重道远　失之东隅，收之桑榆
2. 主谓关系　　例如：毛遂自荐　杞人忧天　夜郎自大　叶公好龙
3. 动宾关系　　例如：不见经传　歧路亡羊　顿开茅塞　如丧考妣
4. 动补关系　　例如：轻如鸿毛　退避三舍　无动于衷　荒谬绝伦
5. 动宾补关系　例如：问道于盲　贻笑大方　拒人千里
6. 偏正关系　　例如：衣冠禽兽　扶摇直上　孜孜不倦　一丘之貉
7. 连动关系　　例如：画蛇添足　抱薪救火　亡羊补牢
8. 兼语关系　　例如：请君入瓮　令人生畏　引狼入室　化险为夷

此外，也可以按复句关系来划分。例如：

马到成功（承接关系）　不约而同（转折关系）　厉兵秣马（并列关系）
得陇望蜀（递进关系）　守株待兔（目的关系）　温故知新（因果关系）
宁死不屈（选择关系）　插翅难逃（让步关系）　有闻必录（假设关系）
不入虎穴，焉得虎子（条件关系）

（四）成语与俗语置换

成语与俗语有时其实是一种对应关系，二者一庄一谐，一雅一俗。成语总的来说属书面语范畴，它还保留着文言书面语在词义或语法结构上的特点，如“飞沙走石”“令人发指”（词义），“唯利是图”“时不我待”（语法）。俗语属于口语范畴，它的语言材料都是人们口头上常用的、通俗易懂的。

瞻前顾后——前怕狼后怕虎　　孤掌难鸣——一个巴掌拍不响
直言不讳——打开天窗说亮话　　一丘之貉——天下乌鸦一般黑
饮水思源——吃水不忘挖井人　　得过且过——做一天和尚撞一天钟
咎由自取——搬起石头砸自己的脚　　吹毛求疵——鸡蛋里面挑骨头
欲盖弥彰——此地无银三百两　　独眼龙看书——一目了然

癞蛤蟆想吃天鹅肉——痴心妄想　　灯芯织布——枉费心机
老和尚的百衲衣——东拼西凑　　眉毛上持炮仗——迫在眉睫
吃着碗里看锅里——贪得无厌　　狗拿耗子多管闲事——越俎代庖
三天打鱼,两天晒网——一曝十寒

二、成语的用法

(一) 正确使用成语

1. 理解成语意义

有的成语可以从字面上去理解意义,但要注意,成语的语义往往保留了古代汉语的意义,不能用现代汉语的意义来解释。例如“不刊之论”形容不能改动或不可磨灭的言论,“刊”作“消除”讲。“首当其冲”比喻最先受到打击或承受压力,“冲”是“要冲”的意思。“刊”“冲”都不能用现代常用义来解释,这类望文生义、往往出错的成语正是我们积累的重点。

有的成语由于出自古典诗文或历史故事,不能简单地从字面去理解,也不能把成语各组成部分的意义加起来理解。如“火中取栗”,出自法国作家拉·封登寓言,猴子叫猫给它取出炉火中烤着的栗子,结果栗子被猴子吃了,猫不但没吃着,还烧掉了脚上的毛。比喻冒危险为别人出力,吃了苦头,但自己一无所得。

有的成语的实际含义必须透过字面意义去进一步深入理解,如“望其项背”,表面意义是指望得见人的脖子和脊背,实际意义是指“比得上”,且多用于否定句式。

2. 辨析褒贬色彩

有些成语意义相同或相近,这类同义成语,有的是程度深浅不同,如“得陇望蜀”与“得寸进尺”,共同的意思比喻贪得无厌,不知满足,但后者比前者程度深。有的是适用对象不一样,如“遍体鳞伤”与“体无完肤”,都形容伤得很重,但前者只能用于人,后者却可以用于人或抽象的理论。有的是语法功能各异,如“前车可鉴”与“前车之鉴”两个成语,同出一源,意义相近,但前者是主谓结构,在句中作分句或谓语,后者是偏正短语,一般作宾语、主语。有的是褒贬色彩有别,如“无微不至”与“无所不至”,都表示细到极点,但后者带贬义。褒贬色彩看似简单易辨,其实情况有些复杂,有些成语尽管褒贬色彩相同,但意义有所不同,如“开门揖盗”与“引狼入室”都表示自己做了害自己的事情,都带贬义,但“开门揖盗”更带一些傻气。

有些成语可褒可贬,例如:“语不惊人死不休!”可贵的是杜甫还坚持了这种苦心孤诣的写作态度(明显含褒义)。徐世昌苦心孤诣地运动着做了一次大总统,后来被人赶跑了(含有讽刺、挖苦义)。这类褒贬义都含有但容易误用的常见成语还有:安之若素、按部就班、标新立异、顶礼膜拜、放浪形骸、高视阔步、卷土重来、明哲保身、推波助澜,等等,应多加注意。

此外,有些成语的感情色彩在一定的语境中会有临时性的新变化。比如,“咬文嚼字”,一般指过分地斟酌词句,含贬义,但朱光潜先生在《咬文嚼字》一文里,贬词褒用,说明“无论阅读或写作,我们必须有一字不肯放松的谨严”。

3. 把握多义现象

成语在历史演变中,不断出现新义,这就使一部分成语有不止一个的意义。多义成语的使用有两种情况。

(1) 本义被后起义代替,本义基本上弃置不用。如“闭门造车”,本义是按照同一方法做出的东西自然相同。《中庸》:“古语所谓闭门造车,出门合辙,盖言其法之同也。”现多指凭主观办事,不管合不合实际。

(2) 本义和后起义均可使用,如“陈陈相因”,原指“陈粮上不断加陈粮”,又比喻毫无创新地沿袭旧的一套。“他们有成千艘船只贩运各种货物,粮食万仓,陈陈相因,一直发霉腐烂。”用的就是原义。又如

"分道扬镳"可比喻志趣、目标不同,各走各的,也可比喻各有造诣、各有途径,不让一方独占地位,在"同样的题材,由于各自运用的形式不同,可以分道扬镳,各显神通"句里,用的是"分道扬镳"的第二项比喻义。

(二)成语使用过程中容易出现的问题

1. 张冠李戴

每个成语都有其适用的范围和对象,若使用不当,就要出差错。

【例1】 古人中不乏刻苦学习的楷模,悬梁刺股者、秉烛达旦者、闻鸡起舞者,在历史上汗牛充栋。

【解析】 "汗牛充栋"是形容"书籍"很多,此用于"人",适用对象有误。

【例2】 他从小就喜欢画画,常在纸上信笔涂鸦,现在他画的鸟已是栩栩如生。

【解析】 "信笔涂鸦"是指写字,不是画画。

【例3】 本刊将洗心革面,继续提高稿件的编辑质量,决心向文学刊物的高层次、高水平攀登。(2000年高考题)

【解析】 "洗心革面"比喻彻底悔改,指人的改过自新。不能用来形容刊物。

【例4】 这次汇报演出,反映了我国文艺舞台百花齐放、姹紫嫣红的繁荣景象。

【解析】 "姹紫嫣红"只用来形容花,而不能修饰"我国文艺舞台出现的繁荣景象",上句显然超出该词的使用范围,因而误用。该句应用"万紫千红",其不但可用来形容花木,还可用来形容人、文章,或比喻景象繁荣昌盛,事物丰富多彩。

【例5】 求学期间,他春风得意,事事顺心。没料到踏入社会后,几桩生意下来,就被骗得血本无归,于是他总是感叹遇人不淑,命途多舛。(2007年浙江高考题)

【解析】 "遇人不淑",指女子嫁了一个品质不好的丈夫,这里使用明显不合适。

2. 望文生义

对一些成语,想当然地从字面上认定其意思,导致误用。

【例1】 这部精彩的电视剧播出时,几乎万人空巷,人们在家里守着荧屏,街上显得静悄悄的。

【解析】 "万人空巷"是说人们都从巷子里出来到大街上,多形容庆祝、欢迎等盛况。

【例2】 兴华实业公司与菇农的纠纷,有关方面调解无果后,不得不对簿公堂。

【解析】 "对簿公堂"是指"到公堂上受审讯",此误解为"到法庭对质"。

【例3】 为了应付高考,老师越教越细,学生越学越碎,其结果是肢解了一篇篇美文,长此以往,学生自然目无全牛,见一斑而不见全豹。

【解析】 "目无全牛"形容技艺精湛纯熟,在这里是用错了的。

3. 重复赘余

与成语相同意思的在句子上下文已有表述,导致语意重复。

【例1】 他只不过在做自己的事情,顺便帮了一下别人,没想到却受到了不虞之誉。

【解析】 "不虞"就是"没料到"的意思,与"没想到"重复。

【例2】 看到他这种滑稽的表情,坐在身旁的一名外国记者忍俊不禁扑哧一声笑起来。

【解析】 "忍俊不禁"是"忍不住笑起来"的意思,而句中"扑哧一声笑起来"与"忍俊"的意思一样,因而造成重复,可删去"扑哧一声笑起来",句子才简明。

4. 自相矛盾

在运用中,有些成语的意义与句子其他部分表达的语意不一致,前后矛盾。

【例1】 我本来就对那里的情况不熟悉,你却硬要派我去,这不是差强人意吗?

【解析】 "差强人意"的意思是"勉强让我满意",前后矛盾,当改为"强人所难"。

【例2】 为了让分别多年的老同学不期而遇,我们精心组织了这次同学会。

【解析】 "不期"即没有约定,与"精心组织"矛盾。

【例 3】 只要你设身处地，到抗洪抢险第一线去，你就不能不为我们子弟兵那种舍己为人的精神所感动。

【解析】 “设身处地”的意思是“设想自己处在别人的地位或境遇中”，而句子的语境是要“到抗洪抢险第一线去”，不是设想，因此用“身临其境”才妥当。

【例 4】 那是一张两人的合影，左边是一位英俊的解放军战士，右边是一位文弱的莘莘学子。

【解析】 “莘莘”，形容众多。可见“莘莘学子”就是“众多的学子”。既然是“众多的学子”何言“一个”？删去“莘莘”，意思就通顺了。

5. 不分轻重

成语与上下文描述的情景相比，夸大其词，轻重失调。

【例 1】 刚一起跑，我班的胡艳艳就滑倒了，她爬起来奋力追赶，离终点 20 米时终于成为后起之秀，夺得 3 000 米跑的第一名。

【解析】 “后起之秀”所指后出现或新成长起来的优秀人物，此处大词小用。

【例 2】 洪水冲垮了李老汉的房子，全村人都很难过，村前村后，哀鸿遍野。

【解析】 “哀鸿遍野”比喻旧社会到处是呻吟呼号、流离失所的灾民。程度太重。

6. 不辨色彩

不辨色彩主要表现在褒贬误用、语体色彩不当等方面。

【例 1】 这些年轻的科学家决心以无所不为的勇气，克服重重困难，去探索大自然的奥秘。

【解析】 “无所不为”是指“什么坏事都敢干”，此误将贬义词用作褒义词了。

【例 2】 陕西剪纸粗犷朴实、简练夸张，同江南细致工整的风格相比，真是半斤八两、各有千秋。

【解析】 口头语“半斤八两”常含贬义，且语体色彩也不妥。

【例 3】 齐白石画展在美术馆开幕了，国画研究院的画家竞相观摩，艺术爱好者也趋之若鹜。(1997 年高考题)

【解析】 本句旨在突出“画家”，尤其是“艺术爱好者”观摩“齐白石画展”的热情，而句中却用“趋之若鹜”这个含贬义的成语来表示，其运用不当是不言而喻的，可用“纷至沓来”。

【例 4】 工会准备组织职工去九寨沟旅游，大家兴致勃勃，小张更是推波助澜、积极鼓动年轻人搞生态自助游。(2007 年江苏高考题)

【解析】 “推波助澜”比喻从旁鼓动、助长事物(多指坏的事物)的声势和发展，扩大影响。这个成语混淆情感，褒贬不分。

7. 不合逻辑

有些成语从意义上看似乎符合句意，但从逻辑推理角度推敲则存在问题。

【例 1】 这位责任编辑敢对文字部分负责任，书籍的其他环节，如插图、装订等，他就望尘莫及了。

【解析】 “望尘莫及”比喻远远落后，与上文不构成转折关系。

【例 2】 他的演说不仅内容充实，而且闪烁其辞，全场观众无不为之动容。

【解析】 “闪烁其辞”形容“说话吞吞吐吐”，同“内容充实”不构成递进关系。

8. 搭配不当

成语与句中其他成分搭配不当(既有主干的搭配，也有修饰语的搭配)。

【例 1】 当登上黄山天都峰的鲫鱼背时，人们都常有如临深渊、如履薄冰的那种恐惧之感。

【解析】 “如临深渊，如履薄冰”表示小心、谨慎，不能修辞“恐惧”这一中心语。

【例 2】 兄弟俩原来关系亲密，好得不可开交，但是自从弟弟结了婚，不知怎的，两兄弟渐渐形同路人。

【解析】 “不可开交”比喻无法摆脱或结束，一般与“吵、闹、打”等搭配使用，含贬义，用来形容兄弟之间的亲密关系不妥。“形同路人”表现的是一种结果，不能受“渐渐”限制。

【例3】 如果对中国人民的严正声明和强烈抗议置之度外，一意孤行，必将自食其果。

【解析】 "置之度外"和"置之不理""置若罔闻"词义相近，"置之度外"常常和介词"把"搭配，"置之不理""置若罔闻"常常和介词"对"搭配。因此例3中或者把"对"改为"把"，或者把"置之度外"改为"置若罔闻"，才能是正确的。这样的词还有："司空见惯""耳濡目染"不能带宾语；"同心同德""深思熟虑"不作修饰语。

9. 敬谦错位

有些成语是谦词，只能对己；有些成语是敬词，只能对人。如果辨别不准，就会导致谦敬错位。

【例1】 你放心，你的困难就是我的困难，换房子的事我一定鼎力相助。

【解析】 "鼎力相助"即大力相助，是敬辞，误用为谦辞。

【例2】 在这里，我就不吝赐教，谈点看法，跟你商榷。

【解析】 "不吝赐教"用于请教别人指教自己的客套话，是敬辞，误用为谦辞了。

【例3】 在"校园文化艺术节"开幕式上，李校长抛砖引玉的即兴发言，博得了全场一片掌声。

【解析】 "抛砖引玉"，谦词，比喻用粗浅的、不成熟的意见引出别人高明的、成熟的意见。由解释可以看出这个成语的主语只能是第一人称，因此上句中的成语运用是错误的。

10. 使用本义

不少成语都被引申了，但它的本义偶尔还会出现，当一个成语重新回到本义时，我们决不能认为它用错了。

【例1】 每当夜幕降临，饭店里灯红酒绿，热闹非常。

【解析】 "灯红酒绿"，形容寻欢作乐的腐化生活，也形容都市或娱乐场所夜晚的繁华景象。

【例2】 他在攀登峭壁时跌了下来，肝脑涂地，惨不忍睹。

【解析】 "肝脑涂地"，原指战乱中惨死，后用来表示牺牲生命。

【例3】 关于金字塔和狮身人面像的种种天真的、想入非非的神话和传说，说明古埃及人有着极为丰富的想象力。（1995年高考题）

【解析】 "非非"，佛家语，指一般人认识所达不到的境界。现比喻脱离实际，幻想不能实现的事情，含贬义。在此句中，使用的是本义，更有利于表现古埃及人想象力的丰富。

【例4】 为纪念中国话剧百年诞辰，话剧界一些前辈粉墨登场，重新排演了《雷雨》等经典剧目。（2007年安徽高考题）

【解析】 "粉墨登场"，本义是指装扮好了，登场演戏。今多用于贬义，比喻坏人登上了政治舞台。例句中用其本义，演员妆扮后进行表演，是个中性词。

三、成语中的文言语法现象

成语脱胎于古代汉语，至今还保存着文言文里面的很多特殊用法，是活在现代文中的古文，又是古文中流传下来的现代文，是连接古文和现代文的桥梁。通过这个桥梁的作用我们可以轻松学习文言文，同时也可以攻下成语这个堡垒。

（一）通假字

拨乱反（返）正、图穷匕见（现）、一暴（曝）十寒、再接再厉（砺）、信口开河（合）、流言蜚（飞）语、被（披）发文身、博闻强识（志）、疾（嫉）恶如仇、胆战（颤）心惊、厝（措）火积薪、秀外惠（慧）中、受益匪（非）浅、被（披）坚执锐、余勇可贾（沽）。

（二）古今异义

成语中的语素有许多保留了古汉语的意义。所以结合成语释义能增强说服力，加深印象，便于记忆。例如李清照《声声慢》："满地黄花堆积、憔悴损，如今有谁堪摘？""堪"与成语"不堪设想""不堪入耳"中的"堪"意义相同，是"能够"的意思。同样，宋濂《送东阳马生序》中"录毕，走送之"的"走"与成语"走马观花”“奔走相告”的“走”意义相同，是“跑”的意思。

有时一篇文章中就牵涉好几个成语，如在《陈太丘与友期》一文中，就有这几个例子：“期日中”——不期而遇（约定，未经约定而意外相遇）；“太丘径去”——去危就安（离开，离开危险，达到平安）；“舍去”——舍己为人、舍近求远、锲而不舍（舍弃）；“与朋友交不信”——言而有信（信用）；“入门不顾”——王顾左右而言他、瞻前顾后（回头看）。

再如：

短兵相接（兵，兵器）　　赴汤蹈火（汤，热水、开水）

抱恨终天（恨，遗憾）　　不假思索（假，假借、依靠）

运斤成风（斤，斧头）　　苟且偷生（偷，马虎、得过且过）

破涕为笑（涕，眼泪）　　尾大不掉（掉，动摇）

乳臭未干（臭，气味）　　不刊之论（刊，削除刻错的字）

呼天抢地（抢，碰撞）　　屡试不爽（爽，差错）

不名一钱（名，占有）　　感激涕零（零，落）

不速之客（速，邀请）　　巧言令色（令，美好）

（三）一词多义

1. 道：道不拾遗（道路）；道高一尺，魔高一丈（道行）；得道多助，失道寡助（仁政）；以其人之道还治其人之身（方法）；说长道短（说）。

2. 兵：短兵相接（兵器）；斩木为兵（兵器）；兵强马壮（军队）；草木皆兵（士兵）；损兵折将（士兵）；纸上谈兵（兵法）。

3. 亡：亡命之徒（逃亡）；亡羊补牢（丢失）；亡国之音（灭亡）；家破人亡（死亡）；唇亡齿寒（掉落、失去）。

4. 顾：瞻前顾后（回头看）；顾此失彼（照管）；奋不顾身（注意）；三顾茅庐（拜访）。

5. 当：螳臂当车（阻挡）；安步当车（当作）；罪不当罚（相当）；当之无愧（面对）；一夫当关，万夫莫开（处在）。

6. 负：负隅顽抗（凭借）；负荆请罪（背着）；不负重望（辜负）；久负盛名（享有）。

（四）词类活用

1. 使动用法

（1）形容词的使动用法。“卑躬屈膝”一词中的“卑”和“屈”字是两个形容词，按照今天的语言习惯，形容词后面是不能跟宾语的，所以它实际上是形容词的使动用法，分别是“使……卑”（使身体卑下）“使……屈”（使膝盖弯曲）的意思。与此类似的成语还有：殚精竭虑（使……殚，使……竭）、曲意逢迎（使……曲）、竭泽而渔（使……竭）、丰衣足食（使……丰，使……足）、破门而出（使……破）、完璧归赵（使……完）、穷兵黩武（使……穷，使……黩）。

（2）名词的使动用法。“汗牛充栋”一词中的“汗”是名词，按照今天的习惯，后面也不能跟宾语，同样从文言文的角度来考察，它是名词的使动用法，意思是“使……出汗”。

（3）动词的使动用法。“既来之，则安之”中的“来”字和“安”字是两个动词，确切地说是两个不及物动词，也是不能带宾语，所以它也是特殊用法，那就是动词的使动，可翻译为“使……安”“使……来”。又如“闭月羞花”，闭、羞，动词的使动用法，使……躲藏，使……羞惭。

2. 意动用法

（1）名词的意动用法。“草菅人命”中的“草菅”是名词，意为以人命为草菅。“梅妻鹤子”就是以梅为妻，以鹤为子。

（2）形容词的意动用法。成语“不耻下问”中的“耻”字，是一个形容词，在这里按照需要翻译成“以……为耻”，所以它是形容词的意动用法。与此类似的还有厚此薄彼（以……为厚，以……为薄）、不远千里(以……为远)、是古非今(以……为是,以……为非)等。

3. 名词作状语

在成语“蝇营狗苟”中的“蝇”和“狗”字用在动词的前面,按照今天汉语习惯,名词是不能修饰动词的,所以在这个地方,这两个名词活用为状语,可翻译为“像苍蝇一样,像狗一样”。与此类似的成语还有:

斗折蛇行——斗、蛇:像北斗星一样弯曲,像蛇一样曲折,“斗”“蛇”分别作“折”“行”的状语,表动作行为的状态。

耳闻目睹——耳、目:用耳朵、用眼睛,“耳”“目”分别作“闻”“睹”的状语,表动作行为的凭借方式。

风餐露宿——风、露:在风里,在露天下,“风”“露”分别作“餐”“宿”的状语,表所处的环境。

日积月累——日、月:一天天地、一月月地,“日”“月”分别作“积”“累”的状语,表事物发展变化的进程。

土崩瓦解——土、瓦:像土块、像瓦片,“土”“瓦”分别作“崩”“解”的状语,表示动作行为的状态。

星罗棋布——星、棋:像星星一样、像棋子一样,“星”“棋”分别作“罗”“布”的状语,表动作行为的状态。

4. 名词作动词

“不可名状”中的“名”字是个名词,翻译为“说出”,所以在这个地方,它是名词活用为动词。与此类似的还有:罄竹难书(写)、莫名(说出)其妙、袍(穿上官袍)笏(拿上板子)登场、洞烛(照见)其奸、相形(比较)失色、声(声讨)东击西、衣(穿)锦还乡。

5. 形容词作名词

成语“党同伐异”中的“同”和“异”是两个形容词,在这里翻译为“意见相同的人,意见不同的人”,所以活用为名词。与此类似的成语还有:扶老携幼(老人和孩子)、扶危济困(处于困境中的人)。又如:

居安思危——安、危:形容词作名词,安乐的环境、危难。

披坚执锐——坚:形容词,坚硬、坚利,作名词,坚硬的铠甲。锐:形容词,锐利、锋利,作名词,锐利的武器。例:“将军身被坚执锐,伐无道,诛暴秦。”(《史记·陈涉世家》)

取长补短——长、短:形容词作名词,别人的长处、自己的不足之处。

一见如故——故:形容词作名词,老朋友。

择善而从——善:形容词作名词,好的意见、榜样。例:“三人行,必有我师焉。择其善者而从之,其不善者而改之。”(《论语·述而》)

革故鼎新——故、新,形容词作名词,旧的东西和新的东西。

(五) 文言句式

1. 判断句

“……者,……也”或“……也”是古汉语中最常用的表判断的句式,而成语中却常用“乃”“为”“皆”“非”等虚词来表判断。如“胜败乃兵家常事”“识时务者为俊杰”“草木皆兵”“人为刀俎,我为鱼肉”“知之为知之”等表肯定的判断”;“人非草木”“非亲非故”“答非所问”等表否定的判断。

2. 被动句

文言文的被动句与现代汉语不同,一种是有被动词的,但标志不同,如“见”“为”等。成语有“见欺于人”“见笑于大方之家”“古为今用”等;另一种是没有被动词的,如“兔死狗烹”“蔓草难除”等。

3. 省略句

古汉语中省略成分很多,成语也如此。如:放之(于)四海而皆准,欲速(则)不达,狗尾续(于)貂,沧海(之)一粟,引(之)以为戒,亲(者)痛仇(者)快,束之(于)高阁,流芳(于)百世,无与(之)伦比,祸起(于)萧墙,等等。

4. 宾语前置句

所谓宾语前置，就是通常作宾语的成分，置于谓语动词的前面，以示强调。宾语前置可分为以下几种类型。

第一，否定句中代词宾语前置。在学习"忌不自信""古之人不余欺也"这样的句式时，我们不妨通过"岁不我与""时不我待""人莫予毒"等成语来理解，从而明确否定句中代词宾语前置要具备两个条件：一是宾语必须是代词；二是必须是否定句，由"不""未""毋""莫"等否定词表示。在这种情况下，代词宾语要放在动词之前和否定词之后。

第二，疑问句中代词宾语前置。在学习"大王来何操""沛公安在""微斯人，吾谁与归"这样的句式时，我们不妨通过"何患无辞""何罪之有""何去何从""皮之不存，毛将焉附"等成语来理解，从而明确疑问句中代词宾语前置的条件：用疑问代词"谁""何""奚""安"等作宾语时，往往放在动词的前面。

第三，"之""是"作标志的宾语前置。在学习"无乃尔是过与""宋何罪之有""何厌之有"这样的句式时，我们不妨通过"唯命是听""唯利是图""唯你是问""唯才是举""马首是瞻"等成语来理解，从而明确其基本的语法结构："前置宾语 ＋ 是(之)＋ 谓语(动词)"，其中"是""之"为宾语前置的标志。

5. 状语后置句

在现代汉语中，介词结构经常放在谓语动词之前，或主语之前，作句中或句前状语。而在文言文中，这种介词却经常放在谓语动词后用作补语，翻译的时候，习惯上把它当作状语，所以这种语法现象称为状语后置或介词结构后置。而从古代汉语脱胎而来的成语中也常有这种用法。状语后置现象在成语中的表现形式基本上可以分为以下两种。

第一，"于"字结构的成语，这类成语是由介词"于"和名词或名词短语构成。如："无济于事"中"于事"是状语，放在了谓语"无济"后面，现代汉语语序应是"于事无济"。"生于忧患，死于安乐"就是"于忧患生，于安乐死"；其他类似的还有重于泰山、死于非命、无动于衷、喜形于色、毕其功于一役、拒人于千里之外、防患于未然、问道于盲、业精于勤(业于勤精)等。在文言文中，这类现象和用法比比皆是。

第二，"以"字结构的成语，这类成语由介词"以"和名词或名词短语构成。如："动之以情"中"以情"是状语部分，放在了谓语"动"后面，现代汉语语序应是"以情动之"。其他类似的还有相濡以沫、嗤之以鼻、持之以恒、掉以轻心、夜以继日、文以载道、一言以蔽之等。文言句中也有很多这样的用法，如："王尝语庄子以好乐"(《庄暴见孟子》)，句中的"以"解释为"把"，"以好乐"解释为"把喜欢音乐这件事"。

小◇试◇身◇手

1. 人们在日常生活中经常用到成语，但如果对成语没有完全理解，就会发生一些错误。下面这些句子都摘自报纸杂志，请看看有没有使用成语不恰当的地方，并加以改正。
   (1) 美国总统布什发出最后通牒，萨达姆必须在 48 小时内离开伊拉克，否则将面临在海湾地区严阵以待的 28 万大军的攻击。
   (2) 美国发出军事打击伊拉克的信息之后，国际市场原油价格一路攀升，成为全球关注的焦点，西方各大石油公司更是对非洲趋之若鹜，竞争日趋激烈。
   (3) 该图总体呈长方形，长约两米，宽约五六十厘米，中间有一圆形图案，其底色为赭红色，直径约二三十厘米，其浮凸的横竖线条与地球经纬线如出一辙。
2. 在校园流传着许多学生创作的歇后语。有的根据诗词名句，比如"作业——千朵万朵压枝低"，"批评——二月春风似剪刀"，"下课铃——忽如一夜春风来"，"期末考试——问君能有几多愁"。有的根据流行歌曲，比如"心理学——《其实你不懂我的心》"，"好成绩——《一生钟爱》"，"高考落榜——《你是我心中永远的痛》"。有的根据电影电视，比如"几何——《黑三角》"，"物理——《神奇的电波》"，"外语——《天方夜谭》"。这些歇后语尽管格调不一定高，倒也不失诙谐幽默。请你开动脑筋，再设计一些有趣和有益的新歇后语。

3. 许多成语和俗语意思相同，亦庄亦谐，一雅一俗。例如“强人所难”相当于“赶鸭子上架”，“臭味相投”与“一个鼻孔出气”意思差不多，“自相矛盾”就是“自己打自己嘴巴”。下面给出一些成语或俗语，请你写出意思差不多的另一个俗语或成语。

瞻前顾后——	孤掌难鸣——	直言不讳——
一丘之貉——	饮水思源——	得过且过——
咎由自取——	吹毛求疵——	欲盖弥彰——

第五单元　语　　法

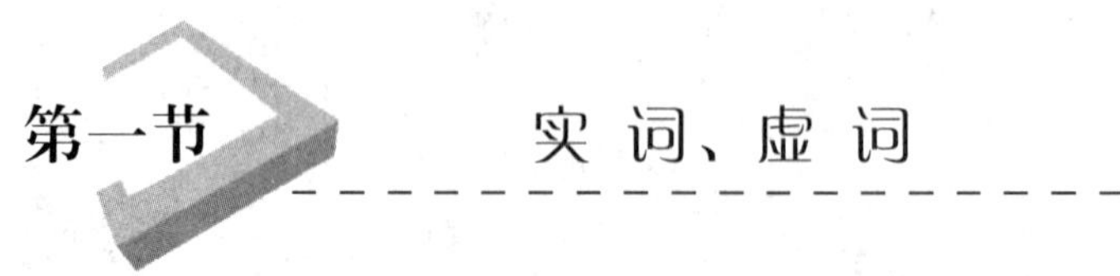

第一节　实词、虚词

引子

词是最小的可以独立运用的语言单位，按照语法功能可以分为两大类：实词和虚词。实词有实在意义，能够单独充当句子成分，能单独回答问题。实词包括名词、动词、形容词、数词、量词、代词六类。虚词没有实在意义，一般不能充当句子成分，不能单独回答问题。虚词只能配合实词造句，表示种种语法关系。虚词包括副词、介词、连词、助词、叹词五类。实在性的有无，是区别实词与虚词的根本标志。区别运用实词和虚词有利于分清句子成分，有利于规范日常语言的运用，如说话、写文章等。

一、实词

实词是有实在意义的词，可以独立充当句子成分，一般可以单独回答问题。每一个实词都可以详细解说其词义。现代汉语实词一般分为名词、动词、形容词、数词、量词、代词六类。

无论在现代汉语中还是在文言文中，实词都占有绝对多的数量，因为语言的基本作用是表意，离开有实际意义的实词，语言将很难实现表意的功能。

（一）名词

名词是表示人、事物或抽象概念名称的词。如：书本、桌子、儿童、雷锋、思维、政治等。

（二）动词

动词是表示人或事物的动作、存现及发展趋势的词。如：走、跑、思考、学习、有、存在、能、可以等。

（三）形容词

形容词是表示人或事物的性质、状态的词，汉语中的形容词可以修饰名词，也可以修饰动词，与英语不同。如：老、好、漂亮、干净、纯洁、飞快。

（四）数词

数词表示数目的词。如：一、十、第八、每等。

（五）量词

量词表示人或事物及动作的计量单位的词。量词一般与数词连用构成数量短语。如：个、件、幢、下、次、趟等。

（六）代词

代词是用来指代人、事物、状态、过程的词。如：你、他们、这、彼等。

二、虚词

虚词是没有实在意义的词，一般不能单独充当句子成分(副词例外)，不能单独回答问题(少数副词除外)。其存在的价值在于帮助构成句子的语法结构，表示某种语法关系。

现代汉语的虚词主要有六种：副词、介词、连词、助词、语气词、拟声词。无论在现代汉语中，还是在文言文中，虚词的数量都相对较少，但作用却很大。

(一) 副词

副词用在动词或形容词前边，在句中表示动作、行为、性质、状态的程度、范围、时间、趋向等的词。如：很、非常、一律、也、将来等。

在虚词中，副词是唯一能独立作句子成分的词，并且有少数副词(比如不、没有、也许、大概等)也可以单独回答问题，具有一定的实词特点。

副词的语法特征具体如下。

(1) 副词都能作状语，用来修饰动词、形容词。

(2) 程度副词“很”“极”在一定条件下可作补语。如：好得很，好极了。

(3) 一些副词既可以用来修饰动词、形容词谓语，也可以用来修饰名词性成分。如：就、只、光、单、几乎、才、仅、大概、已经、不过、将近、恰好。如：只这家书店在营业。光书就有十几箱。将近30户村民住在山下。

(4) 有些副词兼有关联词语的作用。如：打得赢就打，越说越快，又说又笑。

(5) “没有”“没”在动词、形容词前是副词，否定行为的发生；在名词前是动词，否定事物的存在或否定对事物的领有。

如：这里没(有)人。(动)　　他没(有)去。(副)

你没有《诗经》吗？(动)　　没有见过这么好的学生。(副)

(二) 介词

介词用在名词、代词等前边，同它结合起来，组成介词结构(介宾短语)，一同表示动作对象、行为的方向、对象、处所、时间等。如：在、从、对于、关于等。

1. 介词的语义分类

(1) 表时间：从、自从、打、到、在、当、当着、于、趁、乘、随着、赶、临。

(2) 表处所、方向的：从、自、打、往、朝、向、到、在、于、由、沿着、顺着。

(3) 表方式、方法的：按、按照、本着、经过、通过、根据、据、以、将、就、凭、用、靠。

(4) 表原因、目的的：因、由于、为、为了、为着。

(5) 表对象、关联的：对、对于、关于、替、同、与、跟、和、给、叫、让、被、论、顺、连。

(6) 表比较的：比、和、同、与、跟。

(7) 表排除的：除了、除非。

2. 介词结构

介词(介宾短语)在句中一般作状语，少数还可以作补语。如：

〔在阅览室〕看书(表处所)　　〔从早上〕工作＜到晚上＞(表时间)

〔沿着河边〕前进(表方向)　　〔对学生〕负责(表对象)

〔连根〕拔起来(表对象)　　〔比过去〕更好(表比较)

有的可以作定语，但要加“的”。如：

他作了一个(关于诗人杜甫的)学术报告。　　他(对这个问题的)分析是正确的。

3. 介词和动词的区别

(1) 介词(包括介词结构)一般不能单独说出来，动词可以。例如不能单说“从(今天)”、“把(衣服)”。有时单说一个介词结构,就会变成动宾结构,如“在家(休息)”;有时会改变意思,如“叫他(打破了)”。动词和动词结构通常都可以单独说出来,结构也不改变。

(2) 介词都不能重叠,大多数动词可以。如,汉语中不存在“把把”“从从”的说法,而“叫了一声”的“叫”可以说成“叫叫他”。

(3) 介词不能带动态助词“了”“着”“过”,动词都可以。如,不能说“我把了”“我把他过”;而可以说“我躺着”“我去过”等。

判断下列句子中加下划线的词是否一样。

① 叫弟弟打破了。叫了他一声。　② 在哪儿工作呢?不在图书馆。

③ 给他打个电话。给了我一本。　④ 跟谁说过话呢?跟着这个人。

⑤ 管白薯叫红苕。你别管我了。　⑥ 朝我挥了挥手。他面朝大海。

⑦ 比爸爸还高呢。比不过鲁迅。　⑧ 为新中国奋斗,都是为了你。

⑨ 就按他说的做。按一下按钮。

【解析】 前一句加下划线的词是虚词,具体说是虚词中的介词;后一句加下划线的词是实词,具体说是实词中的动词。

(三) 连词

连词是把两个词或比词大的单位连接起来的虚词。如:和、同、而、或者、不但、所以等。

1. 连词和介词的区别

(1) 大多数情况下,连词与介词是很好区别的,关键是要把握住两者的语法特征:连词起连接作用,它所连接的前后两部分词性肯定是相同的,如“跑和跳”“你或者我”;介词是介绍作用,在句子成分中,在动词谓语之前,则充当状语,之后则充当补语。如:

① 我和妈妈到超市买东西。(连词)

② 我很高兴和妈妈到超市买东西。(介词)

第①句中的“和”是“连词”。“和”字前后连接的是“我”和“妈妈”,都是名词性词语。第②句中的“和”字则是介词。为什么呢?很简单,因为“和”字前面多了“很高兴”这个状语。

(2)“和”“跟”“同”“与”,有时是连词、有时是介词,而且属兼类词,所以很难区别。例如:

① 弟弟跟妹妹都走了。(连词)

② 弟弟跟妹妹借书。(介词)

2. 区别连词与介词的方法

(1) 连词前后成分平等,可以互换位置而语义基本不变,而介词前后成分则有主有次,不能互换,否则意思全变了。例如:弟弟跟妹妹都走了。=妹妹跟弟弟都走了。弟弟跟妹妹借书。≠妹妹跟弟弟借书。

(2) 如果谓语部分有“都”“全”“一起”等词语,则前面的“和”“跟”“同”“与”必是连词,例如“弟弟跟妹妹都借书”,其中“跟”即为连词。

(3) 如果是介词,它前面可以加上某些副词状语,而连词之前则不行。例如:弟弟跟妹妹借书。→弟弟老跟妹妹借书。弟弟跟妹妹都走了。→弟弟老跟妹妹都走了。

(4) 连词一般可以省略,可用顿号代替,介词则不可以代替。

“和”“跟”“同”“与”有分工:“和”常作连词,“同”常作介词,“跟”口语中使用,“与”书面语中使用。例如:“我国同美国和日本等国情不同”“你别跟我来这一套”“酒与文学(文章标题)”。

(四) 助词

助词主要是表示成分之间结构关系和动作时态的词,在句中起辅助作用的词。现代汉语中的助词主要有：结构助词“的”“地”“得”，时态助词“着”“了”“过”。

※ **“的”“地”“得”的区别**

日常生活中最常混用的别字是“的”“地”“得”，三个字读音相同，使用位置不同。“的”字多用于名词前；“地”字多用于动词前；“得”字多用于动词后。

1. “的”字，用在作定语的词或词组后面。

错用如：“更多地是接待功能”“都有很好地帮助”“在和平双赢得架构下”“真得没想到”“深入地理解”“海上漂得都是遇难船上的木材”等。分别改以上各句中“地”和“得”为“的”。而对“他跑得姿势和速度得够专业”一句中第一个“得”，也改为“的”。

2. “地”字，用在作状语的词或词组后面。

错用如：“不断的改进”“不断的提高”“努力的去成长成才，努力的去提高自己”“一篇篇的看”“清楚的看到了”“迅速的传达到”“迅速的造成”“不断的建立村里规章制度”“规模化的开发了城镇文化广场”“他们非常的高兴”“百分之百的投入工作”“进一步的进行调查”“陆续的深化”“轻轻的咬你”“很好的参加比赛”“坚强的树立生活信心”“系统的了解”“放心的进行洗浴”“自发的起来”“非常的了解”“及时的发现”“进行相应的分流”“毫不犹豫的挺身而出”“慢慢的冻成冰”“非常准确的把握”等。分别改以上各句中“的”字为“地”字。

3. “得”字，用在动词后面，表示可能、可以；用在形容词后面，表示怎么怎么样。

错用如：“增加的也会更快”“股票涨的不错”“狗叫的特别凶”“照顾的挺周到的”“玩的更开心”“用的上”“方便的很”“现在路修的这么平”“鸡蛋价格降的多”“他在脱脂和消毒方面做的还不够”“我觉的这无论是”“丰富和精彩的多”“您的头发染的频繁吗?”等。改以上各句中所有“的”字为“得”字。

（五）语气词

语气词是突出句子证据意义类型的词，通过语气词可以表示句子的肯定、疑问、祈使、感叹等语气。如：啊、唉、呀、呢、吧、的、了等。

（六）拟声词

拟声词是模拟人或事物声音的词。如：哗、唧唧、哐、滴答等。

三、形形色色的“的”

（一）“的”有哪些用法？属于虚词的哪几类？

1. “的”的用法

(1) 助词：① 放在修饰语和中心语之间，作为定语的标志；② 放在词或词组的后边，组成名词性“的”字短语；③ 与“什么”组合，放在表示列举的词语后面，表示“等等、之类”的意思。

(2) 语气词：陈述语气，表示情况确实如此。常与“是”连用，“的”的后面补不出中心语。

2. 语气词“的”和助词“的”的区别

(1) 添加法。看“的”的后面能不能添相应的名词。能添加的是助词，不能添加的是语气词。

(2) 删除法。删去“是”“的”之后，句子的基本意思改变没有，改变了的，“的”是助词；否则就是语气词。如：

那岸上站着的一群人是看划龙船的（助词，指人）。他是会来的（语气词）。他今天会回来的（语气词）。请相信，这本书是我的（助词）。请相信，我不会骗你的（语气词）。

（二）病句中的“的”字

如果在辨析病句时，出现了“的”字短语，可能是语意不明、搭配不当(偷换主语)、语序不当等。如：

【例 1】 截至 10 月底，这位著名的劳模完成生产任务已超过全年预定计划的 50%。

【解析】 表意不明。“超过……的 50%”等于说完成了全年计划的一半多一点儿。句子的本意是说生产任务超额了 50%，应去掉“的”字。

【例 2】 市委采取有力措施，制止了群众揭发少数单位违反财经制度、请客送礼的不良现象。

【解析】 因“揭发”后缺少“的”而表意不明。

【例 3】 天渐渐地黑了下来，外面又刮了风，街上的行人也渐渐稀少了，修伞的心里非常着急。

【解析】 语意不明，“修伞的”可能是“修伞的顾客”也可能是“修伞的师傅”。

【例 4】 2003 年 8 月 3 日晚，在北京天坛举行了第 29 届奥运会会徽发布仪式，当晚祈年殿的灯火辉煌，更显得雄伟壮丽。

【解析】 搭配不当，误用“的”字，偷换主语，造成“灯火”与“雄伟壮丽”不搭配，应删去“的”字。

【例 5】 湖南省历史博物馆近日展出了数以万计的八千年前新出土的栽培稻。

【解析】 语序不当，应将“新出土的”调至“八千年前”。

【例 6】 我国向太平洋预定海域发射的首枚运载火箭圆满成功。

【解析】 “的”是偏正短语的标志，“了”是动宾短语的标志，要注意这两个助词在句中构成的短语结构。提炼主干“火箭……成功”，我们发现，主谓搭配不当。应该是发射成功才对，而在句中“成功”成了“火箭”的定语。把“我国向太平洋预定海域发射的首枚运载火箭”改为“我国向太平洋预定海域发射了首枚运载火箭”，那么“我国发射火箭”就可以作句子的主语了。

四、虚词的用法

（一）注意虚词的特殊表意作用

有些虚词，在使用过程中有范围、意义、语法等方面的特殊规定，只有了解这些规定性用法，才能做到准确运用。要了解用法，一靠积累，二可在辨析时造些熟悉的句子加以类比。

你至今还没拿定主意考文科还是考理科？(A 或者 B)

他非常用心地写生，以至野地里刮起沙来都不知道。(A 以至 B)

他拿起望远镜看了一阵，接着飞快地在地图上画了一些符号，然后用望远镜仔细地又看了一阵。(A 又 B 再)

1. “或者”不能用于疑问句，只能用于肯定句中表选择。

2. “均”为连词。“以至”表示在时间、数量、程度、范围上的延伸；“以致”用于下半句开头，表因果关系，但多指不好的或陈述者不愿看到的结果。

3. 在表示动作重复或继续时，“再”多用于未实现的动作，如“我没听清楚，请再说一遍吧”；“又”用于已实现的动作。

（二）注意虚词在句中的位置

使用虚词，要注意它们在句中的位置，如果位置恰当，句意就准确鲜明，否则，不仅会使句意不明，甚至会改变句子原意。一是否定副词在把字句、被字句中放在“把”“被”字之前；一是复句中关联词的位置：分句间的主语一致时，关联词语放在主语的后面，反之，放在主语的前面。

【例 1】 张大夫把病人的病情没搞清楚就开处方，这是不负责任的表现。

【解析】 句中的否定副词“没”应该放在“把”字的前面，该句却放在了“搞清楚”之前，导致位置错位。

【例 2】 经过他长达三年的研究，终于在新品种的研制开发方面，取得了突破性进展。

【解析】 “经过”应放在“他”后面，介词结构不能作主语。

【例 3】 他因为名字中有个“海”字，所以大家都叫他“海哥”。

【解析】 “因为”应放在句首，因为该句两个分句的主语不同。

【例 4】 顾老师除了懂日语外，教地理的周老师也懂得日语。

【解析】 “除了”应放在首句，因为该句陈述的对象是周老师，而不是顾老师。若该句陈述对象为顾老师，则“除了”应放在“顾老师”之后，如，顾老师除了懂日语外，还懂英语。

【例 5】 3月17日，6名委员因受贿丑闻被逐出国际奥委会。第二天，世界各大报纸关于这起震惊国际体坛的事件都作了详细报道。

【解析】 这句犯了虚词“关于”位置不当的毛病。“关于……事件”这个介宾短语不能放在主语后面，如要保留这一短语，就应将它放在主语“世界各大报纸”前，或者将“关于”改成“对于”。“关于”常放在句首，“对于”可放在句首或句中。

小◇试◇身◇手

1. 说说下面句子中的“把”各属于什么词类，并说明理由。

   (1) 我来把大门。　(2) 抓了一把米。　(3) 请把灯关了。

2. 指出下面句子的谓语部分之前，哪些可以加介词“被”，哪些不可以加“被”，并说明理由。

   (1) 电影票买着了。　(2) 文章写好了。　(3) 衣服他撕破了。　(4) 自行车小偷偷走了。

3. 下面的词组中间能不能加“的”？

   (1) 候补党员　(2) 师范学校　(3) 生活习惯

   (4) 夜晚记日记　(5) 天平不准　(6) 抓破了鼻子

4. 判断依次填入下面各句的虚词正确的一组：(　　)

   ① 人家的进度________就要超过咱们了，咱们得加油啊！

   ② 你不了解情况就大发议论，________太主观了吧？

   ③ 王丹考虑问题脑子很灵活，刘磊的思路________敏捷。

   A. 马上　不免　更加　　B. 马上　未免　更加

   C. 立刻　不免　越发　　D. 立刻　未免　越发

5. 虚词在句中有特殊的表意作用，但不能滥用。某秀才作文好用“而”字，主考官见其文中“而”字泛滥，极不恰当，便以牙还牙批阅：“当而而不而，不当而而而，而今而后，已而已而”，短短18字，用10个而字，精妙至极。请分析“而”字用法。

第二节　单句、复句和关联词

单句能够表达一个相对完整的意思，并且有一个特定的语调。关联词则是复句的外部标志。巧用关联词可以使我们的语言表达更加简洁，如：下面用关联词将四句话改写为一句话——① 张海迪姐姐瘫痪了。② 张海迪姐姐顽强地学习。③ 张海迪姐姐学会了多门外语。④ 张海迪姐姐学会了针灸。——张海迪姐姐虽然瘫痪了，但顽强地学习，不仅学会了多门外语，而且学会了针灸。在这个例子中，前面四个句子被我们称作单句，用关联词组合后的句子被称作复句。单句和复句之间的转换很多时候需要借助关联词。掌握单句和复句的知识、正确使用关联词是我们学习和运用汉语必不可少的重要内容。

一、单句

（一）概念

单句是由短语或单个的词构成的句子。相对而言，结构和意义比较简单，一般由一套主谓成分构成。不是所有的单句都是结构简单的句子。这主要是由某些复杂的句子成分造成的。如：

(1) 1949年10月1日，毛主席在天安门城楼上向全世界人民庄严宣告："中华人民共和国成立了！"（有着复杂的状语成分，从而使句子变得复杂。）

(2) 我相信，雷锋的榜样不仅给我们指出了正确的生活道路，而且加强了我们同一切旧思想、旧习惯坚决斗争的勇气。（有着复句一样的宾语成分。）

（二）单句的句子成分

1. 单句的句子成分的名称、符号及识记口诀

句子的基本成分是：主语、谓语、宾语；补充成分是：定语、状语、补语。

句子成分符号：主语 ＝　谓语 — 宾语 ～ 定语（）状语［］补语＜＞

汉语句子成分口诀：主谓宾定状补，主干枝叶分清楚，主要成分主谓宾，附加成分定状补，定语必居主宾前，谓前为状谓后补。句子成分要划对，纵观全局找主谓。主前定状谓后补，谓前只有状地位。的定地状得后补，宾语只受谓支配。

2. 汉语句子成分分析

(1) 主语：是一个句子中所要表达、描述的人或物，是句子叙述的主体。例：中国人民志气高。提高整个中华民族的科学文化水平是亿万人民群众的切身事业。

特点：经常由名词、代词、名词性短语充当；一般表示谓语所说的是"什么人"或"什么事物"。

(2) 谓语：是用来说明主语做了什么动作或处在什么状态。例：鲁迅是中国现代文学的奠基人。满天乌云顿时消散了。树叶黄了。

特点：经常由动词、形容词充当；一般表示主语"怎么样"或"是什么"。

(3) 宾语：在动词后面，表示动作、行为涉及的人或事物。例：什么叫信息？门口围观一群看热闹的。

特点：经常由名词、代词、名词性短语充当；回答"谁"或"什么"一类问题。

(4) 定语：用在主语和宾语前面，起修饰和限制作用的成分。例：中国的历史有自己的特点。那沉甸甸的稻谷，像一垄垄金黄的珍珠。

特点：经常由名词、形容词、动词、代词充当；一般定语与中心词之间有"的"字连接。

(5) 状语：用在动词、形容词谓语前，起修饰和限制作用的成分。例：咱们北京见。歌声把王老师带入深沉的回忆。

特点：经常由副词、形容词、动词、表示处所和时间的名词和方位词充当，一般在谓语中心语前面，有的在句子最前面，交代时间、地点、范围、情况等；一般状语与中心词之间有"地"字连接。

副词、形容词经常作状语，表时间、处所的名词经常作状语，一般名词不作状语。动词中除助动词外，一般动词很少作状语，介词短语常作状语。一般状语紧连在中心语的前边，但表时间、处所、目的的

名词或介词短语作状语时，可以放在主语的前边，如：在杭州我们游览了西湖胜景。

(6) 补语：谓语后面的附加成分，对谓语起补充说明作用，说明结果、程度、趋向、可能、状态、数量等成分。例：他生于 1918 年。他坐在桌子旁。广大人民干得热火朝天。他写的字比原来不是好一点，而是好得多。

特点：经常由动词、形容词、副词充当；一般补语与中心词之间有“得”字连接。

※ 复指成分：用两个或两个以上的词或短语指同一事物，作同一个句子成分。例如：先生自己也要书。这就是朝鲜战场上一次最壮丽的战斗——松骨峰战斗。

(三) 单句的种类

单句是由短语或单个的词构成的句子。可分为主谓句非主谓句两类。

主谓句：由主谓短语带上一定的语气语调构成的句子。例如：茶桌擦得滑溜溜的发光。他非常健康。

非主谓句：由主谓短语以外的其他短语或单个的词构成。例如：飞机！站住！有人敲门。

(四) 几种特殊单句

主谓句中，动词谓语复杂多样，有些句式在结构和表达上有些特殊句式有：把字句、被字句、连动句、兼语句、是字句。

1. 把字句

把字句是主谓句的一种。句中谓语一般都是及物动词、而且不能是单个儿的动词，应当是单个短语和动词的连用形式。例如：我们把豹子打死了。郭全海把玉石眼追了回来。

2. 被子句

被子句是被动句，是主语接受动作的句子。被动句中的主语是受事者，由介词“被”引了主动者与“被”字构成的介宾短语在句中作状语。例如：豹子被我们打死了。有时句中只有介词“被”没有主动者(被的宾语)。如：在罗马百花广场，布鲁诺被活活烧死了。

把字句和被字句的典型结构都是：“主语＋状语＋动词＋补语”，口语中常用“叫”“让”“给”来代替“被”。

3. 连动句

连动句是用连动短语充当谓语的句子。连动句的谓语就是两个动词短语(很少用单个动词)连用。两个动词短语，互不作成分，而是共同作谓语，但在语义上有目的和方式、原因和结果、先和后的关系。因此短语的位置顺序不能相互颠倒，中间也没有语音停顿。如：他搜集着一片片的十四藓烧水喝(目的)。凭着他的求生的意志，他还是挣扎着蠕动爬行(方式)。由于长期的劳累过度，李老师终于生病住院了(因果)。

综上所述，判断一个句子是不是连动句主要三点：一是必须有两个动词连用陈述一个主语；二是两个动词短语互不作成分，而在意义上有目的、方式、原因、结果、后先的关系，位置不能互换；三是两个动词短语中间不能有语音停顿。

4. 兼语句

兼语句是用兼语短语充当谓语的句子，它有下列特点。

第一，兼语句的谓语是由动宾的宾语，兼做主谓短语的主语。例如：母亲叫闰土坐。“闰土”既作“叫”的宾语，又作“坐”的主语，“闰土”因一身兼二任，所以叫作兼语。

第二，兼语句多有命令的意思，所以句中前一个谓语多由使令动词充当。常见的使令动词有：使、让、叫、派、命令、吩咐、禁止、请求、选举、教、劝、号召等。此外前一个谓语也可以是“有”字。如：大家一致选小萍当代表。我有个弟弟今年考大学。

第三，兼语句中兼语的谓语(第二个动词)是前边动作要表达的目的或产生的结果，即兼语前后两个动词的语义上有一定联系。如：护士叫他快去请大夫。(“去请大夫”是“叫他”的目的。)这不由得使我们想起松树的风格。(句中的兼语的谓语“想起”是前一个动词“使”的结果。)

连动句，可以连续叙述一个人的几个动作；兼语句，则可以连续叙述几个人的几个动作。连动句可以扩展，连动套接兼语；兼语句也可以扩展，兼语套接连动。如：叔叔|打电话叫我去。

5. 是字句

是字句专指由动词“是”构成的判句。在是字句中，“是”的作用是判断主语和宾语的关系。主语和宾语有两种关系，一是同一关系，二是从属关系。同一关系就是对等关系，一般的“定义”就是这种关系，即甲＝乙。如：正方形是四条边等长、四个角相等的四边形。从属是主语属于宾语，即宾语是一个大类，主语是其中之一。如：《读者文摘》是杂志。

（五）单句的复杂化和单句的分析

一个单句的各个成分都由词来充当，这个单句就简单，如果由复杂短语充当句子的某一个某几个成分，单句就复杂了。这和复杂短语的道理是一样的。

复杂单句概括起来说有两大类：

(1) 单句的主语由短语或复杂短语来充当。如：

白求恩同志毫不利己专门利人的精神鼓舞着我们。（主语由偏正短语充当）

他们是世界上一切伟大人民的优秀之花。（宾语由偏正短语充当）

(2) 单句的附加成分复杂化。如：

这是(我的老朋友)的作品。（定语由偏正短语充当）

1949年10月1日，毛主席在天安门城楼上向全世界人民庄严宣告：“中华人民共和国成立了！”（状语由多个短语充当）

我们的同学来自全国各地。（补语由介宾短语充当）

我相信，雷锋的榜样不仅给我们指出了正确的生活道路，而且加强了我们同一切旧思想、旧习惯坚决斗争的勇气。（由复习结构充当句子成分）

复杂单句要进行分析时，需先找出主干。单句的主干是指把句中所有的定语、状语、补语都压缩以后剩下的部分，也就是主语（或主语的中心语）＋动词（或动词的中心语）＋宾语（或宾语的中心语）。找出句子主干常常是检查病句的好方法。分析句子的具体步骤如下。

第一步，用“|”表示主谓句，界分主语和谓语。“|”之前是主语，“|”之后是谓语。

第二步，再分别分析“|”前的主语和“|”后的谓语。例如：

(鲁迅先生的第一个)特点|是(他的政治)远见。

(严肃地对待文章内容的)人|{一定也在文章形式方面}提出(严格)要求。

二、复句

（一）概念

复句是由两个或两个以上意义相关，结构上互不作句子成分的分句组成的句子。所谓分句是指结构上类似单句而没有完整句调的语法单位。

> 复句与单句的质的区别，就在于：分析复句的构成，直接得到的是甲分句与乙分句，而分析单句的构成，直接得到的是甲句子成分与乙句子成分。比较：“山川明丽，景色迷人。”和“山川景色，明丽迷人。”前一句，第一次切分，得到的是：“山川明丽|景色迷人。”“山川明丽”也好，“景色迷人”也好，它们都是分句，相互之间不是“甲句子成分＋乙句子成分”的关系。这是个复句。后一例，第一次切分，得到的是：“山川景色|明丽迷人。”“山川景色”是“明丽迷人”的陈述对象，是主语，反过来说，“明丽迷人”是对“山川景色”加以陈述的，是谓语，它们相互之间是“主语＋谓语”的关系，这是个单句。（参见邢福义：《汉语复句研究》，商务印书馆出版社2001年版，第2页。）

（二）复句类型

从句子层次上分可以分成一重复句和多重复句。所谓一重复句就是由两个分句组成的只有一重关系的复句。所谓多重复句是指结构上有两个或两个以上层次的复句。

根据分句间不同的事理关系可分为联合关系复句（并列、选择、递进、连贯、解说）和主从关系复句（因果、目的、转折、条件、假设、让步）两大类，共 11 种。

1. 并列复句

并列复句指两个或两个以上的分句分别陈述几种事物，或者几种事情，或一种事情的几个方面，分句之间是平行相对的并列关系。例如：

（1）它既不需要谁来施肥，也不需要谁来灌溉。

（2）我们不是要空话，而是要行动。

（3）从门到窗子是七步，从窗子到门也是七步。

2. 选择复句

选择复句指两个或两个以上的分句，分别说出两件或几件事，并且表示从中选择一件或几件。分句之间就构成选择关系。例如：

（1）作为一个有骨气的男儿，与其跪着生，不如站着死。

（2）我们宁可挨批评，也不能昧着良心去搞假呀！

3. 递进复句

在递进复句中，后面分句的意思比前面分句的意思进了一层，分句之间是层进关系。例如：

（1）这种桥不但形式优美，而且结构坚固。

（2）桥的设计完全合乎原理，施工技术真是巧妙绝伦。

（3）他这样胆小的人尚且不怕，我还怕吗？

4. 连贯（承接）复句

连贯复句指两个或两个以上的分句，一个接着一个地叙述连续发生的动作，或者接连发生的几件事情。分句之间有先后顺序。例如：

（1）他们俩手拉着手，穿过树林，翻过山坡，回到草房。

（2）起初他们问我个人的情况，然后又问到有关革命形势的一些问题和镇头市敌驻军的动静。

（3）吃过了饭，老秦跟小福去场里打谷子。

5. 解说复句

在解说复句中，一个分句说明一种情况，其他分句对这种情况进行解释、说明或总括。例如：

（1）一种是教条主义，一种是经验主义，两种都是主观主义。

（2）我的秘诀其实很简单：千万不要让脑筋懒惰，脑筋要永远不停地思考问题。

（3）从文殊院到光明顶的途中，有一株松树，叫作“蒲团松”。

（4）恩格斯认为人对生活的要求有三种不同层次：一是生存，二是享受，三是发展。

6. 因果复句

因果复句指前面分句说明原因，后面分句说出结果，可分为说明因果和推论因果。说明因果复句中，一个分句说明原因，另一分句说明由这个原因产生的结果，因和果是客观事实。推论因果复句中，一个分句提出一个依据或前提，后一分句由此推出结论，结论是主观判定的，不一定是事实。例如：

（1）我们主张积极的思想斗争，因为它是达到党内和革命团体内的团结使之利于战斗的武器。

（2）哥哥嫂嫂既然扔开他像泼出去的水，他又何必恋恋不舍呢？

（3）几房本家大约已经搬走了，所以很寂静。

7. 目的复句

在目的复句中，一个分句表示实现或避免某种目的，一个分句表示为此而采取的行为。例如：

（1）我在这里吃雪，正是为了我们祖国的人民不吃雪。

（2）这段时间校卫要好好检查校园设施，以免出现安全事故。

8. 转折复句

在转折复句中，后一分句的意思不是顺着前一个分句的意思说下去，而是作了一个转折，说出同前一分句相反、相对或部分相反的意思来。分句之间构成转折关系。例如：

（1）他小小年纪，胆量可不小啊。

（2）虽然我一见便知是闰土，但又不是我记忆上的闰土了。

（3）我们几个苦口婆心地给他讲道理，他竟然一句也没听进去。

9. 条件复句

在条件复句中，前一个分句提出一个条件，后一个分句说明这个条件一旦实现便产生的结果，分为充分、必要、无条件三种类型。

（1）表示要讲条件的条件复句。从句里主要用“只要”“只有”等关联词语，主句中分别用“就”“才”与之呼应。例如：

① 只要你坚持多听、多说、多读、多写，就一定能学好汉语。（充分条件）

② 只有大力发展交通事业，经济才能搞活。（必要条件）

这两个例子虽然都讲要有条件，但一句用“只要”，一句用“只有”，两者有区别。从意义上看，“只有……才……”列出的条件是唯一的，是必要条件，没有“只有”后的这个条件就不可能有“才”后面的结果。而“只要……就……”列出的条件是充分条件，说明有了“只要”后的这个（些）条件，就能产生“就”后的结果，但并不排除其他条件也可能产生这一结果。对比如下：

③ 只有经理签字，我们才能拿到钱。（“拿到钱”的条件只有一个，即“经理签字”，别的办法或别人签字都不行。）

④ 只要经理签字，我们就能拿到钱。（“拿到钱”的条件有多种，但其中之一是“经理签字”，但“董事长签字”也可能拿到钱。）

（2）强调“无条件可讲”的条件复句，简称“无条件条件复句”。从句里主要用“无论”“不论”“不管”等关联词语，主句常常用“都”“也”“还是”“仍然”等关联词语。例如：

① 无论在什么时候，我们都要谦虚谨慎。

② 不论是干部或是老百姓，都要遵纪守法。

③ 不管困难有多大，我们也要想办法克服。

所谓“无条件”，实际是说在任何条件下都是如此。一般而言，书面语上，“无论”“不论”用得多；口语里，“不管”用得多。

（3）表示排除条件的条件复句。从句里用连词“除非”，有时不用；主句里用连词“否则”或“才”。例如：

① 除非你亲自去请，否则他是不会来的。

② 除非你亲自去请，他才会来。

上两句中的“除非”如改用“只有”，句子意思基本一样，请看：

③ 只有你亲自去请，否则他是不会来的。

④ 只有你亲自去请，他才会来。

但角度不同：例①②是从排除条件的角度说的，而例③④则是从强调唯一条件的角度说的。

10. 假设复句

在假设复句中，前一个分句假设存在或出现了某种情况，后一个分句说出假设情况一旦实现产生的结果。两个分句之间是一种假定的条件与结果的关系。例如：

（1）如果老王不能前去，那就让我去吧。

(2) 即使天塌下来,这件事也得继续做完。

(3) 谁如果要鉴赏我国的园林,就不该错过苏州园林。

11. 让步复句

让步复句是介乎转折和假设之间的一种复句,正句不顺着分句的意思说下去,而是转到相反的方向,同时,前面分句陈述的又是一个假设的尚未实现或证实的事实。它包含着退一步着想的意思。例如:

(1) 即使你取得了很好的成绩,你也不能骄傲。

(2) 就算他是你父亲,他也不能对你这么专制。

(三) 几种易混淆的复句类型

1. 并列复句与承接复句的区别

(1) 并列复句的分句是相互对称的,成平行的雁行式排列。其基本格式是 A,B,C……,分句的排列比较自由,有时可以前后对调。如:

他一边看报,一边听音乐,一边吃饭。

小李今年十八岁,小王二十四岁,至于老陈嘛已是年过古稀了。

(2) 承接复句的分句排列次序是由分句表示的时间和事理上的先后决定的,因此,分句的排列顺序不能前后对调。其基本格式是 A→B→C……成鱼贯式的排列。如:

见过了小李和小王,老陈便带着他们到田间去打谷子。

看过报纸,听了两段音乐,他心满意足地去吃饭了。

2. 假设复句与转折复句的区别

用“即使(就算、纵然、哪怕、纵使、就是)……也……”这组关联词语组合成的假设复句,含有转折意思(有的书称为转折式假设复句,有的称之为让步假设复句)。它与用“尽管……还是……”这组关联词语组合成的转折复句最容易混淆,其区别如下。

(1) 让步假设复句前后分句所说的事情都没有成为现实,“即使”表示撇开的是虚拟的事实,是做最大的假设罢了。

(2) 转折复句前后分句所说的事情都已成为现实,“尽管”撇开的是既成事实。如:

即使明天刮风下雨,我们也要到达山顶。(“刮风下雨”说不准)

尽管今天刮风下雨,我们还是要到达山顶。(“刮风下雨”是确定的事实)

3. 条件复句与假设复句的区别

相同点:前后分句的关系都是条件与结果的关系,都是没有实现的事情。

不同点:条件复句着重于条件,假设复句着重于假设。

只要记住条件复句的几种类型和关联词语就很容易区别了。如:

如果美国政府仍然一意孤行搞对抗,中国政府愿意奉陪到底。(假设复句)

只要美国政府仍然一意孤行搞对抗,中国政府就要奉陪到底。(条件复句)

(四) 复句中的关联词

1. 常见复句中的关联词(如表 5-1 所示)

表 5-1 常见复句及对应常用关联词

类型		复句特点	常用关联词	
			单独使用	成对使用
联合关系的复句	并列关系	几个分句分别描述或说明相关的几件事,分句间无主次之分。	也、又、还、另外、同时、同样	一方面 A,一方面 B;有时 A,有时 B;一边 A,一边 B;一会儿 A,一会儿 B;既 A,又(也)B;又 A,又 B;不是 A,而是 B

类型		复句特点	常用关联词	
			单独使用	成对使用
联合关系的复句	选择关系	几个分句分别列举几种情况，要求从中选择。	或者、还是、要么	或者（要么）A，或者（要么）B；与其A，不如B；宁可A，也不B；是A，还是B；不是A，就是B
	递进关系	后一个分句表达的意思比前一个更进一层。	而且、并且、何况、况且、甚至、更反而、尤其、特别	不但（不只、不光、不仅）A，而且（还、也、又、并且、更、反而、反倒）B；尚且A，何况（更不用说、还）B
	承接关系	几个分句间的事情是接连发生的，有先后之分。	就、便、才、于是、然后、后来、接着	首先A，然后B；起先A，后来B；先A，后B
主从关系的复句	因果关系	一个分句说明原因，另一个分句说明由这个原因产生的结果。	因此、因而、故而、所以、以致、从而、是因为、是由于、可见	【前因后果】 因为A，所以（就、便）B；由于A，所以（就、便）B；由于A，就（因而、因此、所以）B；既然A，那么（就）B 【前果后因】 之所以B，是因为A
	目的关系	前一分句说明一种行为，后一分句说出这种行为的目的。	以、以便、好、为了、为的是、省得、免得、以免	
	转折关系	一个分句说明一种情况，另一分句转到与前一分句相反的意思上去。	只是、不过、其实（转折味轻）、但是、然而、可是、却（转折味重）	虽然（虽则、固然、尽管）A，但是（但、可是、都、而、却、然而、不过、只是）B（转折味更重）
	条件关系	一个分句提出某种条件，另一分句说明在这种条件下产生的结果。	【充分条件】 只要A，就B； 【必要条件】 只有A，才B； 【排除条件】 除非A，才（否则、不然）B（唯一条件，相当于“只有”）； 【无条件的】 无论（不论、不管、任凭、任）A，都（总、总是、也）B	
	假设关系	一个分句表示假设，一个分句表示结果，假设与结果是一致的。	如果、假如、假若、倘若、要是、不然、否则、假使、要不然、要不是	如果（如、假如、倘若、假使、要是）A，那么（就、便、则）B； 即使（纵然、就算、哪怕、就是）A，也（还）B；再A，也B
	让步关系	前一分句提出假设的事实，并且退一步承认它的真实性，后一分句转而述说相反或相对的意思。	即使（即便、就算、就是、纵使、纵然、哪怕）A，也（还）B；再A，也B	

2. 易混淆的几组关联词

- 不是……而是……（并列）
- 不是……就是……（选择）
- 是……还是……（选择）

- 尽管……也……（转折）
- 不管……也……（条件）
- 无论……也……（条件）

- 既然……就……（因果）
- 只要……就……（条件）

小◇试◇身◇手

1. 试着将下面这些长单句变成复句（可以添加虚词）。

(1) 松鼠是一种漂亮、驯良、乖巧、很讨人喜欢的小动物。

(2) 它们有清秀的面容，闪闪有光的眼睛，矫健的身躯，轻快的四肢，敏捷、机警的反应能力。

(3) 正像垂暮的斜阳、曲终的余奏和最后一口啜下的美酒一样，一个人的结局也总是比他以前得到过的一切格外受人瞩目。

(4) 流畅自如的水、宁静自守的山因中国古人喜欢用比喻手法在自然界寻找人生品质的对应物而被看成智者和仁者的象征。

(5) 现在许多国家都已经能够生产可以独立操作机床、可以在病房细心照料病人、可以在危险区域进行作业的机器人。

2. 找出下面复句中的关联词,并分析复句的结构层次和结构关系。

(1) 二妹子的囤里,不是麦子就是稻子;缸里,不是大米就是白面。

(2) 他很高兴,但竟给那走来夜谈的老和尚识破了机关。

(3) 那女人虽是山里人模样,然而应酬很从容,说话也能干,寒暄之后,就赔罪,说她特来叫她的儿媳妇回家去,因为开春事务忙,而家中只有老的和小的,人手不够了。

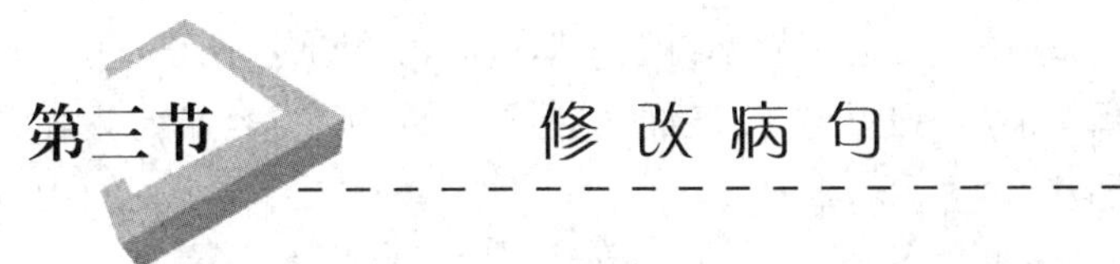

第三节 修改病句

引子

人的身体会生病,人说的话也会有"语病"。不能小看说话中的毛病,因为说病句,不但影响句子的正确表达,有碍正常的语言交流,而且也会降低对说话者的社会评价。要避免病句,一方面当然要靠提高语文水平,另一方面也应该了解一下病句的类型和改正病句的方法。

一、句子的"常见病"

(一) 语序不当

"语序不当"是指词语在句子中的位置放得不恰当。其中包括四种情况:

一是名词的多项定语次序不当。比如"许多附近的居民都跑来看表演",其中"附近的"应放存"许多"的前面。二是动词的多项状语次序不当。比如"这期研讨班是北京大学和山东大学联合于今年5月底举办的",其中表示时间的介词结构"于今年5月底"应放到"联合"的前面。三是虚词的位置安排得不恰当。比如"我们如果不能实事求是,事业就会受到损失",其中"我们"应放到"如果"的后面。因为汉语中两个分句不同主语时,关联词语应放在主语前边。四是违背时间、空间或逻辑的排列和发展顺序。比如"由于会议开得及时,促进了工作,抓住了关键,解决了问题",应改为先说"抓住……",再说"解决……",最后才说"促进……"。

(二) 结构混乱

"结构混乱"也就是句式杂糅。其中包括两种情况:

一是格式混用,即把几种格式混杂在一起组成一句话,造成句子语义不清晰。比如"工作再重再忙,越要坚持学习、更新知识",其中就混杂了"再……也……"格式和"越……越……"格式。再如"该公司上半年的营业额比去年同期相比,增加了25%",其中就混杂了"比……增加了……"和"跟……相比增加了……"两个格式。二是中途易辙,即前后两句话该用同一种句式而杂用了不同的句式,造成句子语义不连贯。比如"说起话来,他比谁都说得动听,可是做得却比谁都差",前后句子不相称。再如"继原始人在动中创造了《邪许歌》以后,现在留传下来的最古老的歌是《弹歌》",应说成"原始人在劳动中创造了

《邪许歌》以后又创造了很多歌，其中《弹歌》是留传到现在的最古老的歌”。

（三）不合逻辑

“不合逻辑”是指句子的意思在事理上讲不过去。其中也包括两种情况：

一是概念不恰当。比如“作家通过自己的创作进行革命斗争，他们写的小说、诗歌、杂文以及画的漫画，都成了群众斗争的武器”，这句话是用错了概念：因为“作家”这个概念的外延包括不了诗人，也包括不了漫画家，应把“作家”改为“艺术家”。再如“人到老年，白发稀疏，皱纹满面。这些表现都是体质衰弱给老年带来的老态”，这句话是偷换了概念：因为其中第一个“老年”指年纪大，第二个“老年”却是指老年人。又如“这种船不仅航行速度超过其他同类的船只，并且装备了大炮和各种武器”，这句话是混杂了概念：因为“武器”中就包括“大炮”。

二是判断不合理。比如“他是众多的死难者中幸免的一个”，这句话自相矛盾：既然“幸免”，自然是没有死，怎么能说是“死难者中的一个”呢？再如“这种很快的生长速度，是和每天喂饲时间的长短成正比的”，这句话意思不协调：“速度很快”只说了一面，而“时间长短”则说了两面，因此前后句不对应。又如“我们要认真学习交通法规，防止交通事故不再发生”，这句话是否定不当：句子的意思跟要表达的意思正好相反了。另如“在那个时候，报纸与我接触的机会是很少的”，这句话是主客倒置：“我跟报纸接触的机会是很少的”才说得通。

二、修改病句的方法

修改病句就是要在不改变句子原意的前提下，通过一定的手段来改正病句中的错误，使病句恢复“健康”。抓主干（主、谓、宾），看有无搭配、残缺、混乱的错误；析枝叶（定、状、补），看有无语序、搭配、赘余的错误。具体我们要注意以下要点。

（一）出现并列的名词时，要看是否有互相包含关系，能否并列

【例 1】 市教委要求，各学校学生公寓的生活用品和床上用品由学生自主选购，不得统一配备。（“生活用品”包括“床上用品”，不能并列。）

【例 2】 这家乒乓球馆设施齐全，可为乒乓球爱好者提供不同档次的球台、球拍、球衣、球鞋等乒乓器材。（“球衣”“球鞋”不属于“乒乓器材”。）

（二）出现并列的动词时，要注意动作的先后顺序，不要犯逻辑错误，同时，还要注意它是否与后面的中心词全部搭配

【例 1】 据了解，节日前夕济南各大公园积极美化、创意布置园区，盛装迎接国庆节的到来。（先“创意”，再“美化”。）

【例 2】 法律专家的看法是，消费者当众砸毁商品只是为了羞辱或者宣泄自己的不满。（“不满”可以“宣泄”，不能“羞辱”，应改为“羞辱商家或者宣泄自己的不满”。）

【例 3】 现在，我又看到了那阔别多年的乡亲，那我从小就住惯了的山区所特有的石头和茅草搭成的小屋，那崎岖的街道，那熟悉的可爱的乡音。（“乡音”是看不到的。）

（三）出现介词结构时，要注意搭配是否恰当，如果是在句首，要看是否缺少了主语

【例 1】 在这次民族联欢节中，举行了各种民族体育比赛，主要有赛马、摔跤、抢花炮、赛歌等，丰富多彩的比赛受到来宾的热烈欢迎。（删“在……中”，“民族联欢节”作主语。）

【例 2】 观摩了这次关于农村经营承包合同法的庭审以后，对我们这些“村官”的法律水平有了很大的提高。（删“对”，“水平”作主语。）

（四）句首陈述对象缺乏相应的谓语，却另起一个头，造成谓语残缺。即：一句话说了主语，还没有说完谓语，却又另起了个头，因此造成谓语残缺

【例 1】 南堡人民经过一个冬天的苦战，一道 4 米高、20 米宽、700 米长的拦河大坝，巍然屹立在天目溪边。（此例中前面主语是“南堡人民”，后面没有与之相呼应的谓语，应在“一道”前加上“使”等，或将

"南堡人民"与"经过"交换位置。)

【例 2】 中国人民自从接受了马列主义思想后,中国革命就在毛泽东同志的领导下大大改变了样子。(将"中国人民"与"自从"位置对调。)

※对比相关错误类型题

【例】 经过王主任再三解释,才使他的怒气逐渐平息,最后脸上勉强露出一丝笑容。

【解析】 因为多用了一个介词"经过",使得原句主语变成了状语,造成主语残缺。这类题与上面三例不同的是,前后两个句子都没有主语,而前三句有两个主语,应删除"才使"。

(五) 出现了"是否""是不是""能不能"等双面词时,要注意前后表述是否一致

【例 1】 当今世界,自主知识产权的比重是衡量一个国家科学发展水平的标志,而科学进步与否是国家富强的标志。("科学技术进步与否"是两个方面,而"国家富强"是一个方面,无法搭配。在"国家"后面加"是否"才能与"进步与否"相对应。)

【例 2】 在全面建设小康社会的进程中,经济薄弱的西部地区能否实现全面建设小康社会的目标,对我国的社会主义现代化事业有重大影响。(此句正确。"影响"一词本身包含着双面的意思,即好的影响和不好的影响。)

※并非一出现单个双面词,就会有语病。面对这种情况,我们要谨慎判断。

(六) 出现关联词语,首先要看词语搭配是否恰当,其次要看位置,主语一致,关联词放主语之后,主语不一致,关联词放主语之前。此外,如果是表示递进关系的词语,要看两个分句前后位置是否恰当

【例 1】 只有努力学习,就能取得好成绩。(关联词语搭配不当,"只有……才"或"只要……就"。)

【例 2】 那天,我们几个一到他承包的果园,他就首先带领我们参观科研成果陈列室,然后参观果实累累的葡萄野园和苹果园。(后两个分句"参观科研成果陈列室""然后参观果实累累的葡萄野园和苹果园"的主语都是"我们",所以应把"首先"放在"带领我们"之后。)

【例 3】 我们虽然身处雪域边关,但是全国人民一直关心着我们,一直没有忘记我们。(前一分句主语是"我们",后一分句主语是"全国人民",所以,应把"虽然"放在"我们"之前。)

【例 4】 强强联合制作的大戏,让人们不仅看到了中国戏曲的整体进步,而且看到了中国戏曲在现代化问题上迈出的可喜一步。("不仅……而且……"标志递进关系分句,后一分句意思应比前一分句更进一层,第二分句是整体进步,第三分句是局部进步,故两句应互换位置。)

(七) 如果句子中间修饰成分过长,要看是否缺少了中心词

【例 1】 北京奥运会火炬接力的主题是"和谐之旅",它向世界表达了中国人民对内致力于构建和谐社会,对外努力建设和平繁荣的美好世界。("表达"缺少宾语,可在句末加上"的意图"或"的愿望"。)

【例 2】 有关负责人强调,必须把制止有偿新闻、买卖书号等当作一项任务长抓不懈。(缺宾语中心词,应在"制止有偿新闻、买卖书号等"后加"工作"。)

【例 3】《创业史》是描写我国农村社会主义革命的长篇小说。课文写的是当时互助组刚成立,梁生宝为实现稻麦两熟计划去郭县购新稻种。(应在其末加上"的故事",与"写"这一谓语呼应。)

(八) 反问句或疑问句中出现多重否定,要看表意是否相反,注意反问句本身就表示了一重否定

【例 1】 试问那些买官的人民"公仆"们,你们买官的钱有多少是老百姓的血汗呢?(应为"有多少不是"。)

【例 2】 难道你能否认你不应该刻苦学习吗?(反问语气相当于一次否定,语意恰好相反。)

【例 3】 我和一些傣族演员觉得,这种色香味俱全的饭菜非用手抓着吃才过瘾,要不然就吃不出独特的傣族风味。("非"应和"不"构成双重否定表示肯定。将"才"改为"不"。)

【例 4】 几年来，他无时无刻不忘搜集、整理民歌，积累了大量的资料。（“无时无刻不”即“任何时候”都“忘”，句子表述刚好相反。）

【例 5】 为了防止这类事故不再发生，我们加强了交通安全的教育和管理。（“防止”“不再”构成双重否定，双重否定等于肯定。这等于说“为了让交通事故再次发生”。）

【例 6】 很多人利用长假出游，怎样才能避免合法权益不受侵害，有关部门对此作了相关提示。（“避免”指设法不使某种情况发生。本身已经有了否定义，后面再用“不”就把意思说反了。）

※有些词虽然字面上没有否定词，但含有否定义，如果这些词在句中出现，要注意句子的否定层次。要考虑是否有否定不当的情况。

常用的含否定义的词：切忌、禁忌、避免、禁止、防止、以防、杜绝。

（九）遇到代词，要看是否指代不明

【例 1】 当今社会，歌星、影星多是靓女俊男，中学生崇拜的偶像，他们将青春的热情乃至痴情恣意挥洒，甚至因此荒废了学业。（句中的“他们”既可以指“歌星、影星”，又可以指“中学生”。如果句中出现代词，而且前面提到了两个人或事物，或两种情况，要考虑是否有指代不明的情况。）

（十）句中出现“对”“对于”，要看是否有主客颠倒的毛病

【例 1】 在北京参加“十六大”的党员代表说：“在扶贫助教期间，农民向我们吐露了心声，农民的话对我们基层干部很有感触。（提炼最后一个分句的主干：“话……有感触”，说不通，应该是人有感触才对。在句中本应作主语的“基层干部”成了“对”的宾语，而接受动作的“话”反而成了句子的主语。正确的说法是“我们基层干部对农民的话很有感触”。）

【例 2】 鸦片战争以来的中国近代史，对于大多数中学生是比较熟悉的，重大的历史事件都能说得一清二楚。（应是“大多数中学生对于鸦片战争以来的中国近代史是比较熟悉的”。）

（十一）出现数量词，第一要注意“减少”“缩小”“降低”“下降”等词后面只能跟分数或实际数量，不能跟倍数；第二要注意“几个”等泛用量词修饰的对象是否出现了歧义

【例 1】 南昌至上海、杭州的火车动车组票价分别为 228 元、179 元，而对应的普通列车硬座票价为 106 元、81 元，相比之下，普通列车硬座票价要低一倍多。（出现数量增减的句子要注意：数词有确数、概数之分，概数前面不能加上“至少”“最多”“最高”“最低”“超过”一类词。此外，使用“降低”“减少”“缩小”等词语时不能用倍数。）

【例 2】 三个学校的领导都到教育局汇报工作。（“三个”修饰对象不明，有歧义；可用“所”或“位”，也调整结构，改为“学校的三个领导都到教育局汇报工作”。）

（十二）另外，还需要注意判断词和助词

（1）判断词：当句中出现判断词“是”时，要考虑是否有搭配不当、句式杂糅等情况。

【例 1】 五一路乒乓球馆是经体育局和民政局批准的专门推广乒乓球运动的团体。（提炼主干“球馆……是……团体”，我们发现，球馆不能是团体，主宾搭配不当。）

【例 2】 老年人心力衰竭发生的主要原因是由劳累、用脑过度、精神紧张、食盐过多和感冒等诱发的。（提炼主干“原因是由……诱发的”，我们发现，“由……诱发的”也是表原因的，把表达一个意思的两种结构合在一起，造成句式杂糅。）

（2）助词（了、的）：“的”是偏正短语的标志，“了”是动宾短语的标志，要注意这两个助词在句中构成的短语结构。

【例】 王维在继承传统的基础上，努力创造的具有鲜明个性的意境，丰富和提高了山水诗的表现技巧，对诗歌发展作出了贡献。（“王维在继承传统的基础上，努力创造的”是“意境”的定语，句子主干为：

“意境丰富和提高了表现技巧、作出贡献。”主宾搭配不当。把“努力创造的”中的“的”改为“了”即可。）

小◇试◇身◇手

1. 请判断下面的歌词或广告语属于哪一类病句。
   (1) 我看见，一座座山，一座座山川。
   (2) 真真情情爱不够。
   (3) 还有珠穆朗玛峰是最高的山坡。
   (4) 今年过节不收礼，收礼只收×××。（某营养品广告）
   (5) ××洗面奶特别适合任何皮肤。（某化妆品广告）
2. 请判断下面电视节目主持人说的话是不是病句，并说明理由。
   (1) 非常谢谢大家。（某娱乐节目主持人）
   (2) 希望大家心想事成！祝愿大家！（某娱乐节目主持人）
   (3) 场上的比分犬牙交错。（体育比赛直播解说人）
3. 下面几个句子都有语病，请说出产生病句的原因。
   (1) 我们的祖先，在欧洲还是野蛮时代，就早已是有了文明生活和高度文化的国家了。
   (2) 他们用的是秦腔演出的。
   (3) 他把上级关于这个问题的决定不向群众交代清楚就生硬地加以执行。

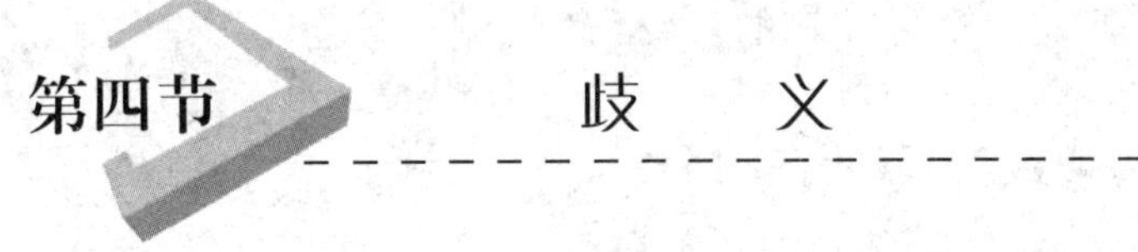

第四节 歧义

引子

清末慈禧太后不顾政府战败割地赔款，而花费巨款大办寿辰，有人在城门上题道：“普天同庆，万寿无疆。”（此联看似庆寿，实则暗讽疆土的丢失，题得真奇巧。）

一病人拿着检查后的报告单给医生看，医生一边看，一边说：“幸好你来得早啊。”病人心里一惊，有点冒冷汗，医生接着道：“再晚点，我就下班了。”（“早”字所指时间产生歧义。）

明朝的书法家祝枝山文才敏捷，意新词妙。有一天，他应邀为一个姓钱的大财主写了如下春联：“明日逢春好不晦气，终年倒运少有余财。”“此地安能居住，其人好不悲伤。”钱大财主的仆人把联往大门、二门一贴，众人见了皆笑，都说这副春联骂得妙极了。（断句产生歧义。）

一、歧义产生的原因

歧义是指语句有两种或多种意思，可同时形成两种或多种解释的一种语言现象。有歧义的句子虽然在语法和逻辑关系上都是合格的，但是它表达的意义不明确，比应该表达的意义多了一个（甚至几个）意义，因此也属于病句的一种。

虽然有的歧义句令人发笑，给人带来乐趣，展示人的机智与才华，但是，在语言交际中，一般情况下，歧义会导致误解而成为交际的障碍，从这一角度出发，应该努力避免、尽量消除歧义。

（一）重音不同产生歧义

有的词可轻读，也可重读。不同读法有时会使句子表示的意义不同。

【例】 我想起来了。（重读"起来"，表示"我想起身了"；轻读时，表示"我想到了"。）

逻辑重音不但能表示强调，有时也可表示不同的意思。

【例】 百货商店有的是化妆用品。（逻辑重音有"有的是"上，表示化妆用品多；逻辑重音在"化妆用品"上，表示没有你需要的东西，只有化妆用品。）

多音词在口语中不产生歧义，在书面语中因为没有注音，有时便会出现歧义。

【例】 他在办公室看材料。（"看"读 kān 时，表示"看守"；读 kàn 时，表示"阅览"。）

【解析】 重音一般分为两种，一种是语法重音，一种是逻辑重音，我们平常所说的重音通常指逻辑重音。重音不同，语意的侧重点往往不同。如"你为什么打他"，要表达"应该好好教育"的意思，"打"字要重读；要表达的是"该打的是我"之意，"他"字应重读。再如"一个季度就生产了五百台录音机"，重音落在"就"字上，表示生产太少了；重音落在"五百台"上，则表示生产太多了。

（二）停顿不确定引起歧义

说话或朗读时，需要在句子中间作或大或小的停顿，停顿的地方不同，往往会引起意义上的差别，导致歧义。例如：

这苹果不大/好吃。（苹果味道好）
这苹果/不大好吃。（苹果味道不好）

我们五人/一组。（我们这一组有五个人）
我们/五人一组。（每五个人分为一组）

山上的水宝贵，我们把它留给晚上来的人喝。（"晚"和"上"连读，意与"白天"相对。）
山上的水宝贵，我们把它留给晚/上来的人喝。（"上"和"来"连读，意即"后上来的"。）

（三）多义词引起歧义

1. 兼具有施动和受动意义的词语有时易产生歧义

【例】 这是名模孙燕摄于 2002 年 11 月的照片。

【解析】 表示某一动作的词语在句中既可理解是施事者发出的，还可理解是受事者发出的，如果施受不分明，也可能造成歧义。例句"孙燕摄的照片"，从施事者来理解表示"照片是孙燕自己摄的"，从受事者来理解则表示"照片是别人替孙燕摄的"。

2. 兼类词易造成歧义

一个词语，往往有不同的词性，词性不同，常会带来理解上的差异，导致歧义。如"思维科学"，"科学"为名词，关于思维方面的科学；"科学"为形容词，思维方式很正确。又如"他爬过山没有？""过"如果为动词，意为"他爬过去这座山没有？"。"过"如果为助词，意为"他以前有没有参加过爬山活动？"

【例】 他背着总经理和副总经理偷偷地把这笔钱分别存入了两家银行。

【解析】 "和"字既可以理解为连词，意思是"他"背着总经理和副总经理两个人，自己把这笔钱存入银行；"和"字也可理解为介词，意思是"他"只背着总经理，跟副总经理一起把这笔钱存入银行。

3. 多义词产生歧义

在某种情况下，一个词可作几个义项理解，便会产生歧义。

【例】 独联体国家看不上 2002 年世界杯足球赛
县里的通知说，让赵乡长本月 15 日前去汇报。

【解析】 一个词或短语常常具有两个或两个以上的义项，义项不同会导致对句子意义理解不同。例句"看不上"既可以理解为"轻视""瞧不起"，也可理解为"看不到""收看失败"。

"前"字既可以理解为名词"以前"，指汇报的时间不能超过 15 日；也可以理解为动词"前往"，指规定汇报的时间为 15 日当天。

4. 偏正短语有时也会产生歧义

【例】 他的故事讲不完。(他讲的故事;关于他的故事)

他的小说看不完。(他收藏的小说多,看不完;他写的小说多,看不完。)

(四) 词语限制模糊产生歧义

某些方位词、时间词因区界不严,容易产生歧义。

【例】 他在永春旅社前一站下车。(A. 未到旅社; B. 过了旅社; C. 旅社对面)

相对意义之间有中间概念,容易出现歧义。

【例】 这场足球我不赢。(虽然排除了"赢"意,但不一定就表示"输",因为还有"不输不赢",即和局。)

词语特别是动词或动词短语对宾语界定范围不明确,也会造成歧义。

【例】 教师节中老师希望学生别送礼品送祝福。

祁爱群看见组织部新来的援藏干部很高兴,于是两人亲切地交谈起来。

【解析】 动词"别"既可界定到"送礼品送祝福",意为"别送礼品,别送祝福",也可界定到"送礼品",意为是"别送礼品,可以送祝福"。"看见"若界定到"组织部新来的援藏干部",则表示祁爱群很高兴;若界定到"组织部新来的援藏干部很高兴",则表示援藏干部很高兴。

(五) 指代与省略等易造成歧义

1. 代词指代不明产生歧义

通常上文出现两个或两个以上的人、事或物,而下文使用代词时,指代的内容却未作交代或没有交代清楚,可能造成歧义。如,今天老师又在班会上表扬了自己,但是我觉得还需要继续努力。(人称代词"自己"既可指"老师",也可以指"我"。)

【例】 松下公司这个新产品14毫米的厚度给人的视觉感受,并不像索尼公司的产品那样,有一种比实际厚度稍薄的错觉。

【解析】 例句出现了松下公司的产品,也出现了索尼公司的产品,而"那样",既可理解为松下公司的产品没有"比实际厚度稍薄的错觉",而索尼公司的产品有"比实际厚度稍薄的错觉",也可理解为松下公司的产品有"比实际厚度稍薄的错觉",而索尼公司的产品没有"比实际厚度稍薄的错觉"。

2. 省略不当产生的歧义

前文交代了两个或两个以上的主体,而后文的动作由于主体省略而没有归属,这样会导致歧义。如:孩子们很喜欢离休干部李大伯,一来到这里就有说有笑,十分高兴。(由于省略了主语,既可理解为"孩子们来到这里有说有笑,十分高兴",也可以理解为"李大伯来到这里有说有笑,十分高兴"。)

【例】 曾记否,我与你认识的时候,还是个十来岁的少年,纯真无邪,充满幻想。

【解析】 例句前文出现了两个主体"我"和"你",后文由于省略了主语,句子既可理解为"我还是个十来岁的少年,纯真无邪,充满幻想",也可理解为"你还是个十来岁的少年,纯真无邪,充满幻想"。

3."的"字结构指代不清引起歧义

【例】 开刀的是他的父亲。(父亲是医生,由他主刀;父亲是病人,要开刀。)

4. 漏用"的"字产生歧义

【例1】 警方对报案人称围观者坐视不管表示愤慨。

【解析】 结构助词"的"在不影响语意表达的情况下,可用可不用,但有时必须用,否则不符合表达习惯或者易产生歧义。例句表达的本意是警方对"围观者坐视不管"这一行为表示愤慨,由于"称"之后少了一个"的"字,原句也可理解为警方对"报案人称"这一行为表示愤慨。

【例2】 大家对护林员揭发林业局带头偷运木料的问题,普遍感到非常气愤。

【解析】 该句表达的本意为"大家对林业局带头偷运木料的问题普遍感到气愤",由于"揭发"之后少了一个结构助词"的",原句也可以理解为大家对"护林员揭发问题"这一行为普遍感到气愤。

（六）数量定语产生歧义

【例 1】 数百位死难者的亲属出席了隆重的葬礼。

【解析】 量词使用范围较广，既可表人的单位，也可表物的单位，若量词修饰的语言单位不明确，就会造成歧义。例句中的“数百名”既可以修饰“死难者”，也可以修饰“亲属”，产生歧义。

【例 2】 他每天骑着摩托车，从城东到城西，从城南到城北，把 180 多家医院、照相馆、出版社等单位的废定影液一点一滴地收集起来。

【解析】 修饰语“180 多家”既可以修饰“医院”，也可以修饰“医院、照相馆、出版社等单位”。

【例 3】 一边站着一位同学，守卫着校门。

【解析】 例句有两种意思：既可指“两位同学守卫在校门的两侧”，也可指“只有一位同学站在校门的一侧”。

二、消除歧义的方法

（一）添加词语

添加词语指根据表达的需要，在语句的适当位置添加适当的词语，使语意固定下来。例：他才来，许多人还不认识。（可在“认识”后面加上“他”，变成“他才来，许多人还不认识他”。）

（二）改换词语

当数量短语作定语造成歧义时，只要适当改换数量词，即可消除歧义。例：三个学校的校长参加座谈。（将“个”改为“所”即可消除歧义。）

（三）调整词序

对那些由于递加定语修饰关系不明而造成的歧义，可以用调整词语顺序的方法来消除歧义。例：几个工厂的工人。（可调整为“工厂的几个工人”。）

（四）变换句式

根据语意将原来的一般句式变为“把”字句或“被”字句，以使语意唯一。例：学生的天职是读好书。（可变为“学生的天职是把书读好”。）

（五）设置语境

当一个语意环境不“一定”时，应继续设置语境，使其达到“一定”，从而消除句子的歧义。例：他要粉蒸肉。（可加上“把粉递给他”，全句的意思即为“他要用粉来蒸肉”。）

（六）添加标点

对于那些因逻辑停顿不同而产生的歧义，在书面上添加适当的标点即可消除歧义。例：这份报告我写不好。（可在“告”或“写”后添上标点，变为“这份报告，我写不好”。或“这份报告我写，不好”。）

（七）读出停顿

对于那些因逻辑停顿而造成的歧义，如是口语，则可根据具体情况读出停顿。例：我哥哥姐姐的同学。（可读为“我/哥哥姐姐的同学”，或“我哥哥/姐姐的同学”等。）

（八）读出重音

在口语中，为了强调某一意义，可以读出句中的逻辑重音，以消除歧义，准确地表达出自己要表达的意义。例：你为什么打他？（可根据需要，重音放在“打”上或“他”上。）

小◇试◇身◇手

1. 消除下列各句的歧义。

（1）院子里有许多孩子种的花。

（2）他今天评了优秀教师。

(3) 连我也不认识。
(4) 我大弟弟三岁。
(5) 我营一连发起了三次进攻。
(6) 他知道这件事不要紧。
(7) 看打乒乓球的中学生。
(8) 科长也应该检查。
(9) 中国女排大败美国队获得“世界杯”冠军。
(10) 县里通知张乡长15日前去报到。

2. 分析下面句子产生歧义原因。
(1) 这是zhì癌物质。
(2) 这个同学好说话。
(3) 他背着总经理和副总经理偷偷把钱存入了两家银行。
(4) 咬死了猎人的狗。
(5) 这个精致的灯笼将作为今天得分最高的嘉宾的礼品赠送给他。
(6) 我看见张原扶着一位老人走下车来，手里提着一个黑色提包。

第六单元　修　　辞

第一节　修辞概述

引子

孔子云："言之无文,行而不远。"意思是说,话如果没有文采,这话就传播得不远。写文章是同样的道理,杜甫有句名言是"为人性癖耽佳句,语不惊人死不休",告诉我们写文章要注意语言的锤炼。那怎样才能让我们的语言有文采呢?正确运用常见修辞手法,是让我们的语言和文章鲜活起来的最有效的方法。修辞是个大概念,不仅包括我们通常理解的各种辞格的积极修辞,而且还应该包括追求意义明确、伦次通顺、词句平匀、安排稳密的消极修辞。本节我们主要探讨修辞格的作用。

一、常见修辞格

(一) 比喻

1. 比喻的特点与作用

比喻就是"打比方"。即抓住两种不同性质的事物的相似点,用一事物喻另一事物。比喻的结构,一般应由三部分组成,即本体(被比喻的事物)、喻体(作比方的事物)和比喻词(比喻关系的标志)。构成比喻的关键:甲和乙必须是本质不同的事物,甲乙之间必须有相似点。否则比喻不能成立。另外,还要注意句子的感情色彩。比喻的作用主要是化平淡为生动,化深奥为浅显,化抽象为具体,化无形为有形,化冗长为简洁。

2. 比喻的种类

(1) 明喻。典型形式是:甲像乙。本体喻体都出现,中间用比喻词像、似、若、好像、仿佛、犹如等相联结。例如:

① 收获的庄稼堆成垛,像稳稳矗立的小山。

② 天上闪烁的星星好像黑色幕布上缀着的宝石,它跟我们这样地接近哪!

③ 黑的山峰像巨人一样矗立在前面。

④ 四周的山把这山谷包围得像一口井。

(2) 暗喻。典型的形式是:甲是乙。本体喻体都出现,中间没有比喻词,常用是、成了、变成、当作、化作等联结。例如:

① 广场上是雪白的花圈的海洋,纪念碑已堆成雪白的山冈。

② 更多的时候,乌云四合、层峦叠嶂,都成了水墨山水。

(3) 借喻。典型形式是：甲代乙。不出现本体，直接叙述喻体。但它不同于借代。借代取两事物的相关点，借喻取两事物的相似点。例如：猫在稿纸上踩了几朵小梅花。

(4) 博喻。连用几个比喻，从不同角度，运用不同的相似点对同一本体进行比喻。例如：

① 瞧，那一群骑自行车翩翩而来的身着风衣的少女，是红蝴蝶，是绿鹦鹉，还是蓝孔雀？

② 层层的叶子中间，零星地点缀着些白花，有袅娜地开着的，有羞涩地打着朵儿的；正如一粒粒的明珠，又如碧天里的星星，又如刚出浴的美人。（“明珠”“星星”“刚出浴的美人”分别从色彩、光华、感受等角度，抓住光亮、隐约闪烁、清新洁净等相似点来描绘荷花的美。）

3. 含比喻词的非比喻句

下列几种情况，句中虽有“像”“仿佛”等词，但句子不是比喻句。例如：

① 她的性格很像母亲。（同类比较）

② 这天黑沉沉的，好像要下雨了。（表示猜度）

③ 她仿佛听见了她的心脏跳得非常厉害。（表示想象）

④ 我们这时代涌现出了许多可歌可泣的人物，像徐洪刚、李向群等。（表示列举）

品味比喻的妙处。

1. 娶了红玫瑰，久而久之，红玫瑰就变成了墙上的一抹蚊子血，白玫瑰还是“床前明月光”；娶了白玫瑰，白玫瑰就是衣服上的一粒饭渣子，红的还是心口上的一颗朱砂痣。（张爱玲：《红玫瑰与白玫瑰》）

【品味】 用了借喻、暗喻。红玫瑰是火，白玫瑰是冰，蚊子血，颜色艳丽，却让人隐约厌恶。明月光，清淡幽远，可望而不可即。白饭粒，不觉珍贵，却不能缺少。朱砂痣，是心头隐痛，当时惘然。换而言之，人多半吃着碗里，看着锅里，对已拥有的毫不珍惜，念念不忘的是那得不到的。

2. 忠厚老实人的恶毒，像饭里的沙砾或者去骨鱼片里未净的刺，会给人一种不期待的伤痛。

【品味】 饭里的沙粒带来的感受应该每个人都是很清楚的，这种不在意料中的伤痛更让人不舒服。用这样的比喻写出了忠厚老实人的恶毒对信赖他的人的情感上的伤害。（钱钟书：《围城》）

3. 孙太太眼睛红肿，眼眶似乎饱和着眼泪，像夏天早晨花瓣的露水，手指那么轻轻一碰就会掉下来。（钱钟书：《围城》）

【品味】 用那晶莹剔透、一碰即落的早晨花瓣的露水作比喻，非常生动形象地写出了孙太太那溢满双眼的泪水将落未落、一触即落的娇柔情态，好像这样的人就在读者的面前。

（二）比拟

1. 比拟的特点与作用

比拟是把物当作人来写，或把人当作物、把此物当作彼物来描写。其形式是：事物“人化”，或人“物化”，或甲物“乙物化”。运用比拟，可使语言生动形象，可使人或物色彩鲜明，表达强烈的感情。

2. 比拟的种类

(1) 拟人，即把物当人来写，赋予物以人的情感、意志、动作等。例如：

① 软泥上的青荇，油油的在水底招摇。

② 雁引愁心去，山衔好月来。

(2) 拟物，即把人当物写或把甲物当乙物写。例如：

① 我到了自家的房外，我的母亲早已迎了出来，接着便飞出了八岁的侄儿宏儿。

② 咱们老实，才有恶霸；咱们敢动刀，恶霸就得夹着尾巴跑。

（三）借代

1. 借代的特点与作用

不直接说出要表述的人或事物，而借用与其密切相关的事物来代替。它强调两事物之间的相关点。借代时，必须抓住事物最典型的特征，对于被借代的事物，一般应在一定的语言环境中有交代。另外，借代的借体和本体事物不能同时出现。恰当地运用借代能引人联想，可以突出事物的本质特征，使表达收到形象突出、特点鲜明、具体生动的效果。

2. 借代的种类

（1）特征代本体。例如：

圆规一面愤愤地回转身，一面絮絮地说，慢慢向外走去……（《故乡》中杨二嫂长得细脚伶仃，故称之为“圆规”。）

区分借代、借喻关键在于是“喻”的多，还是“借”的多。本句前面已经有句子“……正像一个画图仪器里面细脚伶仃的圆规”，将杨二嫂比作圆规，所以此处“圆规”为其特征或绰号，重在代，属借代手法。

（2）材料代本体。例如：

① 把名字刻入石头的，名字比尸首烂得更早。（《有的人》，“石头”通常用来作纪念碑的材料，这里借“石头”代纪念碑，含蓄地揭示出与人民为敌的反动统治者想名垂后世的美梦终将破灭。）

② 等到惊蛰一犁土的季节，十家已有八户亮了囤底，揭不开锅。（“囤”是装粮食的工具，用“亮了囤底”代指缺了粮；“锅”是做饭的工具，用“揭不开锅”代指没饭吃。）

（3）标志代本体。例如：

此去泉台招旧部，旌旗十万斩阎罗。（《梅岭三章》，借“旌旗”代替军队或武装力量。）

（4）人名代著作。例如：

我们要多读点鲁迅。

（5）专名代泛称。例如：

① 三个臭皮匠，抵个诸葛亮。（用“诸葛亮”代具有聪明才智的人。）

② 你们杀死一个李公朴，会有千百万个李公朴站起来！（《最后一次讲演》，第二个“李公朴”代指不怕流血牺牲、为争取民主和平而战斗的人们。）

（6）具体代抽象。例如：

① 不拿群众一针一线。（用“一针一线”代指群众的财物。）

② 南国烽烟正十年。（《梅岭三章》，“烽烟”原是古代边境用以报警的烟火，这里代指战争。）

（7）部分代整体。例如：

① 谈笑间，樯橹灰飞烟灭。（以“樯橹”代指曹操水军。）

② 吟罢低眉无写处，月光如水照缁衣。（以“眉”代指头，“低眉”即低头。）

（四）夸张

1. 夸张的特点与作用

为追求某种表达效果，对原有事物进行合乎情理的着意扩大或缩小。要求使用时不能失去生活的基础和根据，不能漫天浮夸，要给人以真实感。夸张还要注意文体特征，如科技说明文、说理性文章就很少用甚至不用夸张，以免歪曲事实。

用言过其实的方法，突出事物的本质，或加强作者的某种感情，烘托气氛，引起读者的联想。

2. 夸张的种类

（1）扩大夸张：故意把客观事物说得“大、多、高、强、深……”的夸张形式。例如：

① 飞流直下三千尺，疑是银河落九天。

② 蜀道之难，难于上青天。

(2) 缩小夸张：故意把客观事物说得“小、少、低、弱、浅……”的夸张形式。例如：

① 五岭逶迤腾细浪，乌蒙磅礴走泥丸。

② 一个浑身黑色的人，站在老栓面前，眼光正像两把刀，刺得老栓缩小了一半。

(3) 超前夸张：在时间上把后出现的事物提前一步的夸张形式。例如：

① 未饮心先醉，眼中流血，心内成灰。

② 农民们都说：“看见这样鲜绿的麦苗，就嗅出白面包子的香味来了。”

(五) 对偶

1. 对偶的特点与作用

对偶就是“对对子”，严格的对偶可称“对仗”。它必须是一对字数相等或大致相等，词性相对，结构相同或相似，意义相关或相反的短语或句子。两句间的关系有承接、递进、因果、假设和条件等。

对偶能使句式整齐，具有均衡美；表意凝炼，抒情酣畅；音韵和谐，朗朗上口。

2. 对偶的种类

(1) 按内容可分为正对、反对、串对

① 正对：上下句意思相似、相近、相补、相衬的对偶形式。例如：

A 羁鸟恋旧林，池鱼思故渊。

B 墙上芦苇，头重脚轻根底浅；山间竹笋，嘴尖皮厚腹中空。

② 反对：上下句意思相对或相反的对偶形式。例如：

A 忧劳可以兴国，逸豫可以亡身。

B 横眉冷对千夫指，俯首甘为孺子牛。

③ 串对：即“流水对”。上下句意思具有承接、递进、因果、假设、条件等关系的对偶形式。例如：

A 读书破万卷，下笔如有神。

B 才饮长江水，又食武昌鱼。

(2) 按形式可分为工对和宽对

工对就是字数、词性、结构、平仄、用字等均按对仗要求；宽对就是基本符合对仗要求，但允许某些方面稍有出入，也就是说形式要求稍宽松一点。

(3) 按结构可分为成分对偶和句子对偶

① 成分对偶。例如：

山水本无知，蝶雁亦无情；但它们对待人类最公平，一视同仁，既不因达官显贵而呈欢卖笑，也不因山野渔樵而吝丽啬彩。

② 句子对偶。例如：

墙上芦苇，头重脚轻根底浅；山间竹笋，嘴尖皮厚腹中空。

(六) 排比

1. 排比的特点与作用

由三个或三个以上结构相同或相似、内容相关、语气一致的短语或句子组合而成。常使强调的同一词语重复出现在各个短语或句子的同一位置上。排比可使句子内容集中，增强气势；叙事透辟，条分缕析；节奏鲜明，长于抒情。

2. 排比的种类

(1) 成分排比。例如：

大堰河，含泪的去了！同着四十几年的人世生活的凌侮，同着数不尽的奴隶的凄苦，同着四块钱的棺材和几束稻草，同着几尺长方的埋棺材的土地，同着一手把的纸钱的灰，大堰河，她含泪的去了。

(2) 句子排比。例如：

他们的品质是那样的纯洁和高尚，他们的意志是那样的坚韧和刚强，他们的气质是那样的纯朴和谦逊，他们的胸怀是那样的美丽和宽广。

（七）反复

1. 反复的特点与作用

反复是有意重复同一个词语或句子，以达到突出某种感情、强调某个意思、加深读者印象的目的。可分为连续反复和间隔反复。运用反复能够增强感情，加强语气，强调文意。

2. 反复的类型

（1）连续反复：连接重复相同的词语或句子，中间没有其他词语间隔。例如：

① 中国男儿，中国男儿，要将只手遮天空。

② 多谢，多谢，说了半天还得多谢你们。

（2）间隔反复：在重复使用的词语或句子中间，隔有其他的词语或句子。例如：

① 狂风吹来了，洪水冲来了，冰河爬来了，碎石、沙砾、泥土被它们带着，开始了旅行。（反复说某某东西来了，强调了“碎石”“沙砾”“泥土”遭受的行为。）

② 我们还在这样世上活着；我也早觉得有写一点东西的必要了。离三月十八日也有两个星期，忘却的救主快要降临了罢，我正有写一点东西的必要了。（《纪念刘和珍君》）

应该注意的是：间隔反复有时和排比、反问等修辞结合在一起使用。例如：

① “粗估”参数的时候，要有物理直觉；筹划昼夜不断的计算时，要有数学见地；决定方案时，要有勇进的胆识，又要有稳健的判断。（作者通过句式的反复和排比，从不同方面有力地强调了邓稼先的能力和胆识。）

② 世界上有不经过风吹雨打而成熟的果实吗？世界上有不经过光照日晒而成熟的果实吗？（作者通过句式的反复和反问，强调了秋魂在果实成熟中的作用。）

3. 运用反复手法的注意事项

（1）运用反复，必须要适合表情达意的需要。反复不是“重复”，不必要的反复，会使文章语言啰嗦、累赘；没有充实的内容、强烈的感情，一味采用反复的形式，会让人厌烦。

（2）必须要抓住关键的词句段进行反复，不是随便重复某些语句都可以的。

（八）设问

1. 设问的特点与作用

设问是“无疑而问”。往往明知故问，自问自答或只问不答。自问自答，发人思考；强调观点，加深印象；承上启下，过渡衔接；提挈全篇，带动全文；用于篇末，回味无穷。

2. 设问的种类

（1）自问自答。例如：谁是我们最可爱的人呢？我们的部队，我们的战士，我感到他们是最可爱的人。

（2）只问不答。例如：亲爱的朋友们，当你坐上早晨第一列电车走向工厂的时候，当你扛上犁耙走向田野的时候……朋友，你是否意识到你是在幸福之中呢？

（九）反问

1. 反问的特点与作用

反问句也是“无疑而问”，用疑问句的形式表示确定的意思，以加强语气，增强表达效果，句末一般打问号，有的也打感叹号。反问句起到强调语气、强化感情的作用。

2. 反问的种类

（1）问而无答的反问。包括用肯定句表示否定的内容和用否定句表示肯定的内容两种形式。例如：

① 四十多个青年的血，洋溢在我的周围，使我艰于呼吸视听，哪里还能有什么言语？（用肯定的形式表示否定。）

② 历史上没有一个反人民的势力不被人民毁灭的！希特勒、墨索里尼，不都在人民面前倒下去了吗？（用否定的形式表示肯定。）

（2）问而有答的反问。例如：

敢于这样做的人，难道不是一个英雄吗？可以肯定地说是一个英雄，一个大大的英雄。

二、几种易混的修辞手法

（一）借喻和借代

借喻和借代都是以借体代本体，本体不出现。区别借喻和借代可以从以下两个方面着手。

第一，借喻重在比方（“喻”），可换成明喻；借代重在指称（“代”），不能换成明喻。例如：

（1）有缺点的战士终究是战士，完美的苍蝇也终究不过是苍蝇。

（2）百年积弱叹华夏，八载干戈仗延安。

【解析】 “完美的苍蝇”喻指那些反动的家伙，换成明喻，可以写成“反动的家伙像苍蝇”的形式。“干戈”代指抗日战争，“延安”代中国共产党，这是用具体的事物代抽象的事物，是不能换成明喻的。如用“抗日战争像干戈”“中国共产党像延安”予以表述就闹笑话了。它们之所以能替代，是因为本体、借体有密切的相关性：干戈为武器，与战争有关；延安为革命圣地，与中国共产党有关。

第二，借喻的本体和喻体之间具有相似性，借代的本体和借体之间具有相关性。

（二）比拟和比喻

比拟和比喻的相似之处在于均涉及甲、乙两事物相比，甲、乙两事物有可“比”性。

比拟和比喻的不同在于：从意义上看，比喻的重点在“喻”，即“比方”，它突出的是两事物的相似点；比拟的重点则在“拟”，即“比作、当作”，它直接把甲当乙来描述。从形式上看，比喻句由本体、喻体和喻词三部分组成。借喻虽然不出现喻词和本体，但可以变换为有喻词和本体的明喻、暗喻。不管是哪一种比喻，始终都有喻体。比拟句主要是借助想象，将本体模拟为人的或物的某种形为、动作或情态，不论是拟人，还是拟物，始终都无拟体。例如：

（1）看吧，狂风紧紧抱起一层层巨浪，恶狠狠地将它们甩到悬崖上，把这些大块的翡翠摔成尘雾和碎末。（[苏] 高尔基：《海燕》）

（2）他确乎有点像一棵树，坚壮、沉默，而又有生气。（老舍：《骆驼祥子》）

（3）月亮一露面，满天的星星惊散了。（杨朔：《金字塔夜月》）

（4）真理它却不会弯腰。（臧克家：《胜利的狂飚》）

【解析】 句(1)整个句子是比拟，“大块的翡翠”是比喻，是比拟和比喻套用。句(2)从树的外形特点联想到祥子的外貌、气质特征，两者有相似点，也属比喻。句(3)中“月亮”“星星”本是无生物，并无法发出“露面”“惊散”这样的动作，现以生物的特征描写它们，只是为了让其情态逼真，跃然纸上，这是比拟。句(4)将无形的抽象物“真理”人格化、形象化，也属比拟。

（三）排比和对偶

排比与对偶的不同主要表现在以下三方面。

第一，排比必须有三项或三项以上构成，而对偶仅限于上下两句。

第二，排比在字数上无严格要求，只要求结构相同或相似即可，而对偶则要求字数相等或相近，且结构完全相同。

第三，排比中常含有反复出现的词语，而对偶的上下句一般忌用相同的词语（宽对不那么严格）。

（四）设问和反问

设问和反问都是明知故问，两者的不同主要表现在：设问句有答或提请读者思考，往往在篇首或段首，目的是提请读者注意，且必须用问号；反问句不必答，问中已有明确答案，常常在段中或末尾，目的是加强语气、表示强烈的感情，所以有时可用叹号。

例如："现在我们要向外国学习，将来我们从落后转化为先进了，还要不要学呢？那个时候，外国仍然有许多值得学习的好东西，我们仍然要向人家学习。这有什么不好呢？"这几句话中，既用了设问（前一个问句），又用了反问（后一个问句）。

小◇试◇身◇手

1. 请说出下面的句子运用了哪些修辞手法，如果是比喻，说出是哪种比喻方式。

（1）她不是笼子里的鸟，笼子里的鸟，开了笼还会飞出来。她是绣在屏风上的鸟——年深月久了，羽毛暗了，霉了，给虫蛀了，死也死在屏风上。（张爱玲：《茉莉香片》）

（2）薇龙那天穿着一件瓷青薄绸旗袍，给他那双绿眼睛一看，她觉得她的手臂像热腾腾的牛奶似的，从青色的壶里倒了出来，管也管不住，整个的自己全泼出来了。（张爱玲：《沉香屑》）

（3）阳婆把胭脂抹了一河，便匆匆地落了山。（魏继新：《夜河》）

（4）清香落在人的心灵上比秋雨还要阴冷。（牛汉：《悼念一棵枫树》）

（5）总有月夜，世界有一半浸在银子里，另一半浸在墨汁里。（苏叶：《告别老屋》）

（6）君子之德，风；小人之德，草。草上之风，必偃。（《论语·颜渊》）

（7）增之一分则太长，减之一分则太短，著粉则太白，施朱则太赤。（宋玉：《登徒子好色赋》）

（8）（孔雀）翘起尾巴，光辉灿烂，但后面的屁股眼也露出来了。（鲁迅：《看书琐记》）

2. 请根据要求完成下面的练习。

（1）仿照例句，在"橡皮、圆规、直尺"中任选两种，各写一句话。

【例句】 粉笔——身躯缩短了，生命的轨迹却延长了。

（2）下面两个句子都写到"虚伪"。前一句直接表述，言简意赅；后一句连续类比，形象生动。请在"友谊、勇敢、信任"中任选一个词，仿写两句话。

① 虚伪和欺诈产生罪恶。（［美］爱迪生）

② 蚜虫吃青草，锈吃铁，虚伪吃灵魂。（［俄］契诃夫）

（3）在画线处填上恰当的话，使分号前后内容、句式对应，修辞方法相同。

悲观者说，希望是地平线，就算看得见，也永远走不到；

乐观者说，希望是________，________，________；

乐观者说，风是帆的伙伴，能把你送到胜利的彼岸；

悲观者说，风是________，________________。

3. 将正确的选项填入括号内。

（1）下面不用比拟手法的句子是：（　　）

A. 烟囱发出呜呜的声响，犹如在黑夜中哽咽。

B. 被暴风雨压弯了的花草儿伸着懒腰，宛如刚从睡梦中苏醒。

C. 远处林舍闪闪发亮，犹如姑娘送出的秋波，使人心潮激荡。

D. 偎依在花瓣、绿叶上的水珠，金光闪闪，如同珍珠闪烁着光华。

（2）下列句子在修辞运用上与其他三句不同的一句是：（　　）

A. 这几天跟过节一样热闹。　　B. 那里的蔬菜跟水果一样贵。

C. 他的脸色跟纸一样白。　　D. 这里的老鼠跟猫一样大。

（3）下列各句中比喻词用的不恰当的一句是（　　）

A. 他提着两个包，气喘吁吁地走着，像踩在棉花上深一脚、浅一脚。

B. 小战士斜挎着冲锋枪，在崎岖的山路上猛冲，脚步像踩在棉花上般的轻快。

C. 一群仙女，踩在棉花似的云朵上，随着隐隐的仙乐，冉冉地向远方飘去。

D. 她突然瞥见路中央盘着一条大蛇，蛇头昂起，张着大口，她顿时感到两脚像踩在棉花上似的。

(4) 以下几句运用修辞方法恰当，并确实增强了表达效果的一项是：(　　)

A. 海外儿女思乡，思乡，思乡，此情此意久长。

B. 他的话没有实质内容，空得像战鼓一样。

C. 蒲公英柔软的茎上顶着小黄伞，雄赳赳地守卫在道路两旁。

D. 个人的自学，个人的努力，个人的独立钻研，是主要的；但是适当的讨论，相互的讨论，集体的讨论，也是必要的。

(5) 对下面句子采用的修辞方法和它的表达作用理解正确的一项是(　　)。

月光如流水一般，静静地泻在这一片叶子和花上。

A. 用比喻的修辞手法，形象地描绘了月光一泻而下的自然美。

B. 用夸张的手法，极力表现荷塘上月色的清朗纯洁。

C. 用比喻的手法，描绘荷塘上月光的清纯柔和。

D. 用拟人手法，描写月夜的寂静安宁。

(6) 对下面采用的修辞方法和它的表达作用理解正确的一项是(　　)。

A. 要论中国人，必须不被搽在表面的自欺欺人的脂粉诓骗，却看看他们的筋骨和脊梁。(运用了比喻方式，喻指不细致的工作作风。)

B. “闭塞眼睛捉麻雀”，“瞎子摸鱼”，粗枝大叶，夸夸其谈，满足于一知半解，这种极坏的作风，这种违反马克思列宁主义基本精神的作风，还在我党许多同志中继续存在着。(运用了比喻方法，喻指不细致的工作作风。)

C. 我的心常在黑暗的岛上飘浮，要不是得着灯光的指引，它有一天也会永沉海底。(运用比喻修辞，表达了我在黑暗的日子里充满了苦闷彷徨的感情，如果没有光明在前面引路，也会消沉下去。)

D. 但是把人的心灵带到一种崇高的境界的，却是那些“吸翠霞而夭矫”的松树。它们不怕山高，把根扎在悬崖绝壁的缝隙，身子扭得像盘龙柱子，在半空中展开枝叶，像是和乌云争夺天日，又像是和清风白云游戏。有的松树望穿秋水，不见你来，独自上到高处，斜着身子张望。有的松树像一顶墨绿大伞，支开了等你。有的松树自得其乐，显出一副潇洒的样子。不管怎么样，都让你觉得它们是泰山的主人，好像少了谁都不该似的。(运用比喻、拟人等修辞手法，表现了松树的千姿百态、各具情趣的自然美。)

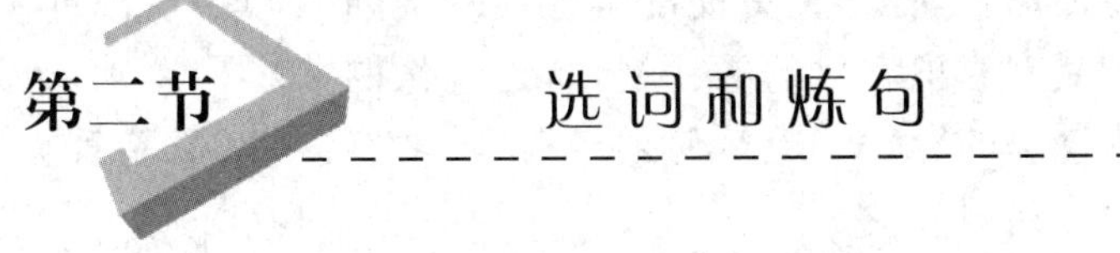

第二节　选词和炼句

引子

诗圣杜甫曾有诗云：“为人性僻耽佳句，语不惊人死不休。”意思是说，我平生特别喜欢追求最能表情达意的诗句，达不到语不惊人的地步，我是决不罢休的。这两句诗代表了我国古代文学艺术家们在语言运用上对一种理想的艺术境界的追求，它也启示我们，选词炼句不仅仅是一个技巧的问题，更是一个写作态度的问题，只有怀着精益求精的态度反复推敲锤炼，才能达到准确生动地传情达意的效果。

古往今来，文学史上注重选词炼句的故事不胜枚举。“苦吟派”诗人贾岛在驴背上反复“推敲”；王安石一句“春风又绿江南岸”改换十余次，得来不易；曹雪芹“披阅十载，增删五次”，终成“满纸荒唐言”；等等。

为什么会有这么多人为了“吟安一个字”而“拈断数茎须”，甚至“知音如不赏”，就要“归卧故山秋”了呢？下面我们就来了解选词和炼句的魅力。

一、选词炼句

（一）什么是选词炼句

1. 什么是选词

选词就是从丰富的词汇中选用恰当的词语，生动准确地反映客观事物和表达思想感情。

2. 什么是炼句

炼句就是对句子进行锤炼，要求我们不仅把句子写得准确流畅，还应该在句子中表现出丰富的情味。

（二）如何选词炼句

1. 要注意修饰语与中心语

写作中词句的选择，并不需要词藻多么华丽，句式多么复杂，而修饰语也不仅仅是可有可无的“装饰”。恰当准确地使用修饰语对表现文章内容和表达作者的感情都有重要作用。

2. 要注意句子与动词

动词往往是句子谓语部分的核心成分，也往往是表达句子意义的核心成分，动词选择的优势直接影响语言表达的优势。而不同的句式表情达意效果也是大不相同的。

3. 关于诗眼

所谓诗眼，是指一首诗或一句诗中最精炼最传神最关键的一个字，即古人常说的“立片言以居要，乃一篇之警策”。从词性上来说，多选择动词或形容词。词性一般都有活用的现象。从修辞手法和表现手法来看，大多运用了比喻、拟人、夸张等修辞手法和以动衬静、化静为动等表现手法。

(1) 动词作诗眼(化美为媚)。如“采菊东篱下，悠然见南山”中的“见”字看似信手拈来，毫不费力。其实“见”字体现了诗人看到的南山乃完全于无意中得之。诗人本采菊，无意望见山，适举首而见之，故悠然忘情，趣闲而境远。这个“见”字把悠然自得的诗人的视线无意中与南山相接的情形不动声色而又极其传神地表现出来，更能准确地表现他归园以后轻松自在，无所用心的闲适心境。如果改为“望”字则是有意识有目的的注视，缺乏悠然的情味。又如“红杏枝头春意闹”，一个“闹”字写出了诗人心头蓬勃的春意；“羌笛何须怨杨柳”，“怨”字以拟人手法，既写曲中之意，又传吹笛人之情。

(2) 以副词作诗眼。副词一般与动词结合起来，相得益彰。如杜甫的《蜀相》中有“映阶碧草自春色，隔叶黄鹂空好音”，其中“自”和“空”各说明草虽绿、鸟声虽然好听，但是无人欣赏，写出丞相祠环境的幽寂。又如李华的《春行即兴》中的“芳树无人花自落，春山一路鸟空啼”，其中“自”和“空”也有异曲同工之妙。

(3) 以形容词作诗眼。如王维的“大漠孤烟直，长河落日圆”。此句像一幅巨大的风景画，形象地描述了塞外辽阔苍凉的景象。“直”字展现了一种挺拔坚毅之美，落日之圆衬托在万里戈壁的背景上，则给人以苍茫之感。二字将直线之美与浑圆之美融为一体，面目壮观，别的字确实难以替代，这“直”和“圆”正是该诗的诗眼。

课堂练习：请将下面这首诗歌改写成一篇小散文，要注意意境的营造。

渔　歌　子

张志和

西塞山前白鹭飞，桃花流水鳜鱼肥。

青箬笠，绿蓑衣，斜风细雨不须归。

这是江南的春季。雨迷濛了远天，西塞山躲藏在更深远的背景中，时隐时现。一行白鹭充当了这幅静物画中灵动的几笔，纯洁的羽毛如雪，擦亮了人们黯淡的目光。

江面上，满河的桃花是季节写给流水的诗句吗？每一瓣，都是一个清丽动听的词语。鳜鱼不时跃出水面，肥美的身子一抖，又掉头钻入透明的水中，只留下几圈浅浅的涟漪。它也想读这首春天的诗么？

视线的一隅，一只破烂的筏子泊在静静的江中。船头，戴青箬笠、披绿蓑衣的诗人，手握一杆没有鱼饵的钓，双目微闭，若有所思。其实，他钓的并非是鱼，而是一种无拘无束的生活罢了。

风用轻灵的细手，穿引着如丝的雨，悄悄为江南织一张嫩绿的地毯。

真的好想做一只自由的鸟，从此栖落在那株岸边的小树，不再归去。

二、选词炼句要点

（一）选词要求：准确、生动

法国作家福楼拜曾说过：“要描写一个事物，唯有一个名词；要表现一个动作，唯有一个动词；要得到一种性质，唯有一个形容词。我们必须不断地苦心思索，非发现这个唯一的词语不可，不能用类似的词语敷衍了事。”【寻找唯一】

汉语词汇十分丰富，运用时如不慎加选择，就会犯用词不当的毛病。要特别注意同义词在程度、范围、感情色彩、语法特点上的细微差别。如“接济”和“救济”这两个词语，都可以带宾语，但是“接济”的宾语常指个人，而“救济”的宾语常指群体。

1. 选择准确贴切的词

尽可能选择恰如其分的反映客观事物及思想感情的词语，正如福楼拜所说，必须找到唯一的、最贴切的词，把它们用到最恰当的位置。如巴金在《灯》所写道：“我望着这些灯，灯光带着昏黄色，似乎还在寒气的袭击中微微颤抖。”用“颤抖”而不用“闪动”，是因为“闪动”只是客观描写，“颤抖”则是一种主观感受，与作者“担心灯会灭”的心情相吻合。

(1) 选好关键词。

【例 1】 叶圣陶：《多收了三五斗》

初稿：另一位先生听得厌烦，把嘴里的香烟屁股掷到街心。

修改稿：另一位先生听得厌烦，把嘴里的香烟屁股扔到街心。

【例 2】 鲁迅：《无题》诗

原稿：眼看朋辈成新鬼，怒向刀边觅小诗。

修改稿：忍看朋辈成新鬼，怒向刀丛觅小诗。

(2) 要用好修饰词。

【例】 彭荆风：《驿路梨花》

我们开始烧火做饭。温暖的火、喷香的米饭和滚热的洗脚水，把我们身上的疲劳、饥饿都撵走了。我们躺在软软的干草铺上，对小茅屋的主人有说不尽的感激……

2. 选择生动形象的词语

如王勃《杜少府之任蜀州》末两句："无为在歧路，儿女共沾巾。"人哭了自然要用帕子拭泪，但表达效果比直言哭哭啼啼要好多了。再如张先《天仙子·水调数声持酒听》中的"云破月来花弄影"，一"破"一"弄"，令人叫绝。前者使春天的生机扑面而来，后者使"花"顿时跃然纸上，摇曳生姿。

(1) 要学会运用修辞手法。修辞手法的运用，能更准确、更形象生动地表达自己的思想。

【例1】 鲁迅《故乡》：便飞出了八岁的侄儿宏儿。

【例2】 高风《金黄的大斗笠》：干干净净的蓝天上，偷偷溜来一团乌云，风推着它爬上山头。山这边，梯田里的庄稼像绿海里卷起来的一道道浪头。一个浑身只有一条短裤的男孩子，挥着一根树枝，树枝挂满绿叶，歌谣般亲切、柔和。他看管着一头雪白的小山羊，小山羊在田埂上悠闲地啃着青草。风来啦！庄稼的叶子翻过背，闪现出一片片灰绿。小山羊的毛被梳理好，又弄乱。小男孩脸上的汗珠被吹干，换上调皮的笑意。

(2) 适度地引经据典。如：杨朔《荔枝蜜》：荔枝也许是世界上最鲜最美的水果。苏东坡写过这样的诗句："日啖荔枝三百颗，不辞长作岭南人。"可见荔枝的妙处。

(3) 要符合生活实际，不能随意落笔，切忌写得大而空。如《郑板桥改诗的故事》。

扬州八怪郑板桥十岁那年，随私塾先生出外游春。行至河边见一少女尸体仰面朝天，头发散乱，在旋涡中打转。老师随口吟诗一首："二八女多娇，风吹落小桥。三魂随浪转，七魄泛波涛。"吟完后连说："可怜，可怜！"板桥说这诗应该改一下。老师惊愕，问道："为何？"板桥说："老师您不认识这位少女，怎么知道她正好十六呢？又是怎么知道她是被吹落桥下的呢？您又怎么看到她的三魂七魄随着波浪打转呢？"老师被问住了，说道："那你给改一下。"郑板桥十分沉痛地吟道："谁家女多娇，何故落小桥？青丝随浪转，粉面泛波涛。"老师听了连连点头，说道："你这样善于观察，尊重事实，肯动脑筋，将来一定大有作为。"

(二) 炼句要求：简明、连贯

写文章不仅仅要讲究选词，而且要讲究炼句。皮日休说"百炼成字，千炼成句"。炼句同样要经过反复推敲，反复修改。很多文章也因为某些句子的锤炼特别成功而获得很好的表达效果。

1. 要注意句子的简明

简，即简要、简洁；明，即明白，清楚。炼句要讲究以少胜多，言简意丰，要用最经济的句子形式表达最丰富的思想，取得最佳的表达效果。

(1) 语言简洁的要求：删除多余词语(指重复、啰嗦的内容)；删除冗余信息(指文中游离于主旨或话题之外的内容)。具体要求如下。

① 语句中不要出现表意功能完全相同的部分。

② 可用可不用的虚词，尽量不用。

③ 可以用指代性或替代性词语替代的内容，要尽量替代，而不用再重述原来的内容。

④ 不要出现多余的说明或修辞。

(2) 语意明白的要求：消除歧义；避免费解(使人难以领会或理解的内容)。

① 口语要注意同音误听。如：中止—终止，致癌—治癌，震灾—赈灾。

② 书面语要防止晦涩难懂、冗长费解、产生歧义和句意杂糅等。

课堂练习：(2000年高考)为使下面画线的语句简洁、顺畅并保持原意，需要删掉一些词语。在删改时哪些词语是必须保留的？

记得在①一次②期末③考试④中⑤，在⑥考完⑦了⑧语文⑨后⑩，我感觉相当不错，兴奋了很长时间。

【答案】“在……中”和“在……后”这两个介词短语纯属多余,“考完”后的语气助词“了”也属可有可无,留着反倒使语气显得松塔。必须保留的词语序号是②③④⑦⑨,应该删去的词语序号是①⑤⑥⑧⑩。

2. 要注意句子的连贯——衔接、照应

要表达一个意思,往往需要若干句子的组合,好的组合在内容和形式上要恰当地衔接,做到自然流畅,行云流水。

(1) 前后各句的话题(主语)要一致。

【例】我“腾”地跳下炕,拿了洗脸盆,盛满清水,端放在院子中央。勾头一瞧,哟,____C____!调皮鬼,还躲躲闪闪跟我捉迷藏呢。(A 月光果然映入水盆里了。B 水盆里果然映入了月光。C 月亮果然跳进水盆里了。D 水盆里果然跳进了月亮。)【从最后一句看,陈述对象应是月亮,B、D 陈述对象不统一,选 C 更形象。】

(2) 陈述的角度应该一致(空间顺序、时间顺序、逻辑顺序)。

【例】建筑是凝固的诗:____B____。诗有古代和现代诗,建筑也有古今之分,泾渭分明。(A 或神采飞扬,透着现代的气息;或庄重沉稳,带着岁月的沧桑 B 或庄重沉稳,带着岁月的沧桑;或神采飞扬,透着现代的气息)

(3) 并列的语句中,在对几个并列的方面分别进行申说阐述时,句式结构上要求大体整齐匀称。

【例】鲁大海——四凤的哥哥,鲁贵的儿子。他身体魁伟,____B____,两颊微微陷下去。(A 粗黑的眉毛 B 眉毛粗而黑)

3. 要巧妙地选择句式

巧妙选择句式。对各类句式,如肯定句和否定句,主动句和被动句,长句和短句,整句和短句等要熟练掌握。

(1) 短句和长句。长句,信息量大、逻辑严谨、细致准确。在下定义或者表达复杂判断推理的时候适用。短句,简练明快、色彩多样、易于上口;像宣传口号或广告语就适用短句。

(2) 肯定句和否定句。肯定句比较直率、明确;否定句则相对委婉、平和。双重否定会比一般肯定句的语气更强烈。例如:

① A 他知道非让他去不可。 B 他知道让他去。

【解析】A 句是双重否定,比 B 句语气更强烈、坚定。

② A 我赞成你的意见。 B 我不反对你的意见。

【解析】A 句是肯定说法,B 句是否定说法,B 句语意轻弱、语气缓和。

③ A 她不是不会唱,只是怕羞,不愿唱。 B 她会唱,只是怕羞,不愿唱。

【解析】A 句是双重否定,但比 B 句语气显得委婉。

(3) 陈述句和疑问句。陈述句是陈述一个事实或者说话人的看法,句末一般用句号。如,我们明天去北京开会。疑问句通常用来询问一件事情是否属实,句末一般用问号。如,你们明天要去北京开会吗?陈述句语气一般比较平稳,不带强烈的感情色彩。而疑问句一般都具有强烈反问语气,是对某一事件的强烈否定或疑问。陈述句包括肯定句和否定句两种句式。疑问句中有两种特殊句式:设问句和反问句。设问句,吸引读者的注意,显得亲切自然;反问句,语气比一般肯定句强烈。

(4) 整句和散句。整句指结构相同或相似,字数大体相等、排列整齐的一组句子。整句多使用对偶句、排比句、对比句、反复句、顶针句、回环句,也使用具有同一种关系的复句。整句的修辞作用是形式整齐,音节和谐。可以起到强调某种意义的加强语势的作用。散句指结构不同,长短不齐的一组句子。散句的作用是活泼自然,富有变化。无单调、呆板之感。

整句和散句交错运用，则兼二者之长，既整齐和谐，又富于变化，更能使表意深刻、语意连贯。如：在斗争中、劳动中、生活中，时常会有东西触动你的心，使你激昂，使你欢乐，使你忧愁，使你沉思，这不是诗又是什么呢？

用整句或散句，或整句、散句并用，都要根据表达的需要来决定。

小◇试◇身◇手

1. 选择恰当的词或句子填在横线上。

(1) 每逢深秋时节，________松竹山茶，色彩绚丽，美景尽览。远眺群山环抱，________ 近看小桥流水，茶园葱绿，松竹并茂。（① 置身山顶，俯瞰槐榆丹枫，② 白云缭绕，层林叠翠，③ 置身山顶俯瞰，槐榆丹枫，④ 层林叠翠，白云缭绕，）

(2) 我的眼前，一片镶着露珠的绿茵茵的草滩，________，在这绿色和黄色的背后，又衔接着一派无边无际的蓝色湖水。（A 草滩上生长着一垄垄黄灿灿的油菜花　B 一垄垄黄灿灿的油菜花生长在草滩上）

2. 把下列句子组合成语意连贯的一段话（只填序号）。

① 在南坡，带状分布的原始云杉林海连绵不断，棵棵巨杉像一把把利剑，直插云天。

② 在北坡五花甸草原上，你可以看见新疆细毛羊群和奔驰的伊犁马群。

③ 在遮天蔽日的杉林下，马鹿、狍鹿、棕熊、雪豹等野生动物出没其间。

④ 吃完早饭后，继续南下，就进入喀什河和巩乃斯河的草原带和森林带。

⑤ 各种森林鸟类，鸣声不断。

3. 修改下面的电报和短文，要求表达原意，简明扼要。

(1) 13 日 11 时白云机场接。

(2) 一个人如果缺乏自制力，就不能抵制坏的影响。

4. 下面这首诗的每一句都可以想象成一个电影镜头，前两个镜头的脚本已写出，请续写后两个。要求：(1) 按照诗意来设计场景和人物的神态动作；(2) 想象合理；(3) 每个镜头脚本的字数不超过 40 个。

采　莲　子

〔唐〕皇甫松

船动湖光滟滟秋，贪看年少信船流。
无端隔水抛莲子，遥被人知半日羞。

[场景]湖边。采莲船上。

[人物]采莲女，小伙子，女伴。

镜头一：秋日湖上，波光粼粼。一位美丽的姑娘驾着采莲船从荷花丛中划出。左右顾盼。

镜头二：忽见岸上有位英俊少年。姑娘悄然心动，痴痴地看着他，竟忘记了摇桨，任凭船儿漂荡。

镜头三：____

镜头四：____

第二篇

阅 读

第一单元

爱与忠诚

当我爱着别人的时候，我也被别人爱着；当我爱着祖国的时候，祖国也深深地爱着我！每个人都有属于自己的亲人、故乡和祖国，对亲人的爱，让我们尽享天伦之乐；对故乡的爱，让我们在漂泊苦旅中不断流连忘返；对祖国的爱，无论是身在祖国的怀抱，还是处于异国他乡，无不时时刻刻在心头眷念。

这就是忠诚。

它深入肌里，植根于每一个对祖国身怀感情的人心里。对国家、对人民、对事业、对朋友的真心诚意、尽心尽力。它别有新意，经历过历史的严谨洗涤，渗透着一代又一代人矢志不渝的坚定信念和追随精神。

本杰明·富兰克林(Benjamin Franklin)说过："如果说，生命力使人们前途光明，团体使人们宽容，脚踏实地使人们现实，那么深厚的忠诚感就会使人生正直而富有意义。"漂泊异国他乡而无时无刻不在牵挂祖国母亲是忠诚；敢于在祖国沦丧后而拒绝学习他国文字是忠诚；在平凡岗位上默默耕耘、无私奉献也是忠诚。忠诚代表着诚实、守信和服从。忠诚，是一种素养，一种经过磨练后而涤荡出来的精神。

本单元的文章，有写漂泊异国而心系祖国故乡的，有身在异乡心念慈母的，有归心似箭强烈渴望回到祖国母亲怀抱的，等等。在这些文章中，字里行间流露了作者的深厚感情。就如一首歌词写道："爱是不散缘，爱是许的愿，每颗心装在里面，每条路通向海边，山在山的山巅，天在天的天边，爱有爱的路线，天地同根同源。"这就是爱，以及大爱下的忠诚。

1 古诗三首

【阅读提示】

古诗是中国古代文化的瑰宝。其中的一些名篇精品更是百读不厌。据载，香港一家文化机构举办的一项“最受欢迎唐诗”选举结果显示，列在榜首的是孟郊的《游子吟》。这是一首歌颂母爱的诗，在历经千年的传诵后，仍然具有强烈的感染力。人生在世，无人不是活在羁旅之中，旅途中的游子不能不有所牵挂和眷恋，不能不保留一段热肠一片温情。而艰难的苦旅漂泊，只有自己心知肚明，亲友若有谁问起了我，请转告他们，我的心像玉壶里的冰一样纯洁。它是经过千锤万凿的，是经过烈火焚烧的，从未动摇过。阅读时认真领会每一首诗的意蕴。

游子吟①

〔唐〕孟　郊

慈母手中线，游子身上衣。
临②行密密缝，意恐③迟迟归。
谁言寸草④心，报得三春晖⑤。

芙蓉楼送辛渐⑥

〔唐〕王昌龄

寒雨⑦连江夜入吴⑧，平明送客⑨楚山⑩孤。
洛阳亲友如相问，一片冰心在玉壶⑪。

石灰吟⑫

〔明〕于　谦

千锤万凿⑬出深山，烈火焚烧若等闲⑭。
粉身碎骨浑不怕，要留青白⑮在人间。

---

①《游子吟》，题下原注：“迎母溧上作。”当时作者居官溧阳县尉时所作。吟，吟诵，诵读。 ② 临，将要。 ③ 意恐，心里很担心。 ④ 寸草，小草，这里比喻儿女。 ⑤ 三春晖，春天灿烂的阳光，指慈母之恩。三春，旧称农历正月为孟春，二月为仲春，三月为季春，合称三春。晖，阳光，形容母爱如春天温暖、和煦的阳光照耀着子女。 ⑥ “芙蓉楼”是黔阳（今湖南省洪江市黔城镇）的名楼，那还有王昌龄的石像和介绍。“送”是送别的意思。“辛渐”是诗人的一位朋友。题目的意思是在芙蓉楼送别好友辛渐。 ⑦ 寒雨，寒冷的雨。 ⑧ 吴，三国时的吴国在长江下游一带，简称这一带为“吴”，与下文“楚”互文。 ⑨ 客，在这指辛渐。 ⑩ 楚山，春秋时的楚国在长江中下游一带，所以称这一带的山为楚山。 ⑪ 一片冰心在玉壶：冰在玉壶之中，比喻人清廉正直。冰心，比喻心的纯洁。 ⑫ 吟，吟颂。 ⑬ 千锤万凿，无数次的锤击开凿，形容开采石灰非常艰难。 ⑭ 若等闲，好像很平常的事情。 ⑮ 清白，指石灰洁白没有污染，比喻高尚的节操。

【思考与练习】

1. 请从思想内容与艺术手法方面赏析《游子吟》与以下这首诗的异同。

蒋士铨《岁暮到家》：爱子心无尽，归家喜及辰。寒衣针线密，家信墨痕新。见面怜清瘦，呼儿问苦辛。低回愧人子，不敢叹风尘。

2. 请你分析《芙蓉楼送辛渐》表达了诗人怎样的情怀。

2 麻　　雀①

[俄] 屠格涅夫
张守仁　译

【阅读提示】

爱是世间最伟大的力量。无论是谁，都甘愿为爱付出生命。人与人都是因爱而联系在一起的；没有爱，我们将无法生存。母爱是不假思索的，她可以战胜理智而面对一切强大的力量，甚至是战胜这些强大的力量。比起理智，母爱更能包容一切，战胜一切。爱是自然中最普遍的东西，她可以面对死亡而没有畏惧。每个生命之中都有爱的存在，有了爱，生命才可以更好地繁衍，拥有爱就拥有一切。本文中老麻雀为拯救自己的幼儿，以巨大的勇气和拼命精神，使“猎狗愣住了”，“慢慢地向后退”。这种力量，是母爱的力量。“只有爱，才维系着生命，并使它充满活力。”是啊！请不要见笑。我崇敬那只小小的、英勇的鸟儿，我崇敬它那爱的冲动和力量。阅读时仔细体会。

我打猎归来，走在花园林荫路上。猎狗跑在我前面。

突然，它放慢脚步，悄然潜行，仿佛在前面嗅到了什么野物。

我朝林荫路望去，看见一只头上长着绒毛的黄嘴小麻雀。它从巢里掉下来(风在猛摇着林荫路上的白桦树)，扎煞②着毛羽未丰的小翅膀，痴呆地、绝望地蹲着。

我的猎狗慢慢地接近它。忽然有只黑胸脯的老麻雀，像块石头似的从附近一棵树上冲下来，就落在狗鼻子前面。它全身蓬松③着羽毛，惊恐万状，绝望而哀戚地吱吱叫着，迎着獠牙狰狞④的狗嘴跳扑去。

它俯冲下来救护。它用躯体掩护着自己的幼雏……但它瘦小的躯体，吓得浑身颤抖，它那小小的叫声变得粗暴嘶哑了。它垂死挣扎，它准备牺牲自己！

对它来说，猎狗是个多么庞大的怪物啊！可它不能稳坐在安全的高枝上……一种比它的意志更强大的力量，把它从那里抛了下来。我的猎犬特列左尔停下步子，后退了一下……显然，它也承认了这种力量。

---

① 本文选自白冰、汤锐主编：《世界儿童文学名著鉴赏大典·诗歌散文寓言卷》，广西人民出版社 1992 年版，第 402 页。 ② 扎煞(zhā shā)，张开，伸张。 ③ 蓬松(péng sōng)，松散杂乱。 ④ 狰狞(zhēng níng)，凶恶，常形容性情、行为或相貌十分可怕。

我赶紧把受窘①的猎犬叫走，然后怀着崇敬的心情走开了。

是的，请勿见笑。我崇敬那只英勇的小鸟，崇敬它那爱的冲动。

爱，我想，比死亡和死之恐惧更强大。只有它，只有爱，才能维持和推动生活前进。

一八七八年四月

【思考与练习】

1. 为什么“我赶紧把受窘的猎犬叫走”？能揣摩一下“我”的心理吗？

2. 归纳本文中心思想。

3 海　燕②

郑振铎

【阅读提示】

乡愁是一杯醇香的浓酒，香气四溢而又醉在心头。古往今来，对家国的怀想是文学作品亘古不衰的一大永恒主题。本文是一篇优美的咏物寄情散文。文章通过对小燕子这一可爱形象的描绘，抒发了作者浓浓的乡愁，表达了他对祖国的无限眷恋与热爱之情。全文分两部分，一是对故乡小燕子的回忆；二是对海燕的细致描绘。正是出于对故乡的强烈思念，作者才把海燕和家燕这两种很不同的燕子联系在一起写，并发出感叹。在学习时要创设情境把握课文的写作背景中两种燕子的特征，并从它们的联系中发现作者的写作意图。

乌黑的一身羽毛，光滑漂亮，积伶积俐③，加上一双剪刀似的尾巴，一对劲俊轻快的翅膀，凑成了那样可爱的活泼的一只小燕子。当春间二三月，轻飔④微微的吹拂着，如毛的细雨无因的由天上洒落着，千条万条的柔柳，齐舒了它们的黄绿的眼，红的白的黄的花，绿的草，绿的树叶，皆如赶赴市集者似的奔聚而来，形成了烂漫无比的春天时，那些小燕子，那末伶俐可爱的小燕子，便也由南方飞来。加入了这个隽妙无比的春景的图画中，为春光平添了许多的生趣。小燕子带了它的双剪似的尾，在微风细雨中，或在阳光满地时，斜飞于旷亮无比的天空之上，唧的一声，已由这里稻田上，飞到了那边的高柳之下了。有几只却隽逸的在粼粼如縠纹⑤的湖面横掠着，小燕子的剪尾或翼尖，偶沾了水面一下，那小圆晕便一圈一圈地荡漾了开去。那边还有飞倦了的几对，闲散的憩息于纤细的电线上——嫩蓝的春天，几支木杆，几痕细线连于杆与杆间，线上是停着几个粗而有致的小黑点，那便是燕子，是多么有趣的一幅图画呀！还有一家家的快乐家庭，他们还特为我们的小燕子备了一个两个小巢，放在厅梁的最高处，假如这家有了一个匾额，那匾后便是小燕子最好的安巢之所。第一年，小燕子来住了，第二年，我们的小燕子，就是

---

① 受窘，陷入难堪的境地。 ② 本文选自白冰、汤锐主编：《世界儿童文学名著鉴赏大典·诗歌散文寓言卷》，广西人民出版社 1992 年版，第656 页。 ③ 积伶积俐(jī líng jī lì)，形容十分灵活。 ④ 轻飔(sī)，微风。出自朱熹的《秋暑》：“疏树含轻飔，时禽啭幽语。” ⑤ 縠纹(hú wén)，绉纱似的皱纹，常用以喻水的波纹。

去年的一对，它们还要来住。

“燕子归来寻旧垒。”

还是去年的主，还是去年的宾，他们宾主间是如何的融融洽洽呀！偶然的有几家，小燕子却不来光顾，那便很使主人忧戚，他们邀召不到那么隽逸的嘉宾，每以为自己运命的蹇劣①呢。

这便是我们故乡的小燕子，可爱的活泼的小燕子，曾使几多的孩子们欢呼着，注意着，沉醉着，曾使几多的农人、市民们忧戚着，或舒怀地指点着，且曾平添了几多的春色，几多的生趣于我们的春天的小燕子！

如今，离家是几千里！离国是几千里！托身于浮宅之上，奔驰于万顷海涛之间，不料却见着我们的小燕子。

这小燕子，便是我们故乡的那一对，两对么？便是我们今春在故乡所见的那一对，两对么？

见了它们，游子们能不引起了，至少是轻烟似的，一缕两缕的乡愁么？

海水是皎洁无比的蔚蓝色，海波平稳得如春晨的西湖一样，偶有微风，只吹起了绝细绝细的千万个粼粼的小皱纹，这更使照晒于初夏之太阳光之下的、金光灿烂的水面显得温秀可喜。我没有见过那末美的海！天上也是皎洁无比的蔚蓝色，只有几片薄纱似的轻云，平贴于空中，就如一个女郎，穿了绝美的蓝色夏衣，而颈间却围绕了一段绝细绝轻的白纱巾。我没有见过那么美的天空！我们倚在青色的船栏上，默默地望着这绝美的海天；我们一点杂念也没有，我们是被沉醉了，我们是被带入晶莹的天空中了。

就在这时，我们的小燕子，二只，三只，四只，在海上出现了。它们仍是隽逸的从容的在海面上斜掠着，如在小湖面上一样；海水被它的似剪的尾与翼尖一打，也仍是连漾了好几圈圆晕。小小的燕子，浩莽的大海，飞着飞着，不会觉得倦么？不会遇着暴风疾雨么？我们真替它们担心呢！

小燕子却从容的憩着了。它们展开了双翼，身子一落，落在海面上了，双翼如浮圈似的支持着体重，活是一只乌黑的小水禽，在随波上下的浮着，又安闲，又舒适。海是它们那么安好的家，我们真是想不到。

在故乡，我们还会想象得到我们的小燕子是这样的一个海上英雄么？

海水仍是平贴无波，许多绝小绝小的海鱼，为我们的船所惊动，群向远处窜去；随了它们飞窜着，水面起了一条条的长痕，正如我们当孩子时之用瓦片打水漂在水面所划起的长痕。这小鱼是我们小燕子的粮食么？

小燕子在海面上斜掠着，浮憩着。它们果是我们故乡的小燕子么？

啊，乡愁呀，如轻烟似的乡愁呀！

【思考与练习】

1. 文章开头部分用大量笔墨描写家乡的小燕子，找出你喜欢的句子读一读，感受其中寄寓了作者怎样的情感？

2. 文中哪些地方是写海燕的？试找出精彩段落赏析。

---

① 蹇劣(jiǎn liè)，困厄；境遇不好。出自韦应物的《幽居》：“自当安蹇劣，谁谓薄世荣。”

4 纸　　船

——寄母亲①

冰　心

【阅读提示】

古今中外表达母爱的诗作不胜枚举，这首诗却有着自己的独特之处。诗人以孩子般的纯洁和天真，从儿童的游戏世界中找到了一个可以寄托对母亲无限恋念的“纸船”，并以此展开自己的情思。以一个童心未泯的孩子的口吻写成，通过“叠纸船”这充满童趣的行动，寄托对母亲的思念。儿童的心灵最单纯，儿童的期冀最单一，然而，这单纯的心灵、单一的希冀容括的孩子对母亲的情感，却是最为深厚的。多少年来，千千万万儿童、千千万万母亲为这首小诗所感动，正因为诗中“载着”那无尽的深情。阅读时仔细体会。

我从不肯妄弃一张纸，
总是留着——留着
叠成一只只很小的船儿，
从舟上抛下在海里。

有的被天风吹卷到舟中的窗里，
有的被海浪打湿，沾在船头上。
我仍是不灰心地每天叠着，
总希望有一只能流到我要它到的地方去。

母亲，倘若你梦中看见一只很小的白船儿，
不要惊讶它无端入梦。
这是你至爱的女儿含着泪叠的，
万水千山，求它载着她的爱
和悲哀归去。

1923 年 8 月

① 本诗选自白冰、汤锐主编：《世界儿童文学名著鉴赏大典·诗歌散文寓言卷》，广西人民出版社 1992 年版，第 347 页。

【思考与练习】

1. 第一节中哪些诗句词语表明诗人对母亲思念之深，且由来已久？

2. 第二节诗人写出精心叠成的纸船抛入大海后瞬间发生的种种令人心碎的结果，并写出自己明知没有结果还是不灰心地叠，又在表达情感上有什么作用？

3. 第三节是诗人展开的想象。这一想象有何特点？在诗中起什么作用？

4. 叠纸船原是儿童的一种游戏，诗中的这一行为意味着什么？诗中的纸船又象征着什么呢？

5 最后一课①

［法］都　德

柳鸣九　译

【阅读提示】

本文是法国作家都德创作的一部短篇小说，文章通过阿尔萨斯省的一个小学生小弗朗茨的视角写最后一堂法语课的情形，把一个重大历史事件——普法战争产生的悲剧性后果通过日常生活的一角揭示出来，以小见大，具有强烈的艺术力量和深刻的思想意义。作为一篇小说，本文具有生动的故事情节、典型的人物形象和典型的社会环境。阅读本文，应重点体会哈墨尔先生、小弗朗茨的爱国情感，激发强烈的爱国热情；分析文中的细节描写和环境描写，理解典型环境对于揭示人物性格的帮助作用；学习课文高超的写人技巧，逐步提高记叙文的写作能力。

那天早晨，我很迟才去上学，非常害怕老师训人，特别是因为哈墨尔已经告诉过我们，他今天要考问我们分词那一课，而我，连头一个字也不会。这时，我想起来一个念头，想逃学到野外去玩玩。

天气多么暖和，多么晴朗！

白头鸟在树林的鸣叫声不断传来；锯木厂的后面，黎贝尔草地上，普鲁士军队正在操练。这一切比那分词规则更吸引我；但我毕竟还是努力克服了这个念头，很快朝学校跑去。

经过村政府的时候，我看见一些人围在挂着布告牌的铁栅栏前面。这两年来，那些坏消息，吃败仗啦，抽壮丁啦，征用物资啦，还有普鲁士司令部的命令啦，都是在这儿公布的；我没有停下来，心想：

“又有了什么事啦？”

这时，正当我跑过广场的时候，带着徒弟在那里看布告的铁匠瓦赫特，朝着我喊道：

“小家伙，用不着这么急！你去多晚也不会迟到了。”

我以为他是在讽刺我，于是，气喘喘地跑进哈墨尔先生的小院子。

往常，开始上课的时候，教室里总是一片乱哄哄，街上都听得见。课桌开开关关，大家一起高声诵读，为了专心就得把耳朵捂起来，老师用大戒尺不停地拍着桌子喊道：

“安静一点！”

我本来打算趁这一阵乱糟糟，不被人注意就溜到我的座位上去，但是，恰巧那一天全都安安静静的，像星期天的早晨一样。我从敞开的窗子，看见同学们都整整齐齐坐在各自的位子上；哈墨尔先生夹着那

① 本文选自［法］都德：《名家经典插图本・都德与〈最后一课〉》，柳鸣九译，浙江文艺出版社 2010 年版。

根可怕的铁戒尺走来走去。我非得把门打开在一片肃静中走进去，你想，我是多么难堪，多么害怕！咳，事情可不是那样。哈墨尔先生看见我并没有生气，倒是很温和地对我说：

“快坐到你的位子上去吧！我的小弗朗茨，你再不来，我们就不等你了。”

我跨过条凳，马上在自己的课桌前坐下。刚从惊慌中定下神来，这才注意到我们的老师今天穿着他那件漂亮的绿色长礼服，领口系着折叠得挺精致的大领结，头上戴着刺绣的黑绸小圆帽，这身服装是他在上级来校视察时或学校发奖的日子才穿戴的。此外，整个课堂都充满了一种不平等的、庄严的气氛。但最使我惊奇的，是看见在教室的尽头，平日空着的条凳上，也坐满了村子里的人，他们也像我们一样不声不响，其中有霍瑟老头，戴着他那顶三角帽，有前任村长，有退职邮差，还有其他一些人。他们都愁容满面；霍瑟老头带来一本边缘都磨破了的旧识字课本，摊开在自己的膝头上，他那副大眼镜横放在书上面。

正当我看了这一切感到纳闷的时候，哈墨尔先生走上讲台，用刚才对我说话的那种温和而严肃的声音，对我们说：

“我的孩子们，这是我最后一次给你们上课。从柏林来了命令，今后在阿尔萨斯①和洛林两省的小学里，只许教德文了……新老师明天就到。今天是你们最后一堂法文课，我请你们专心听讲。”

这几句话对我简直就是晴天霹雳。啊！那些混账东西，原来他们在村政府前面公布的就是这件事。

我的最后一堂法文课！

可是我刚刚勉强会写字！从此，我再也学不到法文了！只能到此为止了！……我这时是多么后悔啊，后悔过去浪费了光阴，后悔自己逃了学去掏鸟窝，到沙亚河上去滑冰！我那几本书，法文书，圣徒传，刚才我还觉得背在书包里那么讨厌，显得那么沉，现在就像老朋友一样，叫我舍不得离开。对哈墨尔先生也是这样。一想到他就要离开这儿，从此再也见不到他了，我就忘记了他以前给我的处罚，忘记了他如何用戒尺打我。

这可怜的人生啊！

现在我明白了！原来他是为了上最后一课，才穿上漂亮的节日礼服，而现在我也明白了，为什么村里的老人今天也来坐在教室里，这好像是在告诉我们，他们后悔过去到这小学里来的太少。这也好像是为了向我们老师表示感谢，感谢他四十年来勤勤恳恳为学校服务，也好像是为了对即将离去的祖国表示他们的心意……

我正想着这些事的时候，听见老师叫我的名字。是轮到我背书了。只要我能从头到尾把这些分词的规则大声地、清清楚楚、一字不错地背出来，任何代价我都是肯付的啊！但是刚背头几个字，我就结结巴巴了，我站在座位上左右摇晃，心里难受极了，头也不敢抬。只听见哈墨尔先生对我说：“我不好再责备你了，小弗朗茨。你遭到的惩罚已经够了……事情就是这样。我们每天都对自己说‘算了吧，有的是时间，明天再学也不迟。’但是，你瞧，今天发生了什么事……唉！过去咱们阿尔萨斯发生的不幸，就是把教育推延到明天。现在，那些人就有权利对我们说：‘怎么，你们自称是法国人，而你们既不会读也不会写法文！’在这件事里，我可怜的弗朗茨，罪责最大的倒不是你，我们都应该有责备自己的地方。”

“你们的父母并没有十分坚持让你们好好读书。他们为了多收入几个钱，宁愿把你们送到地里和工厂去。我难道就没有什么该责备自己的？我不是常常叫你们放下学习替我浇灌园子？还有，我要是想去钓鲈鱼，不是随随便便就给你们放了假吗？”

接着，哈墨尔先生谈到了法兰西语言。说法国语言是世界上最美的语言，也是最清楚、最严谨的语

---

① 阿尔萨斯，法国东北部地区名及旧省名，是法国本土上面积最小的行政区域，隔莱茵河与德国相望。它被莱茵河南北分开成两个部分：北部的下莱茵省和南部的上莱茵省。在17世纪以前属于神圣罗马帝国的领土，以说德语的居民为主，后成为哈布斯堡家族统治的领地，三十年战争后根据《威斯特伐利亚和约》割让给法国（首府斯特拉斯堡到路易十四时代才被法国吞并）。当地居民长期不断抵制法国统治者强加于他们的语言与习俗。它和洛林都在普法战争（1870—1871）后割让给普鲁士，一战结束后属法国领土，二战初期重归纳粹德国，至二战结束再次被法国夺回。

言，应该在我们中间保住它，永远不要把它忘了，因为，当一个民族沦为奴隶的时候，只要好好保住了自己的语言，就如同掌握了打开自己牢房的钥匙……随后，他拿起一本语法课本，给我们讲了一课。我真奇怪我怎么会理解得那么清楚，他所讲的内容，我都觉得很好懂，很好懂。我相信，我从来没有这样专心听讲过，而他，也从来没有讲解得这样耐心。简直可以说，这个可怜的人想在他走之前把自己全部的知识都传授给我们，一下子把它们灌输到我们的脑子里去。

讲完了语法，就开始习字。这一天，哈墨尔先生特别为我们准备了崭新的字模，上面用漂亮的花体字写着："法兰西，阿尔萨斯，法兰西，阿尔萨斯。"我们课桌的三脚架上挂着这些字模，就像是许多小国旗在课堂上飘扬。真该好好看看，每个人是多么专心！教室里是多么肃静！除了笔尖在纸上划写的声音外，听不到任何别的声响。这时，有几个金龟子①飞进了教室，但谁也不去注意它们，就连那些最小的学生也不例外，他们专心专意地画他们的横一道竖一道，好像这也是法文……在学校的屋顶上，有一群鸽子在低声咕咕，我一面听着，一面想：

"那些人是不是也要强迫这些鸽子用德国话鸣唱？"

有时，我抬起头来看看，每次都看到哈墨尔先生站在讲台上一动不动，眼睛死死盯着周围的东西，就像要把这个小学校舍都吸进眼光里带走……请想想！四十年来，他就一直待在这个地方，来时面对着这个庭院和一直没有变样的教室。只有那些条凳和课桌因长期使用而变光滑了；还有园子里那棵核桃树也长高了，他亲自栽种的啤酒花②也爬上了窗子碰到了屋檐。这可怜的人听着他的妹妹在楼上房间里来来去去收拾他们的行李，他就要离开眼前的这一切了，这对他来说是多么伤心的事啊！因为他们第二天就要动身，离开本乡，一去不复返了。

不过，他还是鼓起了勇气把这天的课教完。习字之后，是历史课；然后，小班学生练习拼音，全体一起诵唱 Ba，Be，Bi，Bo，Bu。那边，教室的尽头，霍瑟老头戴上了眼镜，两手捧着识字课本，也和小孩子们一起拼字母。看得出他也很用心；他的声音由于激动而颤抖，听起来有一种说不出的味道，叫人又想笑又想哭。唉！我将永远记得这最后的一课……

忽然，教堂的钟敲了十二下。午间祈祷的钟声也响了。这时，普鲁士军队操练回来的军号声在我们的窗前响了起来……哈墨尔先生面色惨白，在讲台上站了起来。他在我眼里，从来没有显得这样高大。

"我的朋友们，"他说，"我的朋友们，我——我——"

他的嗓子被什么东西堵住了，他无法说完他那句话。

于是，他转身对着黑板，拿起一支粉笔，使出全身的力量按着粉笔，用最大的字母写出：

"法兰西万岁！"

写完，他仍站在那里，头靠着墙壁，不说话，向我们做了一个手势：

"课上完了……你们走吧。"

【思考与练习】

1. 小弗朗茨在小说中起到了什么作用？
2. 作者是怎样塑造哈墨尔先生这一人物的？

---

① 金龟子，金龟子属无脊椎动物，昆虫纲，鞘翅目，是一种杂食性害虫。 ② 啤酒花，《本草纲目》上称为蛇麻花，是一种草本蔓性植物，古人取为药材。1079 年，德国人首先在酿制啤酒时添加了酒花，从而使啤酒具有了清爽的苦味和芬芳的香味。从此后，酒花被誉为"啤酒的灵魂"，成为啤酒酿造不可缺少的原料之一。使啤酒具有独特的苦味和香气并有防腐和澄清麦芽汁的能力。

6 大堰河——我的褓姆[1]

艾　青

【阅读提示】

大堰河——我的褓姆是诗人艾青于1933年写就的一首诗歌。当时的诗人因参加“左冀美术家联盟”被国民党逮捕关押在看守所中。据诗人自述写这首诗是在一个早晨一个狭小的看守所窗口，一片茫茫的雪景触发了诗人的灵感，于是激情澎湃地写下了这首诗。特殊的家庭环境和人生经历，促发了诗人内心郁积的情感。正如他自己所言：“他是在被冷落被歧视的环境中成长的。”相比之下他的养母大堰河却给了他温暖的母爱。

作者通过对自己的乳母的回忆和追思，抒发了对大堰河的怀念之情、感激之情和赞美之情。本诗在语言上体现了诗人自由诗体的风格，阅读时仔细体会。

大堰河，是我的褓姆。
她的名字就是生她的村庄的名字，
她是童养媳，
大堰河，是我的褓姆。

我是地主的儿子，
也是吃了大堰河的奶而长大了的
大堰河的儿子。
大堰河以养育我而养育她的家，
而我，是吃了你的奶而被养育了的，
大堰河啊，我的褓姆。

大堰河，今天我看到雪使我想起了你：
你的被雪压着的草盖的坟墓，
你的关闭了的故居檐头的枯死的瓦菲[2]，
你的被典押了的一丈平方的园地，
你的门前的长了青苔的石椅，
大堰河今天我看到雪使我想起了你。

你用你厚大的手掌把我抱在怀里，抚摸我；
在你搭好了灶火之后，
在你拍去了围裙上的炭灰之后，

① 选自艾青：《艾青诗选》，人民文学出版社1997年版，第10—14页。 ② 瓦菲，生长在瓦缝中的野草。

在你尝到饭已煮熟了之后，
在你把乌黑的酱碗放到乌黑的桌子上之后，
在你补好了儿子们的为山腰的荆棘扯破的衣服之后，
在你把小儿被柴刀砍伤了的手包好之后，
在你把夫儿们的衬衣上的虱子一颗颗地掐死之后，
在你拿起了今天的第一颗鸡蛋之后，
你用你厚大的手掌把我抱在怀里，抚摸我。

我是地主的儿子，
在我吃光了你大堰河的奶之后，
我被生我的父母领回到自己的家里。
啊大堰河你为什么要哭？

我做了生我的父母家里的新客了！
我摸着红漆雕花的家具，
我摸着父母的睡床上金色的花纹，
我呆呆地看着檐头的我不认得的“天伦叙乐”的匾，
我摸着新换上的衣服的丝的和贝壳的纽扣，
我看着母亲怀里的不熟识的妹妹，
我坐着油漆过的安了火钵①的炕凳，
我吃着碾了三番的白米的饭，
但，我是这般忸怩不安！因为我
我做了生我的父母家里的新客了。

大堰河，为了生活，
在她流尽了她的乳汁之后，
她就开始用抱过我的两臂劳动了；
她含着笑，洗着我们的衣服，
她含着笑，提着菜篮到村边的结冰的池塘去，
她含着笑，切着冰屑悉索的萝卜，
她含着笑，用手掏着猪吃的麦糟，
她含着笑，扇着炖肉的炉子的火，
她含着笑，背了团箕②到广场上去
　晒好那些大豆和小麦，
大堰河，为了生活，
在她流尽了她的乳液之后，
她就用抱过我的两臂，劳动了。

大堰河，深爱着她的乳儿；

---

① 火钵，用来盛火取暖的瓦盆。 ② 团箕，一种用竹条和柳枝编制而成的器具，用来盛放东西。

在年节里，为了他忙着切那冬米①的糖，
为了他，常悄悄地走到村边的她的家里去，
为了他，走到她的身边叫一声“妈”，
大堰河，把他画的大红大绿的关云长
　贴在灶边的墙上，
大堰河，会对她的邻居夸口赞美她的乳儿；
大堰河，曾做了一个不能对人说的梦；
在梦里，她吃着她的乳儿的婚酒，
坐在辉煌的结彩的堂上，
而他的娇美的媳妇亲切地叫她“婆婆”
……
大堰河，深爱着她的乳儿！

大堰河，在她的梦没有做醒的时候已死了。
她死时，乳儿不在她的旁侧，
她死时，平时打骂她的丈夫也为她流泪，
五个儿子，个个哭得很悲，
她死时，轻轻地呼着她的乳儿的名字，
大堰河，已死了，
她死时，乳儿不在她的旁侧。

大堰河，含泪的去了！
同着四十几年的人世生活的凌侮，
同着数不尽的奴隶的凄苦，
同着四块钱的棺材和几束稻草，
同着几尺长方的埋棺材的土地，
同着一手把的纸钱的灰，
大堰河她含泪的去了。

这是大堰河所不知道的；
她的醉酒的丈夫已死去，
大儿做了土匪，
第二个死在炮火的烟里，
第三，第四，第五
在师傅和地主的叱骂声里过着日子。
而我，我是在写着给予这不公道的世界的咒语。
当我经了长长的漂泊回到故土时，
在山腰里，田野上，
兄弟们碰见时，比六七年前更要亲密！
这，这是为你，静静地睡着的大堰河

① 冬米，糯米，也叫江米。北方称江米，而南方叫糯米，是家常经常食用的粮食之一。

所不知道的啊!

大堰河,今天,你的乳儿是在狱里,
写着一首呈给你的赞美诗,
呈给你黄土下紫色的灵魂,
呈给你拥抱过我的直伸着的手,
呈给你吻过我的唇,
呈给你泥黑的温柔的脸颜,
呈给你养育了我的乳房,
呈给你的儿子们我的兄弟们,
呈给大地上一切的,
我的大堰河般的褓姆和她们的儿子,
呈给爱我如爱她自己的儿子般的大堰河。

大堰河,
我是吃了你的奶而长大了的
你的儿子,
我敬你
爱你!

1933 年 1 月 14 日,雪朝

【思考与练习】

1. 有感情地诵读这首诗,结合有关诗句分析,说说诗人笔下的大堰河有着怎样的形象,并体会诗人对这一形象寄托的思想感情。

2. 这首诗大量使用排比句式,而且在诗中多次出现首尾重复,尝试揣摩其表达效果。

7 别了,“不列颠尼亚”①

周 婷 杨 兴

【阅读提示】

第一次鸦片战争(1840—1842 年)爆发。英国船坚炮利,中国战败。中国战败后在《南京条约》中被迫割让香港岛。新中国成立后,邓小平同志与时任英国首相的撒切尔夫人进行了多次交涉,明确地表达了中国政府将收回香港主权的意愿,同时,这也是国家主权神圣不可侵犯的体现。最终在 1984 年的《中英联合声明》中达成协议,英国于 1997 年 7 月 1 日将香港主权归还中国。

---

① 本文选自冯健、李峰主编:《通讯名作 100 篇下》,新华出版社 2000 年版,第 801—804 页。

1997 年 7 月 1 日零点，中华人民共和国国旗和香港特别行政区区旗在香港升起，经历了百年沧桑的香港终于回到祖国的怀抱，香港的回归，是一个让所有中华儿女潸然泪下的时刻；香港的回归，是一个令所有华夏子孙喜笑颜开的瞬间。中国政府恢复对香港行使主权，这是中华民族的大事，也是世界历史上的一件大事。

在香港飘扬了一百五十多年的英国米字旗最后一次在这里降落后，接载查尔斯王子和离任港督彭定康回国的英国皇家游轮“不列颠尼亚”号驶离维多利亚港湾——这是英国撤离香港的最后时刻。

英国的告别仪式是 30 日下午在港岛半山上的港督府拉开序幕的。在蒙蒙细雨中，末任港督告别了这个曾居住了二十五任港督的庭院。

4 点 30 分，面色凝重的彭定康注视着港督旗帜在《日落余音》的号角声中降下旗杆。根据传统，每一位港督离任时，都举行降旗仪式。但这一次不同：永远都不会再有港督旗帜从这里升起了。4 时 40 分，代表英国女王统治了香港五年的彭定康登上带有皇家标记的黑色“劳斯莱斯”，最后一次离开了港督府。

掩映在绿树丛中的港督府于 1855 年建成，在以后的近一个半世纪中①，包括彭定康在内的许多港督曾对其进行过大规模改建、扩建和装修。随着末代港督的离去，这座古典风格的白色建筑成为历史的陈迹。

晚 6 时 15 分，象征英国管治结束的告别仪式在距离驻港英军总部不远的添马舰军营东面举行。停泊在港湾中的皇家游轮“不列颠尼亚”号和邻近大厦上悬挂的巨幅紫荆花图案，恰好构成这个“日落仪式”的背景。

此时，雨越下越大。查尔斯王子在雨中宣读英国女王赠言说：“英国国旗就要降下，中国国旗将飘扬于香港上空。一百五十多年的英国管治即将告终。”

7 点 45 分，广场上灯火渐暗，开始了当天港岛上的第二次降旗仪式。一百五十六年前，一个叫爱德华·贝尔彻的英国舰长带领士兵占领了港岛，在这里升起了英国国旗；今天，另一名英国海军士兵在“威尔士亲王”军营旁的这个地方降下了米字旗。

当然，最为世人瞩目的是子夜时分中英香港交接仪式上的易帜。在 1997 年 6 月 30 日的最后一分钟，米字旗在香港最后一次降下，英国对香港长达一个半世纪的统治宣告终结。

在新的一天来临的第一分钟，五星红旗伴着《义勇军进行曲》冉冉升起，中国从此恢复对香港行使主权。与此同时，五星红旗在英军添马舰营区升起，两分钟前，“威尔士亲王”军营移交给中国人民解放军，解放军开始接管香港防务。

零点 40 分，刚刚参加了交接仪式的查尔斯王子和第 28 任港督彭定康登上“不列颠尼亚”号的甲板。在英国军舰“漆咸”号及悬挂中国国旗和香港特别行政区区旗的香港水警汽艇护卫下，将于 1997 年年底退役的“不列颠尼亚”号很快消失在南海的夜幕中。

从 1841 年 1 月 26 日英国远征军第一次将米字旗插上海岛，至 1997 年 7 月 1 日五星红旗在香港升起，一共过去了一百五十六年五个月零四天。大英帝国从海上来，又从海上去。

新华社香港 1997 年 7 月 1 日电

【思考与练习】

1. 联系上下文，揣摩下列句子表达的思想内涵。

---

① 原文是 1885 年，经校查，原港督府于 1855 年建成。

(1) 停泊在港湾中的皇家游轮“不列颠尼亚”号和邻近大厦上悬挂的巨幅紫荆花图案，恰好构成这个“日落仪式”的背景。

(2) 大英帝国从海上来，又从海上去。

2. 搜集有关香港历史的资料，谈谈香港回归对中华民族的重大意义。

第二单元

理想追求

在生命的顶端，高耸矗立着的是人生的理想，它犹如灯塔，照亮着我们前行的道路。执着地追求理想，才不失人生的意义。即使失败了，也为生命创造永不褪色的痕迹。

翻开历史的篇章，回眸远眺人类的历史长河，不难发现那些为人生崇高理想而奋斗不息的斗士。万卡在给爷爷的信中极力阐述个人小小的理想，远离“牢笼”，只为追求自由；耳熟能详的夸父逐日的故事；“雨巷”中结着愁怨的姑娘，等等。追求理想，是为了点缀人生。

然而，追求理想的道路注定是一条漫漫长路，是一条充满寂寞、充满荆棘的路。这条路上一定会有眼泪，有汗水，有痛苦，有煎熬；但是也一定会有坚强，有收获。不经攀缘，怎能触摸到伟岸的险峰？不涉深水，怎能知晓大海的胸怀？只要我们有坚持不懈的信念，即使再高的山、再深的海也能征服。那些生命里的英雄，他们有着钢铁般的顽强意志，有着悲天悯人的博爱情怀，他们将注定载入史册、千古流芳。

路漫漫其修远兮，吾将上下而求索。人生何其短暂，就让我们鼓起理想的风帆，在崇高理想的追求中，书写自己人生的诗行。

1 诗歌四首

【阅读提示】

对和平的强烈渴望，只有经历过战争的人才会刻骨铭心，这是一种对理想愿望的不懈追求。《从军行》为我们描绘了穿着金甲满怀报国壮志“不破楼兰终不还”的将士，在大漠风沙的磨炼中变得更加坚定的悲壮故事。《浪淘沙（其八）》告诉我们淘沙虽然很辛苦，但就是这样的辛苦付出才会收获黄金。“千淘万漉虽辛苦，吹尽狂沙始到金”永远激励着每一个有志之士！《竹石》告诉我们要像竹子一样扎根破岩中，任凭狂风猛刮，受多大的折磨击打，仍然坚韧强劲。作者在赞美竹子的这种坚韧顽强精神中，还表达了自己不怕任何打击的硬骨头精神。毛泽东既是一位伟大的政治家，又是一位有着鲜明个性和独特风格的诗人，在他的诗中，那些风华正茂、有着书生意气的同学少年，正是我们学习的榜样。阅读时认真体会。

从军行①

〔唐〕王昌龄

青海②长云暗雪山③，孤城遥望玉门关。
黄沙百战穿④金甲⑤，不破楼兰⑥终不还。

浪淘沙⑦（其八）

〔唐〕刘禹锡

莫道谗言如浪深，莫言迁客⑧似沙沉。
千淘万漉虽辛苦，吹尽狂沙始到金⑨。

竹　石⑩

〔清〕郑　燮

咬定⑪青山不放松，立根⑫原在破岩⑬中。
千磨⑭万击还坚劲⑮，任尔⑯东西南北风。

---

① 从军行，乐府旧题，内容多写军队战争之事。是叙述军旅战争的歌辞。行，古诗中的一种体裁。 ② 青海，指青海湖。 ③ 雪山，这里指甘肃省的祁连山。 ④ 穿，磨破。 ⑤ 金甲，战衣，金属制的铠甲。 ⑥ 楼兰，汉代西域国名，这里泛指当时骚扰西北边疆的敌人。 ⑦ 浪淘沙，唐代教坊曲名，也做词牌名。刘禹锡有《浪淘沙九首》，本篇是第八首。 ⑧ 迁客，指谪降外调的官。 ⑨ 千淘万漉虽辛苦，吹尽狂沙始到金：比喻清白正直的人虽然一时被小人陷害，历尽辛苦之后，他的价值还是会被发现的。淘、漉，过滤。 ⑩ 竹石，这是作者所作《竹石图》的题画诗。 ⑪ 咬定，比喻根扎得结实，像咬着不松口一样。 ⑫ 立根，扎根、生根。 ⑬ 破岩，破裂的岩石缝隙。 ⑭ 磨，折磨、挫折。 ⑮ 坚劲，坚韧、刚劲。 ⑯ 尔，那、你。

沁园春·长沙[①]

毛泽东

独立寒秋，湘江北去，橘子洲[②]头。看万山红遍，层林尽染[③]；漫江[④]碧透，百舸[⑤]争流。鹰击长空，鱼翔[⑥]浅底，万类霜天竞自由。怅[⑦]寥廓，问苍茫[⑧]大地，谁主[⑨]沉浮？

携来百侣[⑩]曾游，忆往昔峥嵘岁月稠[⑪]。恰同学少年，风华正茂[⑫]；书生意气，挥斥方遒[⑬]。指点江山，激扬文字[⑭]，粪土当年万户侯[⑮]。曾记否，到中流[⑯]击水[⑰]，浪遏[⑱]飞舟？

【思考与练习】

1. 分别阐述四首诗表达了诗人们怎么的思想情怀？
2. 把握情感和节奏，有感情地背诵这四首诗(词)。

2 海燕之歌[⑲]

［苏联］高尔基

戈宝权 译

【阅读提示】

高尔基的《海燕之歌》是无产阶级文学的开山之作。它有如春天的旋律，时代的前奏曲，革命的宣言书。这是一首散文诗，兼有散文和诗的特点。它通过对暴风雨到来之前的大海景象的描绘和对海燕战斗英姿的刻画，深刻反映了1905年俄国革命前急剧发展的革命形势，热情洋溢地歌颂了俄国无产阶级革命先驱者坚强无畏的战斗精神，预言沙皇的黑暗统治必将崩溃，号召广大劳动人民积极行动起来，迎接伟大的革命斗争。同时，本文借助比喻、拟人、对比等艺术手段，表现出诗的音乐美和绘画美，文笔粗犷、气势磅礴、色彩厚重、情感激越，给人以很强的艺术感染力。

在苍茫的大海上，狂风卷集着乌云。在乌云和大海之间，海燕像黑色的闪电，在高傲地飞翔。

一会儿翅膀碰着波浪，一会儿箭一般地直冲向乌云，它叫喊着，——就在这鸟儿勇敢的叫喊声里，乌云听出了欢乐。

---

① 本诗选自《毛泽东诗词集》，中央文献出版社1996年版。 ② 橘子洲，处于长沙西面的湘江中。 ③ 层林尽染，山上的树林被霜冻红，像染过的一样。 ④ 漫江，满江。 ⑤ 百舸，很多船只。舸，大船。 ⑥ 鱼翔，形容鱼在水里游得轻快自由。“鹰击长空，鱼翔浅底”的意思是说鹰在广阔的天空中任意飞翔，鱼在清澈的水里四处游动。 ⑦ 怅，原意是指失意，这里用来表达由深思而引发激昂慷慨的心绪。 ⑧ 苍茫，辽阔迷茫。 ⑨ 主，主宰之意。 ⑩ 百侣，很多伴侣之意。 ⑪ 峥嵘岁月稠，很多不平凡的日子。稠，很多。 ⑫ 风华正茂，风采才华正盛。 ⑬ 书生意气，挥斥方遒：同学们义气奔放，正强劲有力。挥斥，奔放。 ⑭ 指点江山，激扬文字：评论国家大事，写出激浊扬清的文章。指点，评论。 ⑮ 粪土当年万户侯：把当时的军阀看作粪土一样。粪土，作动词用，视……如粪土。 ⑯ 中流，江心水深流急的地方。 ⑰ 击水，游泳。 ⑱ 遏，阻止。 ⑲ 本文选自白冰、汤锐主编：《世界儿童文学名著鉴赏大典·诗歌散文寓言卷》，广西人民出版社1992年版，第410页。

在这叫喊声里——充满着对暴风雨的渴望！在这叫喊声里，乌云听出了愤怒的力量、热情的火焰和胜利的信心。

海鸥在暴风雨来临之前呻吟着，——呻吟着，它们在大海上飞窜，想把自己对暴风雨的恐惧，掩藏到大海深处。

海鸭也在呻吟着，——它们这些海鸭啊，享受不了生活的战斗的欢乐：轰隆隆的雷声就把它们吓坏了。

蠢笨的企鹅，胆怯地把肥胖的身体躲藏到悬崖底下……只有那高傲的海燕，勇敢地，自由自在地，在泛起白沫的大海上飞翔！

乌云越来越暗，越来越低，向海面直压下来，而波浪一边歌唱，一边冲向高空，去迎接那雷声。雷声轰响。波浪在愤怒的飞沫中呼叫，跟狂风争鸣。看吧，狂风紧紧抱起一层层巨浪，恶狠狠地把它们甩到悬崖上，把这些大块的翡翠摔成尘雾和碎末。

海燕叫喊着，飞翔着，像黑色的闪电，箭一般地穿过乌云，翅膀掠起波浪的飞沫。

看吧，它飞舞着，像个精灵，——高傲的、黑色的暴风雨的精灵，——它在大笑，它又在号叫……它笑那些乌云，它因为欢乐而号叫！这个敏感的精灵，——它从雷声的震怒里，早就听出了困乏，它深信，乌云遮不住太阳，——是的，遮不住的！狂风吼叫，雷声轰隆……

一堆堆乌云，像青色的火焰，在无底的大海上燃烧。大海抓住闪电的箭光，把它们熄灭在自己的深渊里。这些闪电的影子，活像一条条火蛇，在大海里蜿蜒游动，一晃就消失了。

“暴风雨！暴风雨就要来啦！”

这是勇敢的海燕，在怒吼的大海上，在闪电中间，高傲地飞翔；这是胜利的预言家在叫喊：

“让暴风雨来得更猛烈些吧！……”

【思考与练习】

1. 象征手法的运用是本文的写作特色，试说说“暴风雨”“大海”“海鸥”“海鸭”“企鹅”的象征意义。
2. 谈谈你对文章结尾“让暴风雨来得更猛烈些吧！”的理解。

3 夸父逐日[①]

【阅读提示】

神话主要指关于神仙或古代英雄的故事，是古代人民对自然现象和文化的解释与想象的故事，是一种原始的幻想性很强的、不自觉的艺术创造。“夸父逐日”是中国上古神话的典型代表，是中国最早的著名神话之一。在灿若星河的中国文化天空中，它是最耀眼的一颗。夸父逐日的故事告诉我们：“只有重视时间和太阳竞走的人，才能走得快；越是走得快的人，才越感到腹中空虚，这样才能需要并接收更多的‘水’；也只有获得更多的水，才能和时间竞走，才能不致落后于时间。”

---

① 夸父神话故事主要见于《山海经·海外北经》。《列子·汤问》在手杖化桃林的细节上稍有不同，说夸父“弃其杖，尸膏肉所浸，生邓林”。关于邓林，据清人毕沅考证，邓、桃音近，邓林即《山海经·中次六经》所说“夸父之山，……北有……桃林”的桃林。此夸父之山，郝懿行说一名秦山，与太华相连，在今河南灵宝县。后代以“夸父”名山的还有一些地方，其中也多有与夸父追日相联系的传说。

夸父与日逐走①，入日②；渴，欲得③饮，饮于④河、渭⑤；河、渭不足⑥，北⑦饮大泽⑧。未至⑨，道渴而死。弃其杖，化为邓林⑩。

【思考与练习】

1. 如何理解“弃其杖，化为邓林”的结尾？
2. 从这个故事中，你看到了夸父哪些优秀品质？

4 雨 巷⑪

戴望舒

【阅读提示】

《雨巷》是戴望舒的成名作，诗中的雨巷、独行者、结着愁怨的姑娘都是象征性的意象。诗中物象有着凄冷清幽的共同品性，就连环境中出现的人也是忧愁、哀怨、彷徨、默默彳亍、冷漠惆怅、凄婉迷茫。物镜与心境互相渗透，情即景，景即情，情景交融。诗歌采用象征派的形式与古典派的内容相结合，形成了婉约朦胧的艺术风范，含蓄地暗示出作者既迷惘感伤又有期待的情怀，并给人一种朦胧而又幽深的美感。阅读时仔细体会。

撑着油纸伞，独自
彷徨在悠长，悠长
又寂寥的雨巷，
我希望逢着
一个丁香一样地
结着愁怨的姑娘。

她是有
丁香一样的颜色，
丁香一样的芬芳，
丁香一样的忧愁，
在雨中哀怨，
哀怨又彷徨；

她彷徨在这寂寥的雨巷，
撑着油纸伞

---

① 逐走，竞跑、赛跑。 ② 入日，追赶到太阳落下的地方。 ③ 得，得到。 ④ 于，在。 ⑤ 河、渭，即黄河、渭水。 ⑥ 不足，不够。 ⑦ 北，方位名词作状语，向北。 ⑧ 大泽，大湖。传说其大，横纵千里，在雁门山北。 ⑨ 至，到。 ⑩ 邓林，即桃林。 ⑪ 本诗选自《聆听雨巷——戴望舒精选集》，崇文书局 2013 年版，第 20—21 页。

像我一样，
像我一样地
默默彳亍①着
冷漠、凄清，又惆怅。

她默默地走近，
走近，又投出
太息②一般的眼光，
她飘过
像梦一般地，
像梦一般地凄婉迷茫。

像梦中飘过
一枝丁香地，
我身旁飘过这女郎；
她默默地远了，远了，
到了颓圮③的篱墙，
走尽这雨巷。

在雨的哀曲里，
消了她的颜色，
散了她的芬芳，
消散了，甚至她的
太息般的眼光，
她丁香般的惆怅。

撑着油纸伞，独自
彷徨在悠长，悠长
又寂寥的雨巷，
我希望飘过
一个丁香一样地
结着愁怨的姑娘。

【思考与练习】

1. 尝试给本诗划分节奏，反复朗诵，并背诵这首诗。

2.《雨巷》是一首委婉含蓄的诗。人们对诗中的“姑娘”有不同的理解，有人认为“姑娘”就是“我”，有人认为“姑娘”是“我”心中的理想，还有人认为“姑娘”就是“姑娘”，没有其他的意思。你有什么看法？

---

① 彳亍(chì chù)，走走停停的样子。 ② 太息，叹息。 ③ 颓圮，坍塌，破败。

5 万　卡[1]

［俄］契诃夫
汝　龙　译

【阅读提示】

19世纪80年代沙皇统治下的俄国大城市中的童工生活是历史时期的一个片段，贫穷、庸俗、屈辱的生活环境是他们人生的悲哀。为人奴仆，挨打、受饿、被取笑、闷得没法说……受尽了折磨。一个正常的孩子有的一切他们都没有，过着"连狗都不如"的日子。作者以朴实、凝练的语言描绘了一幅黯淡、沉重、令人心酸的画面。于是，他们渴望自由：愿意以给人擦皮鞋或做牧童来换取自由。那些像万卡一样的千千万万个苦孩子的命运不是一封哭诉和恳求的信可以改变的。小说的格调是低沉顿挫的。万卡写信时的神态描写逼真地透露了一个九岁的孩子身心难以承受之重。那些过去的美好时光，乡下过圣诞节的欢乐情景都成了幻想。作者成功塑造了一个身世不幸、处境悲惨、心情忧郁的小男孩形象。阅读时仔细体会。

万卡·茹科夫，九岁的男孩，三个月前被送到鞋匠阿里亚兴这儿来当学徒，圣诞节前夜没有上床睡觉。他等到老板、老板娘、几位师傅出去做晨祷以后，就从老板的立柜里拿出一小瓶墨水和一支安着锈笔尖的钢笔，然后在自己面前铺平一张揉皱的白纸，写起来。

他在写下第一个字以前，好几次战战兢兢地回头看看门口和窗户，还斜眼看了一下那个乌黑的神像和神像两边摆着鞋楦头的架子，颤颤巍巍地叹了一口气，那张纸铺在一张凳子上，他自己就趴在凳子前头。

"亲爱的爷爷康斯坦丁·马卡雷奇！"他写道，"我在给你写信。祝您过一个快乐的圣诞节，求上帝保佑您万事如意。我没爹没娘，只剩下您一个是我的亲人了。"

万卡朝黑暗的窗子看看，玻璃窗上映出他的蜡烛的影子；他生动地想起他祖父康斯坦丁·马卡雷奇的模样——他是席瓦列夫老爷家里的守夜人。那是个瘦小的、然而非常矫健灵活的小老头，年纪约莫六十五岁，老是带着笑脸，眨着醉眼。白天，他在仆人的厨房里睡觉，或者跟厨娘取笑。到晚上，他就穿上肥大的羊皮袄在庄园走来走去，不停地敲着梆子。他身后跟着两条耷拉着脑袋的狗，一条是老母狗卡希唐卡，另一条是公狗泥鳅。给这条狗取这个名字，是因为它的毛是黑的，身子又长，像是一条黄鼠狼。这条泥鳅谦恭温顺，无论自家人也好，还是陌生人，一律用深情的眼光瞧着，不过它是靠不住的。在它的恭敬里面隐藏着阴险和邪恶。随便哪条狗也不及它那么善于抓住机会溜到人的背后，在人的腿肚子上咬一口，或者钻进冰窖，或者偷庄稼人的母鸡。人们不止一次打坏它的后腿，有两回甚至把它吊起来，每个星期都把它打得半死，可是它总是养好伤，活下来了。

此时此刻，祖父一定站在大门口，眯着眼瞧乡村教堂的通红的窗子，跺着他那穿着高统毡靴的脚，跟仆人们开玩笑呢。他的梆子挂在腰带上。他冻得拍手，耸动肩膀，时而在女仆身上捏一把，时而在厨娘身上捏一把，发出苍老的笑声。

① 本文选自［俄］契诃夫：《契诃夫短篇小说选》，童道明等译，上海三联书店2009年版，第101—105页。

"吸点鼻烟,好不?"他拿起鼻烟盒送到女人鼻子底下说。

那些女人吸了点鼻烟,打起喷嚏来。祖父乐得什么似的,发出一阵快活的笑声,叫道:

"快擦掉,冻在鼻子上了!"

他也给狗闻鼻烟。卡希唐卡打个喷嚏,皱一皱鼻子,委屈地走开了。泥鳅为了表示礼貌,没打喷嚏,只摇了摇尾巴。天气真好。一丝风也没有,空气清新,爽朗。夜色很黑,可是整个村子和那些白房顶、烟囱里冒出来的一缕缕炊烟、霜白的树木、雪堆全都看得见。整个天空布满快活地眨着眼睛的繁星;天河很清楚的现出来,看上去仿佛人们为了过节拿雪把它们洗过,擦过似的……

万卡叹了口气,拿钢笔在墨水里蘸一蘸,接着写下去:

"昨天我挨了一顿打。老板揪着我的头发,把我拖到院子里,拿皮带抽了我一顿,因为我摇他们那个睡在摇篮里的小娃娃,一不小心睡着了。上个星期有一天,老板娘叫我把一条鲱鱼收拾干净,我就从尾巴上弄起;她就捞起那条鲱鱼,拿鱼头直戳到我的脸上来。其他的学徒们取笑我,打发我去酒店打酒,怂恿我偷老板的黄瓜;可是老板随手捞到什么就用什么打我。吃食呢,简直没有。早晨他们给我吃面包,午饭是稀粥,晚上又是面包,至于茶啦、白菜汤啦,只有老板他们才大喝特喝。他们叫我睡在过道里,他们的小娃娃一哭,我就别想睡觉,尽摇那个摇篮。亲爱的爷爷,发发上帝那样的慈悲,带我离开这儿回家去,回到我们村子里去吧;我再也受不了了……我给您叩头了,我会永远为你向上帝祷告,带我离开这儿吧,不然我就要死了……"

万卡嘴角撇下来,举起黑拳头揉眼睛,抽抽搭搭地哭了。

"我会替您搓烟草,"他接着写下去,"我会为您向上帝祷告;要是我做错了事,那就狠狠地打我好了。要是您认为我没活儿做,我可以去求总管看在上帝的面上让我给他擦皮鞋,或者替菲德卡去做牧童。亲爱的爷爷,我再也受不了啦,只有死路一条了。我原想跑回我们的村子去,可是我没有靴子,我怕冷。等我长大,我会报这个恩,养活您,不让人欺侮您;等您去世,我一定要祷告,求上帝让您的灵魂安息,就跟为我妈彼拉盖雅祷告一样。

"莫斯科是个大城。房子都是老爷的;马很多,羊却没有,狗也不凶。这里的孩子不拿着星星走来走去①,唱诗班也不能随便去唱歌。有一回我看见一个店铺子里橱窗上摆着不少已经安好钓丝的鱼钩卖,可以钓各种各样的鱼,个个都好,有个鱼钩还可以钓一普特重的大鲶鱼呐。我还看到好几家卖各种各样枪的店子,跟我们老爷家的枪一模一样,要卖一百个卢布吧……肉店里有山鸡、松鸡、野兔,这些东西是从哪儿打来的,店里的伙计却不说。

"亲爱的爷爷,等到老爷家有挂满小礼物的圣诞树的时候,给我摘一颗金色的胡桃,放到我的绿色的小盒子里。您向奥莉加·伊格纳季耶芙娜要,说是给万卡的。"

万卡嗓音发颤地叹一口气,又凝神瞧着窗子。他想起爷爷总是到树林里去给老爷砍枞树,每次都是带上孙子。那是多么美好的时刻!爷爷格格地笑,冰雪世界也格格地笑,万卡瞧着他们自己也格格地笑。经常是这样:爷爷在砍树之前,要抽好一袋烟,再闻一通烟,尔后还要嘲弄一下冻得发僵的小孙子……身裹重霜的一棵棵小枞树亭亭玉立,它们期待着它们之中总有一个要死去。冷不防,一只兔子从什么地方跑出来,沿着雪堆箭一般地窜过去……爷爷忍不住叫道:

"逮住它,逮住它……逮住它!嘿,短尾巴鬼!"

爷爷把砍倒的小枞树拖回老爷家。大家动手整理枞树……奥莉加·伊格纳季耶芙娜,万卡的好朋友,干得最起劲。万卡的母亲彼拉盖雅在世时也在老爷家作女仆,奥莉加·伊格纳季耶芙娜常给他糖果吃,遇到没事可做的时候,还教他读书写字和算数,从一数到一百,甚至教他跳舞。彼拉盖雅去世以后,孤儿万卡送到仆人的厨房里跟祖父在一起,后来又从厨房送到莫斯科的鞋匠阿里亚兴这儿来了……

"来吧,亲爱的爷爷,"万卡接着写下去,"求您看在上帝的面子上,把我从这里领回家去吧。可怜可

---

① 走来走去,基督教习俗,圣诞节前夜小孩举着箔纸糊的星星走来走去。

怜我这个没有父母亲的苦命的孩子。我在这里，谁都打我，我饿得要命。好想念你们，没法说，只能哭。前几天，老板拿鞋楦子打我的脑袋，我倒在地上，好不容易才活过来。我在这儿没法活，日子比狗都不如……替我向阿寥娜、独眼龙叶果卡尔、马车夫问好；别把我的手风琴给了别人。你的孙子伊万·茹科夫上。亲爱的爷爷，来吧。”

万卡把写好的信叠成四折，放进昨天晚上花了一戈比买的信封……他随后想了想，拿起钢笔，蘸了蘸墨水，写上地址：

寄交乡下祖父收

然后，他挠挠脑袋，又想了想，添上几个字：

康斯坦丁·马卡雷奇

他想到他写信居然没人来打搅，觉得很痛快，就戴上帽子，顾不得披羊皮袄，只穿一件衬衫，跑到大街上去了……

昨天晚上，他问了肉店的伙计，伙计告诉他说信都应该丢到邮筒里，再由醉醺醺的车夫驾驶的邮车装上信，响着铃铛，送往世界各地。万卡跑到就近的一个邮筒，把那封宝贵的信塞进了筒口……

过一个钟头，因为有了美好的希望，他睡熟了……在梦中他看见一个炉灶。炉台上坐着祖父，垂着一双赤脚，对厨娘们念信……泥鳅摇着尾巴，围绕着炉子走来走去……

【思考与练习】

1. 小说结尾写万卡寄信后陶醉于甜蜜的幻想进入梦乡，这样安排有什么用意？请结合全文，谈谈你的看法。

2. 结合课文分析万卡人物形象，并归纳本文的中心思想。

第三单元

往 事 追 忆

逝者如斯，不可追回。但我们却可以在逝去的时光中看到曾经的足迹，这是对生命流逝的一次回眸与确认。我们与过去就像隔了一片汪洋，总想让时光倒流，美好重现。追忆的目的是为了审视过去，启迪未来。过去的也可以改变它，不要以为这是不可企及的童话，每天穿梭在高楼大厦中面无表情的我们，是否整颗心灵也变得坚硬而冰冷？也许我们需要的，并不是回到过去，只是改变一下生活的态度。我们也可以像孩子一样让想象的世界里开满花朵。

叱咤风云的伟人、惊天动地的伟业固能打动人心，但日常生活中那些美好的东西不也能触动我们的心灵吗？一个生动的场景（《小站歌声》），一个善意的微笑，一个细微的动作（《父亲》），一句真情的话语……都能撩拨我们的心弦。

本单元的文章，皆是追忆过往，启迪未来之作。在这些追忆中，不仅可以看到作者笔端流淌出来的深厚情感，更能让人感受到字里行间蕴含的对生活、对生命的无限热情和期盼，敢于直面人生，战胜困难。

1 古诗三首

【阅读提示】

《宿新市徐公店》展现了一幅乡村的美好画面，写出了童真童趣，这是一首描写暮春农村景色的诗歌，描绘了一幅春意盎然的景象。《舟过安仁》是一首由南宋诗人杨万里作的诗，这首诗语言浅白如话，充满情趣，展示了无忧无虑的两个小渔童充满童稚的行为和行为中透出的只有孩童才有的奇思妙想。《四时田园杂兴(其一)》描写农村夏日生活中的一个场景。写孩子们从小耳濡目染，喜爱劳动，于是"也傍桑阴学种瓜"。这是农村中常见的现象，却颇有特色，诗的结束句表现了农村儿童的天真情趣。诗人用清新的笔调，对农村初夏时的紧张劳动气氛，作了较为细腻的描写，读来意趣横生。

宿新市徐公店①

〔南宋〕杨万里

篱落疏疏②一径③深，树头花落④未成阴⑤。
儿童急走⑥追黄蝶⑦，飞入菜花无处寻。

舟过安仁⑧

〔南宋〕杨万里

一叶渔船两小童，收篙⑨停棹⑩坐船中。
怪生⑪无雨都张伞，不是遮头是使风⑫。

四时田园杂兴⑬(其一)

〔南宋〕范成大

昼出耘田⑭夜绩麻⑮，村庄儿女各当家⑯。
童孙未解⑰供⑱耕织，也傍⑲桑阴学种瓜。

---

① 新市，地名。今浙江省湖州市德清县新市镇。新市又为宋代酿酒中心，政府在新市设酒税官，由朱熹之子朱埜担任。徐公店，姓徐的人家开的酒店名。这首诗就是杨万里迷恋新市西河口林立的酒，痛饮大醉，留住新市徐公店所作。(公：古代对男子的尊称)。 ② 疏疏，稀稀疏疏。 ③ 径，小路。 ④ 花落，新绿。 ⑤ 阴，树叶茂盛浓密。 ⑥ 急走，奔跑；走，跑。 ⑦ 黄蝶，黄色的蝴蝶。 ⑧ 安仁，县名。诗中指江西省余江县，1914年因与湖南省安仁县同名而易名。 ⑨ 篙，撑船用的竹竿或木杆。 ⑩ 棹，船桨。 ⑪ 怪生，怪不得。 ⑫ 使风，诗中指两个小孩用伞当帆，让风来帮忙，促使船向前行驶。 ⑬ 杂兴，各种兴致。 ⑭ 耘田，除去田里的杂草。 ⑮ 绩麻，把麻搓成线。 ⑯ 各当家，各人都担任一定的工作。 ⑰ 未解，不懂。 ⑱ 供，从事。 ⑲ 傍，靠近。

【思考与练习】

1. 请分析三首诗各描绘了怎样的童真趣图？作为未来的幼儿教师，应该怎样引导儿童去欣赏这类诗？

2.《四时田园杂兴（其一）》一诗的语言有何特点？

2 小白船[①]

叶圣陶

【阅读提示】

“一个美丽的人生，一个儿童的天真的国土”（郑振铎）可以概括为《小白船》这篇童话向读者展示的最初印象。它非常纯洁美丽，像透明的玻璃彩球。作品开篇对景物生动、形象的描写，给读者在视觉上形成了强大的冲刷力，感受着美景的同时展开对文章的阅读，接着用孩子们天真明亮的眼睛去看世界，用浪漫主义的手法和轻灵的笔描写了孩子们可爱的笑颜和内心最真实的思想，率真直接的对话，天真烂漫的人物性格，如诗如画般的景色。营造了一个充满幻想色彩和诗情画意的童话境界，展现了作者“至善、至美、至诚”的童话创作追求。通过描写大自然的优美和孩子们之间诚挚的感情，激起孩子们对生活的憧憬与热爱。作品虽然有一条明晰的故事线索，但并没有刻意追求故事情节的发展，而是以散文式的笔调娓娓道来。同时，作品注重语言色彩，优美韵致，感染力强，阅读时仔细体会。

一条小溪是各种可爱的东西的家。小红花站在那儿，只顾微笑，有时还跳起好看的舞来。绿色的草上缀着露珠，好像仙人的衣服上的珍珠，照得人眼花。水面上铺着青色的萍叶，矗起一朵朵黄色的萍花，好像热带地方的睡莲——可以说是小人国里的睡莲。

小鱼儿成群地来来往往，细得像绣花针，只有两颗大眼珠闪闪发光。青蛙老瞪着眼睛，不知守在那儿干什么，也许在等待他的好朋友。

水面上有极轻微的声音，是鱼儿在奏乐，他们会用他们的特别的方法，奏出奇妙的音乐来：“泼剌[②]……泼剌……”好听极了。他们邀小红花跟他们一起跳舞；绿萍要炫耀自己的美丽的衣服，也跟了上来。小人国里的睡莲高兴得轻轻地抖动，青蛙看呆了，不知不觉随口唱起歌儿来。

小溪上的一切东西更加有趣更加可爱了。

小溪的右岸停着一条小小的船。这是一条很可爱的小船，船身是白的，它的舵和桨，它的帆，也都是白的；形状像一支梭子，又窄又长。胖子是不配乘这条船的。胖子一跨上船，船身一歪，就掉进水里去了。老人也不配乘这条船。老人脸色黝黑，额角上布满了皱纹，坐在小船上，被美丽的白色一衬托，老人会羞得没处躲藏了。这条小船只配给活泼美丽的小孩儿乘。

真的有两个孩子向溪边走来了。一个是男孩儿，穿着白色的衣服，脸色红得像个苹果；一个是女孩儿，穿着很淡的天蓝色的衣服，脸色也很红润，而且更加细嫩。他们俩手牵着手，用轻快的步子穿

---

① 本文选自白冰、汤锐主编：《世界儿童文学名著鉴赏大典·童话卷》，广西人民出版社 1992 年版，第 926 页。

② 泼剌（pō là），象声词，形容鱼在水里跳跃的声音。

过了小树林，来到小溪边上，跨上了小白船。小白船稳稳地载着他们两个，好像略微摆了两下，有点儿骄傲。

男孩儿说："咱们在这儿坐一会儿吧。"

"好，咱们看看小鱼儿。"女孩儿靠船舷回答。

小鱼儿依旧奏他们的音乐，青蛙依旧唱他的歌。男孩儿摘了一朵萍花，插在女孩儿的辫子上。他看着笑了起来，说："你真像个新娘子了。"

女孩儿好像没听见，她拉了拉男孩儿的衣袖，说："咱们来唱《鱼儿歌》，咱们一同唱。"

他们唱起歌儿来：

鱼儿来，鱼儿来，
我们没有网，我们没有钩儿。
我们唱好听的歌，
愿意跟你们一块玩儿。
鱼儿来，鱼儿来，
我们没有网，我们没有钩儿。
我们采好看的花，
愿意跟你们一块玩儿。
鱼儿来，鱼儿来，
我们没有网，我们没有钩儿。
我们有快乐的一切，
愿意跟你们一块玩儿。

歌还没唱完，刮起大风来了，小溪两岸的花和草，跳舞的拍子越来越快了，水面上也起了波纹。男孩儿张起帆来，要乘风航行。女孩儿掌着舵，手按在舵把上，像个老船工。只见两岸的景物飞快地往后退，小白船像一条飞鱼，在小溪上一直向前飞。

风真急呀，两岸的景色都看不清楚了，只见一抹一抹的黑影向后闪过。船底下的水声盖过了一切声音。帆盛满了风，好像弥勒佛的大肚子。小白船不知要飞到哪儿去！两个孩子着慌了，航行了这许多时候，不知到了什么地方。要让小白船停住，可是又办不到，小白船飞得正欢哩。

女孩儿哭了，她想起她的妈妈，想起她的小床，想起她的小黄猫，今天恐怕都见不着了。虽然有亲爱的小朋友跟她在一起，可是妈妈，小床，小黄猫，她都舍不得呀。

男孩儿给她理好被风吹散的头发，又用手擦她流下来的眼泪。他说："不要哭吧，好妹妹，一滴眼泪就像一滴甘露，你得爱惜呀。大风总有停止的时候，就像巨浪总有平静的时候一个样。"

女孩儿靠在他的肩膀上，哭个不停，好像一位悲伤的仙女。

男孩儿想办法让船停住。他叫女孩儿靠紧船舷，自己站了起来，左手拉住帆绳的活扣，右手拿着桨，他很快地抽开活扣，用桨顶住岸边。帆落下来了，小白船不再向前飞了。看看岸上，却是一片没有人的旷野。

两个孩子上了岸。风还像发了狂似的，大树摇得都有点儿累了。女孩儿才擦干眼泪，看看四面没有人，也没有房屋，眼泪又像泉水一样涌出来了。男孩儿安慰她说："没有房屋，咱们有小白船呢。没有人，咱们两个在一起，不也很快活吗？咱们一同玩儿去吧！"

女孩儿跟着他一直向前走。风吹在身上有点儿冷，他们紧紧靠在一起，互相用手搂住腰。走了几百步远，他们看见一棵野柿子树，树上熟透的柿子好像无数的玛瑙球，有的落在地上。女孩儿拾起一个，掰开来一尝，甜极了，她就叫男孩儿也拾来吃。

他们俩坐在地上吃柿子，把一切都忘记了，忽然从矮树丛里跑出一只小白兔来，到了他们跟前就伏着不动了。女孩儿把他抱在怀里，抚摸他的柔软的毛。男孩儿笑着说："咱们又有了一个同伴，更不寂寞了。”他掰开一个柿子喂给小白兔吃，红色的果浆涂了小白兔一脸。

远远的有个人跑来了，身子特别高，脸长得很可怕。他看见小白兔在他们身边，就板起了脸，说他们偷了他的小白兔。

男孩子急忙辩白说：“他是自己跑来的。我们喜欢他。一切可爱的东西，我们都爱。”

那个人点点头说：“既然这样，我也不怪你们。把小白兔还给我就是了。”女孩儿舍不得，把小白兔抱得更紧了，脸贴着他的白毛，好像要哭出来了。那个人全不理会，伸手就把小白兔夺走了。

这时候，风渐渐缓和了。男孩儿想，既然遇到了人，为什么不问一问呢。他就问那个人，这儿离家有多远，该从哪条河走。那个人说：“你们家离这儿二十多里呢，河水曲折，你们一定认不得回去的路了。我可以送你们回去。”

女孩子快活极了，她想：这个人长得可怕，心肠原来很慈善，就央告说：“咱们快上船吧，妈妈和小黄猫都在等着我们呢！”

那个人说：“这可不成。我送你们回去，你们用什么酬谢我呢？”

男孩子说：“我送给你一幅美丽的图画。”

女孩子说：“我送给你一束波斯菊，红的白的都有，真好看呢！”那个人摇头说：“我什么也不要。我有三个问题，你们能回答出来，我就送你们回去；要是答不出来，我抱着小白兔就管自走了。你们愿意吗？”

“愿意！”他们一同回答。那个人说：“第一个问题，鸟儿为什么要唱歌？”

“他们要唱给爱他们的人听。”女孩儿抢先回答。

那个人点点头说：“算你答得不错。第二个问题：花儿为什么香？”

男孩儿回答说：“香就是善，花是善的标志。”

那个人拍手说：“有意思。第三个问题是，为什么你们乘的是小白船？”

女孩儿举起右手，好像在课堂上回答老师似的：“因为我们纯洁，只有小白船才配让我们乘。”

那个人大笑起来，他说：“好，我送你们回去。”

两个孩子高兴极了。他们互相抱着，亲了一亲，就跑回小白船。仍旧是女孩儿掌舵，男孩儿和那个人各划一支桨。女孩子看着两岸的红树、草屋、田地，都像神仙的世界，更使她满意的是那只小白兔没有离开她，这时候就在她的脚边。她伸手采了一支蓼花让他咬，逗着他玩儿。

男孩儿说：“没有这场大风，就没有此刻的快乐。”女孩儿说：“要是咱们不能回答他的问题，此刻还有快乐吗？”那个人划着桨，看着他们微笑，只不开口。

等到小白船回到原来停泊的地方，小红花和绿叶早已停止了跳舞，萍叶盖着睡熟了的小鱼儿，只有青蛙还在不停地唱歌。

【思考与练习】

1. 请从儿童的欣赏角度赏析本文。

2. 试分析本文的语言特色。

3　童年，梦开始的地方[①]

唐　弢

【阅读提示】

唐弢的《童年》以诗的语言、散文化的句式为我们描绘了梦一般美丽的童年、如诗如画的童年、被一个笑脸照亮了的童年。这个童年让我们如此怀念，如此向往。它如诗如画："在紫云英的绿茵上打滚，在暖洋洋的潮水里濯足，听鹧鸪在嫩绿的树丛中试着它的新声，杨柳枝头盘绕着青油油的潮气，不知道这是云，是雾，抑是昨夜农家遗留下的炊烟？"它坦荡率真："心花开了，'我'骑上牛背，唱着情歌，用着和山等量的悔恨，和海等量的懊恼，送青春逝去。"这首散文诗具有意境美、语言美、形象美的特点。阅读时仔细体会。

夜应该是黑暗的吧，然而我却经历了一个并不黑暗的夜，你也许以为那晚上有月亮，有星星，再不然便是有灯光或者火炬，但都不是。只因为在我的寂寞的记忆里悬挂着一张笑脸，它照亮了我的童年。

笑脸照亮了我的童年。

朝阳爬上海面，雾气散了，一万颗金星在波涛上跳动，第一缕春光映进了小小的心，我在紫云英的绿茵上打滚，在暖洋洋的潮水里濯足，听鹧鸪在嫩绿的树丛中试着它的新声，杨柳枝头盘绕着青油油的潮气，不知道这是云，是雾，抑或是昨夜农家遗留下的炊烟？

白鸟在波涛上缓缓地飞翔，蓦地，像中了弹一样直落到水面，又霍地飞了上去，它已经找到了丰盛的早餐。

雄健的翼子在蓝天里划开一线笑痕，我的心里也漾起了一线笑痕。

心花开了，我笑着跳着，珍视我自己的童年。

在石榴花开得火一般红的时候，我骑上牛背，缓缓地踱过了绿的原野。

我唱着情歌，虽然并没有情人；我觉得自己是凯旋的英雄，虽然并没有打过仗。

看，这世界是多么幽静，多么美丽。

这世界是多么幽静，多么美丽。

夜，她在我回忆里留下难忘的倩影。

月是她的脸，一抹轻云是她的笑靥，几颗星星是她的眼睛，晚风吹过垂杨，这上面散布着她的风韵。

我在她的膝上跳舞。

我在她的怀里熟睡。

我笑着跳着，我的青春是一盆火，融融的是热烈，旺旺的是光明。

在童年的宝座上我跨着长虹，遨游于大漠似的天空，我撷着轻云，摘着星星。

童年，梦一般的童年。

【思考与练习】

1. "它照亮了我的童年"一句的含义是什么？

2. 你怎样理解"心花开了，我笑着跳着，珍视我自己的童年"这一句话。

---

① 本文选自《文苑》2010年第2期，第14页。

4 我为父亲开车门[1]

黄方国

【阅读提示】

孝是稍纵即逝的眷恋，孝是无法重现的幸福。孝是一失足成千古恨的往事，孝是生命与生命交接处的链条，一旦断裂，永无连接（毕淑敏：《孝心无价》）。可是，在我们生活周围，不孝之事比比皆是：儿媳、孙子嫌老人脏，对老人不敬，可老人却用自己挣来的钱为儿子、儿媳、孙子买补品，并把自己辛苦攒下来的钱留给了儿孙。本文描写的就是这样一件事情。阅读时仔细体会"我"为父亲开车门这段细节描写，这个让父亲泪流满面的细节，正体现了父亲作为一个乡下人的朴质和憨厚，那也正是最触动我们的精神品质。

父亲是三天前的一个下午来的，当时无人在家，他搁下背兜蹲在门口抽叶子烟。傍晚，楼上的张婆告诉我，她下楼撞见父亲，以为是盲流，呵斥他走开，父亲惶惶不安："这是我儿的家呢！"我向父亲求证此事时，父亲正在厨房择菜。他像犯了错的孩子，局促地站起来，搓着双手，目光游移，嗫嚅着说："下次，我一定穿周正一点。"我本是怕父亲心灵受到创伤，欲安慰他一番的，岂料他不但没有半点委屈和愤慨，反而以为自己丢了我的丑而深感惭愧。我心里有种说不出的痛。

家里不宽敞，我们把父亲和儿子安排在一间屋里。父亲进屋不久，我就听见巴掌落在脸上的声音，开门一看，见儿子正大吵大闹："你脏，你脏，不准你亲我，滚出去！"父亲不知所措地捂着脸。"他是你爷爷，你爸爸的爸爸，我是他一手一脚养大的，你知道吗？小子！"我对儿子动了武。听到儿子的哭声，妻子一把把他抱过去，对我怒目而视。父亲垂着手，呆呆地站在一旁，又像犯错一般。夜已很深，隔壁的我还听见父亲辗转反侧的声音。

次日早晨，妻用不友善的腔调对父亲交待："茶几上有好烟，有烟缸，别抽叶子烟，别乱抖烟灰。别动音响，别动气灶，别动冰箱，别动电视……"父亲谦恭地说："叫我动，我也动不来的。"中午我和妻子回来，看见满地的水，父亲正蹲在地上，拿着帕子，手忙脚乱地擦地板。妻子一甩手进了卧室，"砰"地一下关了门。父亲便立即又像做错事一般，不知所措起来。我按按他的肩："爸爸，您想帮我们拖地板是吧？"父亲点头。我便拿出拖把，给他示范了一番，然后交给他："您试试！"父亲拖净了剩下的半间客厅。他看了一遍又一遍，然后望着我，一脸感激。

下午下了一场小雨，下班回来不见父亲，妻子顿时火冒三丈，对我大发脾气。我和她唇枪舌剑，互不相让。正斗至酣处，门铃响了，父亲站在门口——湿漉漉的头发搭在皱纹堆砌的额头，松树皮一样的手提着一个塑料袋。他鞋也没脱就进了屋，妻子"哼"了一声，又进了卧室。我说："爸爸，吃饭吧！"父亲说："吃吧，吃吧，我孙儿呢？"孩子被妻子送到岳母家去了，若父亲知道内情一定会伤心，我只得对他撒了一个谎。父亲盯着我看了一阵儿，若有所悟，默默地离开饭桌，打开身边的袋子，拿出两袋核桃粉、两瓶蜂糖、一袋健脾糕。

---

① 本文选自《跨世纪》2000 年第 1 期，第 58 页。引用时略有改动。黄方国，青年作家，著有散文集《红尘有爱》，本文获第 19 届中国电视金鹰奖提名奖。

父亲说："我去买东西了，不会买，也不知你们缺啥，就琢磨着买了这些。"

父亲顿了顿又说："蜂糖治胃病，你记着，一早一晚都要喝一勺；她是用脑的人，核桃粉补脑；孙儿胃口不好，瘦，就给他买了健脾糕，吃了开胃。"

父亲最后从贴身衣兜里拿出一个塑料袋，说："这 5 000 块钱是我卖鸡卖猪攒的，都攒三年了。我用处不大，你拖家带口的用得着，拿着。我明天要回去了，你有空就回来，看看你妈的坟、你爷的坟。没空回来，爸也不怪你，你们忙，单位纪律严呢！"说完，父亲笑了一笑，摸出叶子烟，正要点，好像突然想起了什么，又揣了回去，舌头舔舔嘴唇。

我给父亲卷了支烟，也给自己卷了一支。我俩中间隔着张饭桌面对面坐着，烟雾缭绕，我们都不说话。

父亲执意要走，他说他惦念屋边的塘，惦念塘边的田，惦念那条跟他一起串东家串西家的大黑狗。怎么留也不行，我决定叫辆出租车送他回去。

富康车开到父亲身边，但一生都没有坐过小车的父亲却不知怎么打开车门。他的手在车门上东摸西摸，一脸尴尬。我上前一步，弯下腰来，打开车门，服侍父亲坐进车，再为他关上车门。父亲伸出头来，一脸的幸福，他在为儿子的举止而激动啊。他说："儿啊，爸算是村里最有福气的人了。"说完，抬手抹着眼圈，憨憨地笑着。我顿时百感交集。

活在世上，活在城里，活在官场，我在许多人面前弯过腰，为许多人开过车门，但从没有为父亲弯腰开过车门。我为别人开车门的时候，从没有像今天这样毕恭毕敬，表里如一过。父亲是农民，我是干部，父亲是庄稼人，我是城里人，父亲这辈子已无法超越我的高度，但我有今天全仰仗父亲的奠基。父亲为我弯了一辈子腰，吃了一辈子苦，操了一辈子心，而我呢？仅仅为他开了一次车门，就叫他心满意足，泪流满面。那一弯腰，对父亲来说，是一种孝道和良知，对我来说，是向他及天下所有像他一样的父亲乞求原谅和深情致敬啊！

车越开越快，望着父亲离这个人情味淡薄的城市越来越远，突然间有一种冲动让我心头一颤，禁不住泪水潸然而下。

【思考与练习】

1. 本文三次写父亲像"犯错"一样，父亲自己认为"错"在哪里？三次"犯错"表现了父亲是一个什么样的人？

2. 文中对父亲进行了多次细节描写，请从文中任选一处，结合语境说说这样写好在哪里？

5　给我的孩子们①

丰子恺

【阅读提示】

丰子恺写有这样一段话："假如真能有这样一个世界：天下如一家，人们如家庭，互相亲爱，互相帮助，共乐其生活，那时陌路人就变成家庭……这是多么可憧憬的世界！"这段话表达了他对

---

① 本文写于 1926 年圣诞节，它是《子恺画集》的代序，散文以画集上的题材为内容，歌颂了纯洁的童心，是一首童真世界的赞歌。

人类社会的美好期望。只是对这样的理想世界，他感到十分渺茫，只好把一切寄托于对童真世界的赞美上！即使儿时伴侣中的英雄好汉，一旦长大成人，就会失去儿童的天性，丧失了率真、自然、热情的美德，失去了可贵的创造力，一味地只会退缩、顺从、妥协与屈服，被世俗的尘埃蒙蔽，被社会的桎梏禁锢。

随着时间的推移，儿童总要长大成人。孩子们的天真无邪、活泼可爱的黄金时代的世界终究要逝去。文章结尾时，作者无可奈何地叹道："这是何等可悲哀的事啊！"

丰子恺的散文与他的绘画一样，追求一种深沉朴素、单纯明快的风格。他不追求词藻的繁华绚丽，而是"寄至味于淡泊"，通过素淡隽永的文字表达深婉的情致。阅读时仔细体会。

我的孩子们！我憧憬于你们的生活，每天不止一次！我想委曲地说出来，使你们自己晓得。可惜到你们懂得我的话的意思的时候，你们将不复是可以使我憧憬的人了。这是何等可悲哀的事啊！

瞻瞻！你尤其可佩服。你是身心全部公开的真人。你什么事体都像拼命地用全副精力去对付。小小的失意，像花生米翻落地了，自己嚼了舌头了，小猫不肯吃糕了，你都要哭得嘴唇翻白，昏去一两分钟。外婆普陀去烧香买回来给你的泥人，你何等鞠躬尽瘁地抱他，喂他；有一天你自己失手把他打破了，你的号哭的悲哀，比大人们的破产，失恋，brokenheart，丧考妣①，全军覆没的悲哀都要真切。两把芭蕉扇做的脚踏车，麻雀牌堆成的火车、汽车，你何等认真地看待，挺直了嗓子叫"汪——""咕咕咕……"，来代替汽油。宝姊姊讲故事给你听，说到"月亮姊姊挂下一只篮来，宝姊姊坐在篮里吊了上去，瞻瞻在下面看"的时候，你何等激昂地同她争，说"瞻瞻要上去，宝姊姊在下面看！"甚至哭到漫姑面前去求审判。我每次剃了头，你真心地疑我变了和尚，好几时不要我抱。最是今年夏天，你坐在我膝上发现了我腋下的长毛，当作黄鼠狼的时候，你何等伤心，你立刻从我身上爬下去，起初眼瞪瞪地对我端相，继而大失所望地号哭，看看，哭哭，如同对被判定了死罪的亲友一样。你要我抱你到车站里去，多多益善地要买香蕉，满满地擒了两手回来，回到门口时你已经熟睡在我的肩上，手里的香蕉不知落在哪里去了。这是何等可佩服的真率、自然与热情！大人间的所谓"沉默""含蓄""深刻"的美德，比起你来，全是不自然的，病的，伪的！

你们每天做火车，做汽车，办酒，请菩萨，堆六面画，唱歌，全是自动的，创造创作的生活。大人们的呼号"归自然！""生活的艺术化！""劳动的艺术化！"在你们面前真是出丑得很了！依样画几笔画，写几篇文的人称为艺术家、创作家，对你们更要愧死！

你们的创作力，比大人真是强盛得多哩：瞻瞻！你的身体不及椅子的一半，却常常要搬动它，与它一同翻倒在地上；你又要把一杯茶横转来藏在抽斗里，要皮球停在壁上，要拉住火车的尾巴，要月亮出来，要天停止下雨。在这等小小的事件中，明明表示着你们的弱小的体力与智力不足以应付强盛的创作欲、表现欲的驱使，因而遭逢失败。然而你们是不受大自然的支配，不受人类社会的束缚的创造者，所以你的遭逢失败，例如火车尾巴拉不住，月亮呼不出来的时候，你们决不承认是事实的不可能，总以为是爹爹妈妈不肯帮你们办到，同不许你们弄自鸣钟同例，所以愤愤地哭了，你们的世界何等广大！

你们一定想：终天无聊地伏在案上弄笔的爸爸，终天闷闷地坐在窗下弄引线的妈妈，是何等无气性的奇怪的动物！你们所视为奇怪动物的我与你们的母亲，有时确实难为了你们，摧残了你们，回想起来，真是不安心得很！

---

① 考妣(kǎo bǐ)，父母的别称，"考"字原义父亲，今仅存留墓碑之上，平常称呼已不使用；"妣"字原指母亲，不论是健在的还是已故的，该词出自《书·舜典》。

阿宝！有一晚你拿软软的新鞋子，和自己脚上脱下来的鞋子，给凳子的脚穿了，刬袜①立在地上，得意地叫"阿宝两只脚，凳子四只脚"的时候，你母亲喊着"龌龊了袜子！"立刻擒你到藤榻上，动手毁坏你的创作。当你蹲在榻上注视你母亲动手毁坏的时候，你的小心里一定感到"母亲这种人，何等杀风景而野蛮"罢！

瞻瞻！有一天开明书店送了几册新出版的毛边的《音乐入门》来。我用小刀把书页一张一张地裁开来，你侧着头，站在桌边默默地看。后来我从学校回来，你已经在我的书架上拿了一本连史纸印的中国装的《楚辞》，把它裁破了十几页，得意地对我说："爸爸！瞻瞻也会裁了！"瞻瞻！这在你原是何等成功的欢喜，何等得意的作品！却被我一个惊骇的"哼！"字喊得你哭了。那时候你也一定抱怨"爸爸何等不明"罢！

软软！你常常要弄我的长锋羊毫，我看见了总是无情地夺脱你。现在你一定轻视我，想道："你终于要我画你的画集的封面！"

最不安心的，是有时我还要拉一个你们所最怕的陆露沙医生来，教他用他的大手来摸你肚子，甚至用刀来在你们臂上割几下，还要教妈妈和漫姑擒住了你们的手脚，捏住了你们的鼻子，把很苦的水灌到你们的嘴里去。这在你们一定认为是太无人道的野蛮举动罢！

孩子们！你们果真抱怨我，我倒欢喜；到你们的抱怨变为感激的时候，我的悲哀来了！

我在世间，永没有逢到像你们这样出肺肝相示的人。世间的人群结合，永没有像你们样的彻底地真实而纯洁。最是我到上海去干了无聊的所谓"事"回来，或者去同不相干的人们做了叫做"上课"的一种把戏回来，你们在门口或车站旁等我的时候，我心中何等惭愧又欢喜！惭愧我为什么去做这等无聊的事，欢喜我又得暂时放怀一切地加入你们的真生活的团体。

但是，你们的黄金时代有限，现实终于要暴露的。这是我经验过来的情形，也是大人们谁也经验过的情形。我眼看见儿时的伴侣中的英雄、好汉，一个个退缩、顺从、妥协、屈服起来，到像绵羊的地步。我自己也是如此。"后之视今，亦犹今之视昔"，你们不久也要走这条路呢？

我的孩子们！憧憬于你们的生活的我，痴心要为你们永远挽留这黄金时代在这册子里。然这真不过像"蜘蛛网落花"，略微保留一点春的痕迹而已。且到你们懂得我这片心情的时候，你们早已不是这样的人，我的画在世间已无可印证了！这是何等可悲哀的事啊！

【思考与练习】

1. 仔细揣摩第十自然段，想想我为什么"欢喜"和"悲哀"，并体会作者的思想感情。
2. 文章最后一个段落中"憧憬"的具体内容是什么？试结合课文谈谈你的理解。

6 小站歌声②

修祥明

【阅读提示】

《小站歌声》描写的是孩子们自发到车站为身患白血病的老师送别的故事，感人至深。文章的高明之处在于，作者没有直接描写苗老师带病坚持上课，而是让她编造了一个美丽的谎

---

① 刬(chǎn)袜，不穿鞋子、踩着袜子走路叫"刬袜"。出自李清照的《点绛唇》："蹴罢秋千，起来慵整纤纤手。露浓花瘦，薄汗轻衣透。见客入来，袜刬金钗溜。和羞走，却把青梅嗅。" ② 本文选自《学生阅读世界》2011 年第 11 期，第 4 页。

言——去结婚，而且再也不回来了，直到结尾才说出苗老师身患白血病。由于作者设置了悬念，谎言背后的美丽，让我们看到了一位深受学生爱戴的山村教师的伟大形象。文章虽短，但山村孩子们的纯朴和热情、苗兰老师的圣洁和无私跃然纸上，使人潸然泪下。阅读时仔细揣摩本文的语言特色。

子夜时分，山村的小站昏暗静谧。苗兰老师提着行李来到站台，像触电般浑身颤抖起来。

她本想在夜深人静时悄悄离开山村的，但是没想到全班四十多个孩子全站在这里为她送行。

站牌下，放着一篓子山核桃，篓面上贴着个红双喜字。这是山里人祝贺新婚的礼节。

三天前，她去趟县城，回到山村，她对孩子们说，要和远离千里的男朋友举行婚礼，婚后，她就在那里定居了，不会再回来了。

孩子们舍不得她，却没张口将她挽留，因为他们知道，那个千里以外桃花盛开的地方，才是他们老师的归宿，他们只能将一串串晶莹剔透的泪珠洒下。

远处传来了火车的长鸣。

四十多个学生含着泪水，像一棵棵被雨水浇伤的禾苗一样，悲凄地立着。

班长说："咱们为老师唱一首歌吧。"

歌声响起："有过多少往事，仿佛就在昨天，有过多少朋友，仿佛就在身边。也曾心意沉沉，相逢是苦是甜，如今举杯祝愿，好人一生平安。"

这歌声，低沉而悠扬，热情而悲伤。这是孩子们的祝愿。

夜在颤抖……

列车徐徐向前开动着，孩子们像一阵旋风随着车跑着，唱着：

"好人一生平安……"

歌声像让泪水滤过似的。

车上，苗老师失声痛哭。

……

可是有谁知道，她不是去结婚。两天前，去县城体检，得知她患了白血病，在人生的旅途上，她只有半年时间了。

她不想在孩子们蔚蓝的天空里，留下半点人类悲哀的阴云。

【思考与练习】

1. "苗兰老师提着行李来到站台，像触电般浑身颤抖起来。"的原因是什么？用原文回答。
2. 为什么"孩子们舍不得她，却没张口将她挽留"？
3. 仔细朗读课文，发挥联想，尝试续写本文。

第四单元

崇 真 尚 美

在这样一个心态浮躁、信仰缺失的时代，如何去寻觅散落人间的真、善、美？如何摒弃横行于世的假、丑、恶？这是一个值得我们关注的问题。

美要靠我们去发现，去挖掘，去创造。从历史的画卷里，我们可以找到一些聊以慰藉的闪光的珍珠：安徒生笔下什么衣服都没有穿的丑陋皇帝，只有那个敢于揭穿假、丑、恶的小男孩大声喊出来，喊出了真实，喊破了丑陋；还有敢于鞭挞丑恶的"精神斗士"鲁迅；还有《氓》诗中敢于直言的女主人公……

真乃原原本本。从外形到内在，都是本来，没有什么修饰。真于假而言，更让人难以接受。可在内心里，它是真的存在，这种存在，并不容易，甚至很艰难。

是因为恶的强大，还是因为善的脆弱？我们竟然难以寻觅到人之初内心里的本质。可是，善本身就存在我们身边，难道只是缺少了发现的眼睛吗？不，那些伪善之人比恶更可怕，就如鲁迅先生痛斥的"聪明人和奴才"。

一个人"应该意识到自己的尊严"，一个诚实的人"不可能是渺小和微不足道的"，一个人不能因为自己地位的卑微而贬低自己的尊严，任何一个人都可以成为大写的人。（契诃夫语）

拒绝假、丑、恶，应该从欣赏大地上绿草单纯的美丽、欣赏最初孩子脸上的笑颜、欣赏那润物细无声的轻轻流淌开始，从心灵开始。

1 聪明人和傻子和奴才[①]

鲁　迅

【阅读提示】

茨威格说："奴才就是这样一种人——他们不仅仅不反对在自己脖子上套绳索，反而伸出舌头去吻那双套绳子的手。"鲁迅在《野草》的《题辞》中说："我自爱我的野草，但我憎恨我以野草作装饰的地面。"这"地面"就是产生野草的社会。本文就写出了对这社会的几种人的不同态度。作者批判了维护旧社会的"聪明人"，讽喻了对这社会不满而实际又在维护这社会的"奴才"，歌颂了和旧社会作坚决斗争、要毁坏这旧社会的"傻子"。本文短小精悍，明白晓畅，寓意深刻，是《野草》中的一篇佳作。

奴才总不过是寻人诉苦。只要这样，也只能这样。有一日，他遇到一个聪明人。

"先生！"他悲哀地说，眼泪连成一线，就从眼角上直流下来。"你知道的。我所过的简直不是人的生活。吃的是一天未必有一餐，这一餐又不过是高粱皮，连猪狗都不要吃的，尚且只有一小碗……"

"这实在令人同情。"聪明人也惨然说。

"可不是么！"他高兴了。"可是做工是昼夜无休息：清早担水晚烧饭，上午跑街夜磨面，晴洗衣裳雨张伞，冬烧汽炉夏打扇。半夜要煨银耳，侍候主人要钱；头钱从来没分，有时还挨皮鞭……。"

"唉唉……"聪明人叹息着，眼圈有些发红，似乎要下泪。

"先生！我这样是敷衍不下去的。我总得另外想法子。可是什么法子呢？……"

"我想，你总会好起来……"

"是么？但愿如此。可是我对先生诉了冤苦，又得你的同情和安慰，已经舒坦得不少了。可见天理没有灭绝……"

但是，不几日，他又不平起来了，仍然寻人去诉苦。

"先生！"他流着眼泪说，"你知道的。我住的简直比猪窝还不如。主人并不将我当人；他对他的叭儿狗还要好到几万倍……"

"混帐！"那人大叫起来，使他吃惊了。那人是一个傻子。

"先生，我住的只是一间破小屋，又湿，又阴，满是臭虫，睡下去就咬得真可以。秽气冲着鼻子，四面又没有一个窗子……"

"你不会要你的主人开一个窗的么？"

"这怎么行？……"

"那么，你带我去看去！"

傻子跟奴才到他屋外，动手就砸那泥墙。

"先生！你干什么？"他大惊地说。

"我给你打开一个窗洞来。"

---

① 本文选自鲁迅：《野草》。最初发表于1926年1月4日《语丝》周刊第60期。

“这不行！主人要骂的！”

“管他呢！”他仍然砸。

“人来呀！强盗在毁咱们的屋子了！快来呀！迟一点可要打出窟窿来了！……”他哭嚷着，在地上团团地打滚。

一群奴才都出来，将傻子赶走。

听到了喊声，慢慢地最后出来的是主人。

“有强盗要来毁咱们的屋子，我首先叫喊起来，大家一同把他赶走了。”他恭敬而得胜地说。

“你不错。”主人这样夸奖他。

这一天就来了许多慰问的人，聪明人也在内。

“先生。这回因为我有功，主人夸奖了我了。你先前说我总会好起来，实在是有先见之明……。”他大有希望似的高兴地说。

“可不是么……”聪明人也代为高兴似的回答他。

一九二五年十二月二十六日

【思考与练习】

1. 作者在本文中采用象征手法，使得文章更加形象生动，试作分析。
2. 此文中的“聪明人”与通常说的“聪明人”有何不同？

2 皇帝的新装[①]

[丹麦] 安徒生

叶君健 译

【阅读提示】

这篇童话是安徒生的代表作之一。作者运用一系列极度夸张的细节，使故事情节更富戏剧性。故事的荒谬性在于那两个狡猾的骗子所说的前提：他们织的衣服，愚蠢之至的人是看不到的。由于情节的夸张，故事就变得生动有趣。作者运用幽默诙谐的语言，更使得作品引人入胜。在作品的结尾，那个小孩子说出来的“可是他什么衣服也没有穿呀！”是文章的点睛之笔。既描绘了一幅让人啼笑皆非的画面，同时也表现了作者高超的艺术手法，阅读时请仔细体会。

许多年以前有一位皇帝，他非常喜欢穿好看的新衣服。他为了要穿得漂亮，把所有的钱都花到衣服上去了，他一点也不关心他的军队，也不喜欢去看戏。除非是为了炫耀一下新衣服，他也不喜欢乘着马车逛公园。他每天每个钟头要换一套新衣服。人们提到皇帝时总是说：“皇上在议政厅里。”但是人们一提到他时，总是说：“皇上在更衣室里。”

在他住的那个大城市里，生活很轻松，很愉快。每天有许多外国人到来。有一天来了两个骗子。他们说他们是织工。他们说，他们能织出谁也想象不到的最美丽的布。这种布的色彩和图案不仅是非常

① 本文选自白冰、汤锐主编：《世界儿童文学名著鉴赏大典·童话卷》，广西人民出版社 1992 年版，第 28—29 页。

好看，而且用它缝出来的衣服还有一种奇异的作用，那就是凡是不称职的人或者愚蠢的人，都看不见这衣服。

"那正是我最喜欢的衣服！"皇帝心里想。"我穿了这样的衣服，就可以看出我的王国里哪些人不称职；我就可以辨别出哪些人是聪明人，哪些人是傻子。是的，我要叫他们马上织出这样的布来！"他付了许多现款给这两个骗子，叫他们马上开始工作。

他们摆出两架织机来，装做是在工作的样子，可是他们的织机上什么东西也没有。他们接二连三地请求皇帝发一些最好的生丝和金子给他们。他们把这些东西都装进自己的腰包，却假装在那两架空空的织机上忙碌地工作，一直忙到深夜。

"我很想知道他们织布究竟织得怎样了，"皇帝想。不过，他立刻就想起了愚蠢的人或不称职的人是看不见这布的。他心里的确感到有些不大自在。他相信他自己是用不着害怕的。虽然如此，他还是觉得先派一个人去看看比较妥当。全城的人都听说过这种布料有一种奇异的力量，所以大家都很想趁这机会来测验一下，看看他们的邻人究竟有多笨，有多傻。

"我要派诚实的老部长到织工那儿去看看，"皇帝想。"只有他能看出这布料是个什么样子，因为他这个人很有头脑，而且谁也不像他那样称职。"

因此这位善良的老部长就到那两个骗子的工作地点去。他们正在空空的织机上忙忙碌碌地工作着。

"这是怎么一回事儿？"老部长想，把眼睛睁得有碗口那么大。

"我什么东西也没有看见！"但是他不敢把这句话说出来。

那两个骗子请求他走近一点，同时问他，布的花纹是不是很美丽，色彩是不是很漂亮。他们指着那两架空空的织机。这位可怜的老大臣的眼睛越睁越大，可是他还是看不见什么东西，因为的确没有什么东西可看。

"我的老天爷！"他想。"难道我是一个愚蠢的人吗？我从来没有怀疑过我自己。我决不能让人知道这件事。难道我不称职吗？——不成；我决不能让人知道我看不见布料。"

"哎，您一点意见也没有吗？"一个正在织布的织工说。

"啊，美极了！真是美妙极了！"老大臣说。他戴着眼镜仔细地看。"多么美的花纹！多么美的色彩！是的，我将要呈报皇上说我对于这布感到非常满意。"

"嗯，我们听到您的话真高兴，"两个织工一起说。他们把这些稀有的色彩和花纹描述了一番，还加上些名词儿。这位老大臣注意地听着，以便回到皇帝那里去时，可以照样背得出来。事实上他也就这样办了。

这两个骗子又要了很多的钱，更多的丝和金子，他们说这是为了织布的需要。他们把这些东西全装进腰包里，连一根线也没有放到织机上去。不过他们还是继续在空空的机架上工作。

过了不久，皇帝派了另一位诚实的官员去看看，布是不是很快就可以织好。他的运气并不比头一位大臣的好：他看了又看，但是那两架空空的织机上什么也没有，他什么东西也看不出来。

"您看这段布美不美？"两个骗子问。他们指着一些美丽的花纹，并且作了一些解释。事实上什么花纹也没有。

"我并不愚蠢！"这位官员想。"这大概是因为我不配担当现在这样好的官职吧？这也真够滑稽，但是我决不能让人看出来！"因此他就把他完全没有看见的布称赞了一番，同时对他们说，他非常喜欢这些美丽的颜色和巧妙的花纹。"是的，那真是太美了，"他回去对皇帝说。

城里所有的人都在谈论这美丽的布料。

当这布还在织的时候，皇帝就很想亲自去看一次。他选了一群特别圈定的随员——其中包括已经去看过的那两位诚实的大臣。这样，他就到那两个狡猾的骗子住的地方去。这两个家伙正以全副精神织布，但是一根线的影子也看不见。

“您看这不漂亮吗?”那两位诚实的官员说。“陛下请看,多么美丽的花纹!多么美丽的色彩!”他们指着那架空空的织机,因为他们以为别人一定会看得见布料的。

“这是怎么一回事儿呢?”皇帝心里想。“我什么也没有看见!这真是荒唐!难道我是一个愚蠢的人吗?难道我不配做皇帝吗?这真是我从来没有碰见过的一件最可怕的事情。”

“啊,它真是美极了!”皇帝说。“我表示十二分地满意!”于是他点头表示满意。他装做很仔细地看着织机的样子,因为他不愿意说出他什么也没有看见。跟他来的全体随员也仔细地看了又看,可是他们也没有看出更多的东西。不过,他们也照着皇帝的话说:“啊,真是美极了!”他们建议皇帝用这种新奇的、美丽的布料做成衣服,穿上这衣服亲自去参加快要举行的游行大典。“真美丽!真精致!真是好极了!”每人都随声附和着。每人都有说不出的快乐。皇帝赐给骗子每人一个爵士的头衔和一枚可以挂在纽扣洞上的勋章;并且还封他们为“御聘织师”。

第二天早晨游行大典就要举行了。在头天晚上,这两个骗子整夜不睡,点起16支蜡烛。你可以看到他们是在赶夜工,要完成皇帝的新衣。他们装做把布料从织机上取下来。他们用两把大剪刀在空中裁了一阵子,同时又用没有穿线的针缝了一通。最后,他们齐声说:

“请看!新衣服缝好了!”

皇帝带着他的一群最高贵的骑士们亲自到来了。这两个骗子每人举起一只手,好像他们拿着一件什么东西似的。他们说:“请看吧,这是裤子,这是袍子!这是外衣!”等等。“这衣服轻柔得像蜘蛛网一样:穿着它的人会觉得好像身上没有什么东西似的——这也正是这衣服的妙处。”

“一点也不错!”所有的骑士们都说。可是他们什么也没有看见,因为实际上什么东西也没有。

“现在请皇上脱下衣服,”两个骗子说,“我们要在这个大镜子面前为陛下换上新衣。”

皇帝把身上的衣服统统都脱光了。这两个骗子装着把他们刚才缝好的新衣服一件一件地交给他。他们在他的腰围那儿弄了一阵子,好像是系上一件什么东西似的:这就是后裾①。皇帝在镜子面前转了转身子,扭了扭腰肢。

“上帝,这衣服多么合身啊!式样裁得多么好看啊!”大家都说。“多么美的花纹!多么美的色彩!这真是一套贵重的衣服!”

“大家已经在外面把华盖准备好了,只等陛下一出去,就可撑起来去游行!”典礼官说。

“对,我已经穿好了,”皇帝说,“这衣服合我的身么?”于是他又在镜子面前把身转动了一下,因为他要叫大家看出他在认真地欣赏他美丽的服装。

那些将要托着后裾的内臣们,都把手在地上东摸西摸,好像他们真的在拾其后裾似的。他们开步走,手中托着空气——他们不敢让人瞧出他们实在什么东西也没有看见。

这么着,皇帝就在那个富丽的华盖下游行起来了。站在街上和窗子里的人都说:“乖乖,皇上的新装真是漂亮!他上衣下面的后裾是多么美丽!衣服多么合身!”谁也不愿意让人知道自己看不见什么东西,因为这样就会暴露自己不称职,或是太愚蠢。皇帝所有的衣服从来没有得到这样普遍的称赞。

“可是他什么衣服也没有穿呀!”一个小孩子最后叫出声来。

“上帝哟,你听这个天真的声音!”爸爸说。于是大家把这孩子讲的话私自低声地传播开来。

“他并没有穿什么衣服!有一个小孩子说他并没有穿什么衣服呀!”

“他实在是没有穿什么衣服呀!”最后所有的老百姓都说。皇帝有点儿发抖,因为他似乎觉得老百姓讲的话是对的。不过他自己心里却这样想:“我必须把这游行大典举行完毕。”因此他摆出一副更骄傲的神气,他的内臣们跟在他后面走,手中托着一个并不存在的后裾。

---

① 后裾,拖在礼服后面的很长的一块布,是封建时代欧洲贵族的一种装束。

【思考与练习】

1. 这篇童话讽刺了什么，告诉我们什么道理？

2. 童话通过丰富的想象、幻想和夸张来塑造形象，反映生活。课文中的皇帝、大臣、骗子的行为都极其荒唐可笑的。皇帝光着身子试穿新衣，赤身露体地在大街上游行都是极度夸张的，你认为现实中会不会发生这种情况？

3 《论语》八则

【阅读提示】

孔子是中国历史上真正意义上第一位传道授业解惑的老师。从他的身上，我们可以感受一种生存的大智慧。在日常生活中，我们经常使用的那些脍炙人口、内含丰富的成语，比如“人无远虑，必有近忧”“三人行，必有我师焉”“欲速则不达”“道不同，不相为谋”等。这些成语皆出自孔子之口，足以说明孔子的智慧之光依然在我们的生活中闪耀着。阅读时仔细体会。

第一则

子曰：“由，诲女知之乎①？知之为知之，不知为不知，是知也。”

（《论语·为政》）

第二则

子曰：“过而不改，是谓过矣！”

（《论语·卫灵公》）

第三则

子曰：“人能弘道②，非道弘人。”

（《论语·卫灵公》）

第四则

子曰：“躬自厚而薄责于人③，则远怨矣！”

（《论语·卫灵公》）

第五则

子夏为莒父宰④，问政⑤。子曰：“无欲速⑥，无见小利⑦。欲速则不达，见小利则大事不成。”

（《论语·子路》）

第六则

子曰：“岁寒⑧，然后知松柏之后凋也。”

（《论语·子罕》）

---

① 由，仲由。诲，教诲。女，通“汝”。 ② 弘，弘扬光大。 ③ 躬自，自己、自身。指严于要求自己，而少苛求别人。 ④ 莒父，鲁国城名。宰，城邑的长官。 ⑤ 问政，请教施政方面的问题。 ⑥ 无，通“毋”，不要。欲速，指做事贪图快速。 ⑦ 见小利，计较、贪图小利益。 ⑧ 岁寒，指时令到了寒冷的季节。

第七则

子在川上曰："逝者如斯夫①，不舍昼夜！"

（《论语·子罕》）

第八则

子曰："人而无信，不知其可也。大车无輗②，小车无軏③，其何以行之哉？"

（《论语·为政》）

【思考与练习】

1. 认真领会本篇节选的《论语》中的部分内容，理解孔子阐述的思想。

2. 背诵全文。

4 装在套子里的人④

［俄］契诃夫

汝　龙　译

【阅读提示】

《装在套子里的人》是契诃夫的优秀代表作之一。小说主人公别里科夫是一位在中学里教希腊语的中年教师，现实生活让他总是感到心神不安，让他害怕，为了同世人隔绝，不致受到外界的影响，他总想给自己包上一层外壳，给自己制造一个所谓安全的套子：哪怕在艳阳天出门他也总是穿着套鞋，带着雨伞，他的雨伞、怀表、削铅笔的小折刀等一切能包裹起来的东西都总是装在套子里，就连他的脸也好像装在套子里，因为他总是把脸藏在竖起的衣领里面，戴着黑眼镜，耳朵里塞上棉花，坐出租马车的时候也要车夫马上把车篷支起来。他在学校里待了15年，整个学校乃至全城被他这样的情绪控制了15年，在这样漫长的时间里没有一个人想要反抗，想要对他说一个不字。不敢大声说话，不敢寄信、交朋友、读书，不敢搞任何娱乐活动，人们都像他一样蜷缩在自己的套子里苟且偷生。阅读时认真分析别里科夫的人物形象。

我⑤的同事希腊文教师别里科夫两个月前才在我们城里去世。您一定听说过他。他也真怪，即使在最晴朗的日子，也穿上雨鞋，带上雨伞，而且一定穿着暖和的棉大衣。他总是把雨伞装在套子里，把表放在一个灰色的鹿皮套子里；就连削铅笔的小刀也是装在一个小套子里的。他的脸也好像蒙着套子，因为他老是把它藏在竖起的衣领里。他戴黑眼镜，穿羊毛衫，用棉花堵住耳朵眼。他一坐上马车，总要叫马车夫支起车篷。总之，这人总想把自己包在壳子里，仿佛要为自己制造一个套子，好隔绝人世，不受外界影响。现实生活刺激他，惊吓他，老是闹得他六神不安。也许为了替自己的胆怯、自己对现实的憎恶辩护吧，他老是歌颂过去，歌颂那些从没存在的东西；事实上他教授的古代语言对他来说，也就是雨鞋和

---

① 逝者，过去的（时间）。 ② 輗（ní），古代大车车辕和横木衔接的木销子。 ③ 軏（yuè），古代小车车杆前端与横木相衔接的销钉。 ④ 本文选自［俄］契诃夫：《契诃夫小说选》，汝龙译，人民文学出版社2002年版，有删节。 ⑤ 我，这篇小说借中学教师布尔金同兽医伊凡·伊尔尼奇的谈话叙述别里科夫的故事。这里的我是指布尔金。

雨伞,使他借此躲避现实生活。

别里科夫把他的思想也极力藏在一个套子里。只有政府的告示和报纸上的文章,其中规定着禁止什么,他才觉得一清二楚。看到有个告示禁止中学学生在晚上九点钟以后到街上去,他就觉得又清楚又明白:这种事是禁止的,好,这就行了。但是他觉着在官方的批准或者默许里面,老是包藏着使人怀疑的成分,包藏着隐隐约约、还没充分说出来的成分。每逢经过当局批准,城里开了一个戏剧俱乐部,或者阅览室,或者茶馆,他总要摇摇头,低声说:"当然,行是行的,这固然很好,可是千万别闹出什么乱子"。

凡是违背法令、脱离常规、不合规矩的事,虽然看来跟他毫不相干,却惹得他闷闷不乐。要是他的一个同事到教堂参加祈祷式①去迟了,或者要是他听到流言,说是中学的学生闹出了乱子,他总是心慌得很,一个劲儿地说:"千万别闹出什么乱子"。在教务会议上,他那种慎重、那种多疑、那种纯粹套子式的论调,简直压得我们透不出气。他说什么不管男子中学里也好,女子中学里也好,年轻人都不安分,教室里闹闹吵吵——唉,只求这事别传到当局的耳朵里去才好,只求不出什么乱子才好。他认为如果把二年级的彼得洛夫和四年级的叶果洛夫开除,那才妥当。您猜怎么着?他凭他那种唉声叹气,他那种垂头丧气,以及他那苍白的小脸上的眼镜,降服了我们,我们只好让步,减低彼得洛夫和叶果洛夫的品行分数,把他们禁闭起来,直到后来把他俩开除了事。我们教师们都怕他。信不信由您。我们这些教师都是有思想的、很正派的人,受过屠格涅夫和谢德林②的陶冶,可是这个老穿着雨鞋、拿着雨伞的小人物,却把整个中学辖制了足足十五年!可是光辖制中学算得了什么?全城都受着他辖制呢!我们这儿的太太们到礼拜六不办家庭戏剧晚会,因为怕他听见;教士们当着他的面不敢吃荤,也不敢打牌。在别里科夫这类人的影响下,全城的人战战兢兢地生活了十年到十五年,什么事都怕。他们不敢大声说话,不敢写信,不敢交朋友,不敢看书,不敢周济穷人,不敢教人念书写字……

别里科夫眼我同住在一所房子里。他的卧室挺小,活像一只箱子,床上挂着帐子。他一上床就拉过被子来蒙上脑袋。房里又热又闷,风推着关紧的门,炉子里嗡嗡地叫,厨房里传来叹息声——不祥的叹息声……他躺在被子底下,战战兢兢,生怕会出什么事,生怕小贼溜进来。他通宵做噩梦,到早晨我们一块儿到学校去的时候,他没精打采,脸色苍白。他所去的那个挤满了人的学校,分明使得他满心害怕和憎恶;跟我并排走路,对他那么一个性情孤僻的人来说,显然也是苦事。

可是,这个装在套子里的人,差点结了婚。有一个新史地教员,一个原籍乌克兰,名叫密哈益·沙维奇·柯瓦连科的人,派到我们学校里来了。他是带着他姐姐华连卡一起来的。后来,由于校长太太的尽力撮合,华连卡开始对我们的别里科夫明白地表示好感了。在恋爱方面,特别是在婚姻方面,怂恿总要起很大的作用的。人人——他的同事和同事的太太们——开始对向别里科夫游说:他应当结婚。况且,华连卡长得不坏,招人喜欢;她是五等文官③的女儿,有田产;尤其要紧的,她是第一个待他诚恳而亲热的女人。于是他昏了头,决定结婚了。

但是华连卡的弟弟从认识别里科夫的第一天起,就讨厌他。

现在,你听一听后来发生的事吧。有个促狭鬼④画了一张漫画,画着别里科夫打了雨伞,穿了雨鞋,卷起裤腿,正在走路,臂弯里挽着华连卡;下面缀着一个题名:"恋爱中的 anthropos"⑤。您知道,那神态画得像极了。那位画家一定画了不止一夜,因为男子中学和女子中学里的教师们、神学校的教师们、衙门里的官儿,全接到一份。别里科夫也接到一份。这幅漫画弄得他难堪极了。

我们一块儿走出了宿舍;那天是五月一日,礼拜天,学生和教师事先约定在学校里会齐,然后一块走到城郊的一个小林子里去。我们动身了,他脸色发青,比乌云还要阴沉。

"天下竟有这么歹毒的坏人!"他说,他的嘴唇发抖了。

---

① 祈祷式,一种宗教仪式,有宗教信仰的人向神默告自己的愿望。 ② 谢德林,俄国著名讽刺作家,革命民主主义者。 ③ 五等文官,沙皇时代文官分十四等,五等是级别较高的一等。 ④ 促狭鬼,喜欢捉弄别人的人。 ⑤ anthropos,希腊语,表示"人"的意思。

我甚至可怜他了。我们走啊走的，忽然间，柯瓦连科骑着自行车来了，他的后面，华连卡也骑着自行车来了。涨红了脸，筋疲力尽，可是快活，兴高采烈。

“我们先走一步！”她嚷道，“多可爱的天气！多可爱，可爱得要命！”

他俩走远，不见了。别里科夫脸色从发青到发白。他站住，瞧着我。

“这是怎么回事？或者，也许我的眼睛骗了我？难道中学教师和小姐骑自行车还成体统吗？”

“这有什么不成体统的？”我问，“让他们尽管骑他们的自行车，快快活活地玩一阵好了。”

“可是这怎么行？”他叫起来，看见我平心静气，觉得奇怪，“您在说什么呀？”

他似乎心里乱得很，不肯再往前走，回家去了。

第二天他老是心神不地搓手，打哆嗦；从他的脸色分明看得出来他病了。还没到放学的时候，他就走了，这在他还是生平第一回呢。他没吃午饭。将近傍晚，他穿得暖暖和和的，到柯瓦连科家里去了。华连卡不在家，就只碰到她弟弟。

“请坐！”柯瓦连科冷冷地说，皱起眉头。别里科夫沉默地坐了十分钟光景，然后开口了：

“我上您这儿来，是为要了却我的一桩心事。我烦恼得很，烦恼得很。有个不怀好意的家伙画了一张荒唐的漫画，画的是我和另一个跟您和我都有密切关系的人。我认为我有责任向您保证我跟这事没一点关系。……我没有做出什么事来该得到这样的讥诮——刚好相反，我的举动素来在各方面都称得起是正人君子。”

柯瓦连科坐在那儿生闷气，一句话也不说。别里科夫等了一忽儿，然后压低喉咙，用悲凉的声调接着说：“另外我有件事情要跟您谈一谈。我在这儿做了多年的事，您最近才来；既然我是一个比您年纪大的同事，我就认为我有责任给您进一个忠告。您骑自行车，这种消遣，对青年的教育者来说，是绝对不合宜的！”

“怎么见得？”柯瓦连科问。“难道这还用解释吗，密哈益·沙维奇，难道这不是理所当然吗？如果教师骑自行车，那还能希望学生做出什么好事来？他们所能做的就只有倒过来，用脑袋走路了！既然政府还没有发出通告，允许做这件事，那就做不得。昨天我吓坏了！我一看见您的姐姐，眼前就变得一片漆黑。一位小姐，或者一个姑娘，却骑自行车——这太可怕了！”

“您到底要怎么样？”

“我所要做的只有一件事，就是忠告您，密哈益·沙维奇。您是青年人，您前途远大，您的举动得十分十分小心才成；您却这么马马虎虎，唉，这么马马虎虎！您穿着绣花衬衫出门，人家经常看见您在大街上拿着书走来走去：现在呢，又骑什么自行车。校长会说您和您姐姐骑自行车的，然后，这事又会传到督学的耳朵里……这还会有好下场么？”

“讲到我姐姐和我骑自行车，这可不干别人的事。”柯瓦连科涨红了脸说，“谁要来管我的私事，就叫他滚！”

别里科夫脸色苍白，站起来。“您用这种口吻跟我讲话，那我不能再讲下去了。”他说，“我请求您在我面前谈到上司的时候不要这样说话，您对上司应当尊敬才对。”

“难道我对上司说了什么不好的话？”柯瓦连科问，生气地瞧着他。“请您躲开我。我是正大光明的人，不愿意跟您这样的先生讲话。我不喜欢那些背地里进谗言的人。”

别里科夫心慌意乱，匆匆忙忙地穿大衣，脸上带着恐怖的神情。这还是他生平第一回听到别人对他说这么不客气的话。

“随您怎么说，都由您好了。”他一面走出门道，到楼梯口去，一面说，“只是我得跟您预先声明一下：说不定有人偷听了我们的谈话了，为了避免我们的谈话被人家误解以致闹出什么乱子起见，我得把我们的谈话内容报告校长——把大意说明一下。我不能不这样做。”

“报告他？去，尽管报告去吧！”

柯瓦连科在他后面一把抓住他的前领，使劲一推，别里科夫就连同他的雨鞋一齐乒乒乓乓地滚下楼去。楼梯又高又陡，不过他滚到楼下却安然无恙，站起来。摸摸鼻子，看了看他的眼镜碎了没有。可是，他滚下楼的时候，偏巧华连卡回来了，带着两位女士。她们站在楼下，怔住了。这在别里科夫却比任何事情都可怕。我相信他情愿摔断脖子和两条腿，也不愿意成为别人取笑的对象。是啊，这样一来，全城的人都会知道这件事，还会传到校长耳朵里去，还会传到督学耳朵里去。哎呀，不定会闹出什么乱子！说不定又会有一张漫画，到头来弄得他奉命退休吧。

……

等到他站起来，华连卡才认出是他。她瞧着他那滑稽的脸相，他那揉皱的大衣，他那雨鞋，不明白是怎么回事，以为他是一不小心摔下来的，就忍不住纵声大笑，笑声在整个房子里响着：

"哈哈哈！"

这响亮而清脆的"哈哈哈"就此结束了一切事情：结束了预想中的婚事，结束了别里科夫的人间生活。他没听见华连卡说什么话，他什么也没有看见。一到家，他第一件事就是从桌子上撤去华连卡的照片；然后他上了床，从此再也没起过床。

过了一个月，别里科夫死了。我们都去送葬。

我们要老实说：埋葬别里科夫那样的人，是一件大快人心的事。我们从墓园回去的时候，露出忧郁和谦虚的脸相；谁也不肯露出快活的感情。——像那样的感情，我们很久很久以前做小孩子的时候，遇到大人不在家，我们到花园里去跑一两个钟头，享受完全自由的时候，才经历过。

我们高高兴兴地从墓园回家。可是一个礼拜还没有过完，生活又恢复旧样子，跟先前一样郁闷、无聊、乱糟糟了。局面并没有好一点。实在，虽然我们埋葬了别里科夫，可是这种装在套子里的人，却还有许多，将来也还不知道有多少呢！

【思考与练习】

1. 别里科夫，"这个装在套子里的人，差点结了婚"。请思考，如果他结婚了，是不是就能走出"套子"呢？
2. 在我们的生活周围，是否存在这样那样的"套子"，你是怎样看待这些"套子"的？

5 《卫风·氓》①

【阅读提示】

《氓》是一首弃妇自诉婚姻悲剧的长诗。诗中的女主人公以无比沉痛的口气，回忆了恋爱生活的甜蜜，以及婚后被丈夫虐待和遗弃的痛苦。但是，她虽曾勇敢地冲破过封建的桎梏，但她的命运，终于同那些在父母之命、媒妁之言压束下逆来顺受的妇女命运，很不幸地异途同归了。通过弃妇的自述，表达了她悔恨的心情与决绝的态度，深刻地反映了古代社会妇女在恋爱婚姻问题上受压迫和损害的现象，它是一帧情爱画卷的鲜活写照，也为后人留下了当时风俗民情的宝贵资料。这首诗音调铿锵自然，富有真情实感。全诗共六章，每章十句。不像《诗经》其他各篇采用复沓的形式，而是依照人物命运发展的顺序，自然地加以抒写。阅读时仔细体会。

---

① 本诗选自《十三经注疏 26 诗经》，中华书局出版社 1980 年版。《诗经》是我国最早的诗歌总集。共收录从西周初年到春秋中叶的诗歌共 305 篇，分为"风""雅""颂"三大类。氓，民也，文中指男主人公。

氓之蚩蚩，抱布贸丝①。匪来贸丝，来即我谋。送子涉淇，至于顿丘②。匪我愆期，子无良媒③。将子无怒，秋以为期④。

乘彼垝垣，以望复关⑤。不见复关，泣涕涟涟⑥。既见复关，载笑载言⑦。尔卜尔筮，体无咎言⑧。以尔车来，以我贿迁⑨。

桑之未落，其叶沃若⑩。于嗟鸠兮，无食桑葚⑪！于嗟女兮，无与士耽⑫！士之耽兮，犹可说也⑬。女之耽兮，不可说也。

桑之落矣，其黄而陨⑭。自我徂尔，三岁食贫⑮。淇水汤汤，渐车帷裳⑯。女也不爽，士贰其行⑰。士也罔极，二三其德⑱。

三岁为妇，靡室劳矣⑲；夙兴夜寐，靡有朝矣⑳。言既遂矣，至于暴矣㉑。兄弟不知，咥其笑矣㉒。静言思之，躬自悼矣㉓。

及尔偕老，老使我怨㉔。淇则有岸，隰则有泮㉕。总角之宴，言笑晏晏㉖。信誓旦旦，不思其反㉗。反是不思，亦已焉哉㉘！

【思考与练习】

1. 这首叙事诗描述了怎样的一个故事？从诗中可以看出主人公是一个什么样的人？
2. 背诵《卫风·氓》。

---

① 贸，交易。抱布贸丝是以物易物。 ② 淇，水名。顿丘，地名。 ③ 愆(qiān)，拖延。 ④ 将(qiāng)，愿、请。 ⑤ 垝(guǐ)，倒塌、倒塌的。垣(yuán)，墙。复，返。关，在往来要道设置的关卡。女望男到期来会。他来时一定要经过关门。一说“复”是关名。 ⑥ 涟涟，涕泪下流貌。她初时不见彼氓回到关门来，以为他负约不来了，因而伤心泪下。 ⑦ 载笑载言，(因为高兴而)又说又笑。载，语助词。 ⑧ 烧灼龟甲的裂纹以判吉凶叫作“卜”，用蓍(shī)草占卦叫作“筮”(shì)。体，指龟兆和卦兆，即卜筮的结果。无咎言，就是无凶卦。 ⑨ 贿，财物，指妆奁(lián)。以上四句是说你从卜筮看一看吉凶吧，只要卜筮的结果好，你就打发车子来迎娶，并将嫁妆搬去。 ⑩ 沃若，犹“沃然”，像水浸润过一样有光泽。以上两句以桑的茂盛时期比自己恋爱满足，生活美好的时期。 ⑪ 于嗟鸠兮，于通“吁(xū)”，本义为表示惊怪、不然、感慨等，此处与“嗟”皆表感慨。鸠，斑鸠。传说斑鸠吃桑葚过多会醉。 ⑫ 耽(dān)，沉溺，贪乐太甚。 ⑬ 说，读为“脱”，解脱。 ⑭ 陨(yǔn)，陨落。黄，变黄。其黄而陨，犹《裳裳者华》篇的“芸其黄矣”，芸也是黄色。 ⑮ 徂(cú)尔，嫁给你。徂，往。食贫，过贫穷的生活。 ⑯ 汤汤，水盛貌。渐，浸湿。帷裳，车旁的布幔。以上两句是说被弃逐后渡淇水而归。 ⑰ 爽，差错。以上两句是说女方没有过失而男方行为不对。 ⑱ 罔极，没有定准，变化无常。二三其德，言行为前后不一致。 ⑲ 室劳，家务劳动。靡，无。靡室劳矣，所有的家庭劳作一身担负无余。 ⑳ 夙，早。兴，起。这句连下句就是说起早睡迟，朝朝如此，不能计算了。 ㉑ “言”字无义。既遂，就是《谷风》篇“既生既育”的意思，言生活既已过得顺心。 ㉒ 咥(xì)，笑貌。以上两句是说兄弟还不晓得我的遭遇，见面时喜笑如常。 ㉓ 静言思之，好好地想一想；躬自悼矣，真为自己感到悲伤。 ㉔ “及尔”两句言当初曾相约和你一同到老，现在偕老之说徒然使我怨恨罢了。 ㉕ 隰(xí)，低湿的地方；当作“湿”，水名，就是漯河，黄河的支流，流经卫国境内。泮(pàn)，通“畔”，水边、边岸。以上两句承上文，以水流必有畔岸喻凡事都有边际。言外之意，如果和这样的男人偕老，那就苦海无边了。 ㉖ 总角，男女未成年时结发成两角，称“总角”。宴，快乐。晏晏(yàn)，和悦貌。 ㉗ 旦旦，诚恳的样子。反，即“返”字。不思其反，不想那样的生活再回来。 ㉘ 反是不思，是重复上句的意思，变换句法为的是和下句押韵。哉(古读如兹 zī)，语气词；末句等于说撇开算了罢！

6 我们那时是小孩

——写给妹妹[①]

[德]海　涅
冯　至　译

【阅读提示】

这首诗是海涅写给妹妹的，诗人在诗歌中怀念并歌颂幼时的美好时光："我们那时是小孩，又小又快乐的小孩，我们会学鸡叫，我们会把木箱做成一个漂亮的家，我们会向邻家的老猫问好，我们会少年老成，坐着谈话，事理通达像老人一样……我们那时是小孩，在我们的时代/一切都比现在善良。"诗人留恋的是那个美好的时代，然而物换星移，爱情，忠诚和信仰都从世界里消失，儿时的游戏早已过去，一切都无影无踪，人是要长大的，要进入整个现实的生活："咖啡是多么贵，钱是多么稀奇"，我们不可能永远是小孩。诗人在诗中回顾了少年的纯真与梦想，也清醒地将现实摆在了众人面前。此诗文字简洁、音调和谐，诗意澄澈亲切，含有淡淡的忧郁和悲哀，阅读时请仔细体会。

我们那时是小孩，
两个小孩，又小又快乐；
我们爬进小鸡窝，
我们藏入草垛。

若是人们走过，
我们就学着鸡叫
——"咯咯——咯咯！"
他们以为，
这是公鸡在叫。

我们把院里的木箱，
裱糊得美丽新鲜，
做成一个漂亮的家，
一块儿住在里边。

我们邻家的老猫，
常常走来访问；

① 本诗选自白冰、汤锐主编：《世界儿童文学名著鉴赏大典·诗歌散文寓言卷》，广西人民出版社 1992 年版，第77 页。

我们鞠躬、请安，
向他献尽殷勤。

我们小心和蔼
问他身体平安；
从此对一些老猫
总是这样寒暄。

我们也常常坐着谈话，
事理通达像老人一样，
我们抱怨，在我们的时代
一切都比现在善良；

爱情、忠诚和信仰
都从世界里消失，
咖啡是多么贵，
钱是多么稀奇！——

儿时的游戏早已过去，
一切都无影无踪——
金钱、世界和时代，
信仰、爱情和忠诚。

【思考与练习】

1. 请概括这首诗的基调。

2. 海涅的早期诗歌活泼灵动，翻译家冯至在翻译此诗时将文字的简洁、音调的和谐、诗意的澄澈体现了出来，阅读时仔细体会。

第五单元

自 然 之 美

我们的地球之所以有最美的风景和颜色，得益于大自然的恩赐。在古代中国，老子就提出并崇尚人与自然的和谐。可惜，放眼当今世界，人类的掠夺式开发与破坏，已深深伤害了我们共同的家园，人与大自然之间被划上了不可触碰的红线。

让我们跟着本单元作品的所有作者一起，去探索和领略大自然的美，张若虚描绘五彩绚烂的春、江、花、月，朱自清笔下洒满月色的荷塘，郁达夫心怀梦萦的《故都的秋》，东山魁夷聆听泉水的宁静，这些作品告诉我们一个富有哲学意味的道理："人要常常倾听心灵的呼唤，才能找回真实的自我"，同时还带给我们心灵的净化、精神的升华。"人人心中都有一股泉水，日常的烦乱生活，遮蔽了它的声音。当你夜半突然醒来，你会从心灵的深处，听到悠然的鸣声，那正是潺潺的泉水啊！""人类只有执着地追求一切美好的事物，勿为纷繁嘈杂的尘俗困扰、迷惑，才能从瞬息中获取永恒。"（东山魁夷）

1 听　　泉[①]

[日]东山魁夷
陈德文　译

【阅读提示】

人类是万物之灵，脚步匆匆，固执己见，却又遭遇了迷途，不知道为何而忙，不知道向何方去，生存目标迷茫，生存意义丧失。在生活中，人们往往受某些欲望的驱使，过分追求功名利禄，只有舍弃这一切，常常倾听心灵的呼唤，才能找回自己真实的本性。本文意蕴深远，巧妙运用象征手法，以“鸟群”象征“人类”，“鸟群”方向的迷失象征“人类”奔忙的盲目，以此提醒现代人应该停下匆忙的脚步，倾听心泉，反思自己的生活，更好地走向未来。不浮夸，不好高骛远，不盲目偏执，享受人生乐趣，富有理想，饱含激情，追求有价值的人生。

鸟儿飞过旷野。一批又一批，成群的鸟儿接连不断地飞了过去。

有时四五只联翩飞翔，有时候排成一字长蛇阵。看，多么壮阔的鸟群啊！……

鸟儿鸣叫着，它们和睦相处，互相激励；有时又彼此憎恶，格斗，伤残。有的鸟儿因疾病、疲惫或衰老而失掉队伍。

今天，鸟群又飞过旷野。它们时而飞过碧绿的田野，看到小河在太阳照耀下流泻；时而飞过丛林，窥见鲜红的果实在树荫下闪烁。想从前，这样的地方有的是。可如今，到处都是望不到边的漠漠荒原。任凭大地改换了模样，鸟儿一刻也不停歇，昨天，今天，明天，它们继续打这里飞过。

不要认为鸟儿都是按照自己的意志飞翔的。它们为什么飞？它们飞向何方？谁也弄不清楚，就连那里领头的鸟也无从知晓。

为什么必须飞得这样快？为什么就不能慢一点儿呢？

鸟儿只觉得光阴在匆匆忙忙中逝去了。然而，它们不知道时间是无限的，永恒的，逝去的只是鸟儿自己。它们像着了迷似地那样剧烈、那样急速地振翮翱翔。它们没有想到，这会召来不幸，会使鸟儿更快地从这块土地上消失。

鸟儿依然忽喇喇拍击着翅膀，更急速，更剧烈地飞过去……

森林中有一泓清澈的泉水，发出叮叮咚咚的响声，悄然流淌。这里有鸟群休息的地方，尽管是短暂的，但对于飞越荒原的鸟群说来，这小憩何等珍贵！地球上的一切主物，都是这样，一天过去了，又去迎接明天的新生。

鸟儿在清泉边歇歇翅膀，养养精神，倾听泉水的絮语。鸣泉啊，你是否指点了鸟儿要去的方向？

泉水从地层深处涌出来，不间断地奔流着，从古到今，阅尽地面上一切生物的生死，荣枯。因此，泉水一定知道鸟儿应该飞去的方向。

---

① 本文选自白冰、汤锐主编：《世界儿童文学名著鉴赏大典·诗歌散文寓言卷》，广西人民出版社 1992 年版，第 599 页。

鸟儿站在清澄的水边，让泉水映照着身影，它们想必看到了自己疲倦的模样。它们终于明白了鸟儿作为天之骄子的时代已经一去不复返了。

鸟儿想随处都能看到泉水，这是困难的。因为，它们只顾尽快飞翔。

不过，它们似乎有所觉悟，这样连续飞翔下去，到头来，鸟群本身就会泯灭的，但愿鸟儿尽早懂得这个道理。

我也是鸟群中的一只，所有的人们都是在荒凉的不毛之地上飞翔不息的鸟儿。

人人心中都有一股泉水，日常的烦乱生活，遮蔽了它的声音。当你夜半突然醒来，你会从心灵的深处，听到悠然的鸣声，那正是潺潺的泉水啊！

回想走过的道路，多少次在旷野上迷失了方向。每逢这个时候，当我听到心灵深处的鸣泉，我就重新找到了前进的标志。

泉水常常问我：你对别人，对自己，是诚实的吗？我总是深感内疚，答不出话来，只好默默低着头。

我从事绘画，是出自内心的祈望：我想诚实地生活。心灵的泉水告诫我：要谦虚，要朴素，要舍弃自负和偏执。

心灵的泉水教导我：只有舍弃自我，才能看见真实。

舍弃自我是困难的，甚至是不可能的，我想。然而，絮絮低语的泉水明明白白对我说：美，正在于此。

【思考与练习】

1. 这篇散文题为“听泉”，但文章开篇却用较大篇幅写鸟儿的飞翔，这样写有什么作用？试作简要分析。

2. 文中说“只有舍弃自我，才能看见真实”。请结合文章主旨，谈谈你对这句话的理解。

2 春江花月夜

〔唐〕张若虚

【阅读提示】

在唐代灿若繁星的诗人群里，张若虚以《春江花月夜》“孤篇压全唐”，成就其在唐代文坛上的历史地位。《春江花月夜》的章法结构，以整齐为基调，以错杂显变化，表现出前无古人后无来者的文学价值。闻一多曾在《宫体诗的自赎》中评价道：“在这种诗面前，一切的赞叹是饶舌，几乎是亵渎。……这是诗中的诗，顶峰上的顶峰。”阅读时仔细体会。

春江潮水连海平，海上明月共潮生①。
滟滟随波千万里，何处春江无月明！
江流宛转绕芳甸②，月照花林皆似霰③。

① 海上明月共潮生：月亮从地平线上升起，从水边望去，就好像从浪潮中涌起一样。 ② 芳甸，开满花草的野外。 ③ 月照花林皆似霰：月光照在鲜花和树林上，就像雪珠一样洁白无瑕。

空里流霜不觉飞①，汀上白沙看不见②。
江天一色无纤尘，皎皎空中孤月轮。
江畔何人初见月，江月何年初照人？
人生代代无穷已，江月年年望相似。
不知江月待何人，但见长江送流水。
白云一片去悠悠，青枫浦③上不胜愁。
谁家今夜扁舟子④，何处相思明月楼⑤？
可怜楼上月徘徊，应照离人⑥妆镜台。
玉户帘中卷不去，捣衣砧上拂还来⑦。
此时相望不相闻⑧，愿逐月华⑨流照君。
鸿雁长飞光不度，鱼龙潜跃水成文。
昨夜闲潭梦落花⑩，可怜春半不还家。
江水流春去欲尽，江潭落月复西斜。
斜月沉沉藏海雾，碣石潇湘⑪无限路。
不知乘月几人归，落月摇情满江树⑫。

3 古诗三首

【阅读提示】

微风吹拂着江岸上的细草，小船在月夜孤独停泊。在老病缠身的诗人面前，呈现出一片星辰低垂，平野空旷，大江东流的景象。诗人感到的是生命的伟大、胸襟的宽广，还是自身的渺小、前途的迷茫？杜牧当年在扬州写下的那些美妙诗句，有“豆蔻”，有“年华”，有无限美好的风光。而400年后，姜夔行走在满目疮痍、极度荒凉破败的扬州路上，又是发出怎样的感叹呢？风雪漫天，遥遥征程，远在边关的诗人终不能入寐，在他心中泛起了被风雪扰乱的思乡之情，这种思乡之情，像涟漪一样，在平静的心湖上涤荡着，悄然无声。阅读时仔细体会。

---

① 空里流霜不觉飞：月色如霜，所以霜飞无从察觉。 ② 汀上白沙看不见：沙滩上的白沙和月色糅合在一起，看不分明。 ③ 青枫浦，地名，在今湖南浏阳县境内。此处借用《楚辞·招魂》“湛湛江水兮上有枫，目极千里兮伤春心。”这里泛指游子所在的地方。因而此句隐含离别之意。 ④ 扁舟子，漂泊江湖的游子。扁舟，小船。 ⑤ 明月楼，月夜下的闺楼。这里指闺中思妇。 ⑥ 离人，此处指思妇。 ⑦ 玉户帘中卷不去，捣衣砧上拂还来：月光照进思妇的阁楼，照在捣砧衣上，卷不走，拂不掉。意谓思妇心头满载离愁，无法排除。 ⑧ 此时相望不相闻：指游子思妇望着同一月光，而无法传递音信。 ⑨ 逐月华，追逐月光。 ⑩ 昨夜闲潭梦落花：写游子夜里梦见花落闲潭，表达惜春之意。 ⑪ 碣石潇湘，泛指天南地北。碣石，山名，在渤海边上。潇湘，潇水和湘水。 ⑫ 落月摇情满江树：离情别绪，伴着月色的余辉散落在江边的树林里。

旅夜抒怀

〔唐〕杜 甫

细草微风岸,危樯①独夜舟。
星垂平野阔②,月涌大江流。
名岂文章著③,官应老病休④。
飘飘何所似,天地一沙鸥。

扬州慢·淮左名都

〔南宋〕姜 夔

淳熙丙申至日⑤,予过维扬。夜雪初霁,荠麦弥望。入其城,则四顾萧条,寒水自碧,暮色渐起,戍角悲吟。予怀怆然,感慨今昔,因自度此曲。千岩老人⑥以为有"黍离"之悲也。

淮左⑦名都,竹西佳处,解鞍少驻初程⑧。过春风十里,尽荠麦青青。自胡马窥江⑨去后,废池乔木,犹厌言兵。渐黄昏,清角吹寒,都在空城。

杜郎俊赏,算而今重到须惊⑩。纵豆蔻词工,青楼梦好,难赋深情⑪。二十四桥⑫仍在,波心荡,冷月无声。念桥边红药,年年知为谁生⑬?

长相思

〔清〕纳兰性德

山一程,水一程,身向榆关⑭那畔⑮行,夜深千帐⑯灯。
风一更,雪一更⑰,聒⑱碎乡心梦不成,故园⑲无此声。

【思考与练习】

1. 分析《旅夜抒怀》诗颔联中"垂""涌"二字的好处。
2. 《扬州慢》一词的"词眼"是哪个词语?为什么?
3. 《长相思》一词中的"一程""一更"用得很妙,请结合全词简要分析。
4. 背诵这三首诗。

---

① 危樯,高高的桅杆。危,高。 ② 星垂平野阔:星空低垂,原野格外宽阔。 ③ 名岂文章著:这一句和下一句都是反其意而写,意思是名声哪里是因为文章写得好而显赫呢? ④ 官应老病休:官职却是因为年老多病而被罢免了。 ⑤ 至日,冬至这一天。 ⑥ 千岩老人,指作者的叔岳父萧德藻,字东夫,号千岩老人。 ⑦ 淮左,即淮东,扬州是其最著名的城市。 ⑧ 解鞍少驻初程:完成旅程的最初阶段后,在扬州停留,稍事休息。 ⑨ 胡马窥江,指金兵南下欲渡长江。 ⑩ 杜郎俊赏,算而今重到须惊:指当年赞美扬州的杜牧,要是看到今天的破败景象,也一定会感到惊奇。 ⑪ 纵豆蔻词工,青楼梦好,难赋深情:豆蔻,指杜牧《赠别诗》中"豆蔻梢头二月初"之句。青楼梦好,指杜牧《遣怀》诗中"十年一觉扬州梦,赢得青楼薄幸名"之句。此句意指纵然有像杜牧那样能写出像"豆蔻""青楼"这些诗句的才华,也很难写出面对扬州破败景象时的悲痛之情。 ⑫ 二十四桥,唐代扬州有二十四座桥,北宋时仅存八座。
⑬ 念桥边红药,年年知为谁生:红药,芍药花。扬州以产芍药出名。此句意指桥边的芍药花虽然漂亮,却无人欣赏,这些花又是为谁而开呢? ⑭ 榆关,即山海关,在今河北秦皇岛东北。 ⑮ 那畔,那边之意。 ⑯ 千帐,跟随皇上出巡的卫兵的营帐很多。 ⑰ 风一更,雪一更:风雪下了整整一夜,从未停歇。更,古时夜里的计时单位,每夜五更,每更约相当于今天的两小时。 ⑱ 聒,指风雪声嘈杂。 ⑲ 故园,家园,这里指北京。

4 荷塘月色[①]

朱自清

【阅读提示】

《荷塘月色》是一篇写景抒情的散文。作品通过对月下荷塘的描写，抒写作者在政治形势剧变之后，在严酷现实的重压下的苦闷、彷徨和寂寞的心境，表现了作者对黑暗现实的不满面情绪以及对未来美好自由生活的朦胧追求。“心不宁静”是全文的情感线索，它给荷塘、月色染上了不同一般的色彩，也给以后的抒情写景创造了特定的条件。在淡淡的月光下，独处于荷塘世界，感到是个“自由的人”。于是徜徉于荷塘，沉醉于月色，一幅美不胜收的荷塘月色画便呈现在读者面前。作者借助于景物，创造出一种勾人心魂令人陶醉的意境。文章追求的是一种诗情画意之美。精于构思、巧于布局。

这首散文诗具有意境美、语言美、形象美的特点。阅读时仔细体会。

这几天心里颇不宁静。今晚在院子里坐着乘凉，忽然想起日日走过的荷塘，在这满月[②]的月光里，总该另有一番样子吧。月亮渐渐地升高了，墙外马路上孩子们的欢笑，已经听不见了；妻在屋里拍着闰儿[③]，迷迷糊糊地哼着眠歌。我悄悄地披了大衫，带上门出去。

沿着荷塘，是一条曲折的小煤屑路。这是一条幽僻的路；白天也少人走，夜晚更加寂寞。荷塘四面，长着许多树，蓊蓊郁郁[④]的。路的一旁，是些杨柳，和一些不知道名字的树。没有月光的晚上，这路上阴森森的，有些怕人。今晚却很好，虽然月光也还是淡淡的。

路上只我一个人，背着手踱着。这一片天地好像是我的；我也像超出了平常的自己，到了另一世界里。我爱热闹，也爱冷静；爱群居，也爱独处。像今晚上，一个人在这苍茫的月下，什么都可以想，什么都可以不想，便觉是个自由的人。白天里一定要做的事，一定要说的话，现在都可不理。这是独处的妙处，我且受用这无边的荷香月色好了。

曲曲折折的荷塘上面，弥望的是田田的叶子。叶子出水很高，像亭亭的舞女的裙。层层的叶子中间，零星地点缀着些白花，有袅娜地开着的，有羞涩地打着朵儿的；正如一粒粒的明珠，又如碧天里的星星，又如刚出浴的美人。微风过处，送来缕缕清香，仿佛远处高楼上渺茫的歌声似的。这时候叶子与花也有一丝的颤动，像闪电般，霎时传过荷塘的那边去了。叶子本是肩并肩密密地挨着，这便宛然有了一道凝碧的波痕。叶子底下是脉脉[⑤]的流水，遮住了，不能见一些颜色；而叶子却更见风致[⑥]了。

月光如流水一般，静静地泻在这一片叶子和花上。薄薄的青雾浮起在荷塘里。叶子和花仿佛在牛乳中洗过一样；又像笼着轻纱的梦。虽然是满月，天上却有一层淡淡的云，所以不能朗照；但我以为这恰是到了好处——酣眠固不可少，小睡也别有风味的。月光是隔了树照过来的，高处丛生的灌木，落下参差的斑驳[⑦]的黑影，峭楞楞如鬼一般；弯弯的杨柳的稀疏的倩影，却又像是画在荷叶上。塘中的月色并

---

① 本文选自朱自清：《朱自清散文全集（上）》，江苏教育出版社 1996 年版，第 80—82 页。 ② 满月，圆月。 ③ 闰儿，指作者次子朱润生。 ④ 蓊蓊（wěng）郁郁，形容树木茂盛的样子。 ⑤ 脉脉（mò），形容没有水声，好像饱含深情的样子。 ⑥ 风致，美妙的姿态。 ⑦ 斑驳，原指一种颜色中杂有别的颜色，这里指深浅不一。

不均匀；但光与影有着和谐的旋律，如梵婀玲①上奏着的名曲。

荷塘的四面，远远近近，高高低低都是树，而杨柳最多。这些树将一片荷塘重重围住；只在小路一旁，漏着几段空隙，像是特为月光留下的。树色一例是阴阴的，乍看像一团烟雾；但杨柳的丰姿②，便在烟雾里也辨得出。树梢上隐隐约约的是一带远山，只有些大意罢了。树缝里也漏着一两点路灯光，没精打采的，是渴睡人的眼。这时候最热闹的，要数树上的蝉声与水里的蛙声；但热闹是他们的，我什么也没有。

忽然想起采莲的事情来了。采莲是江南的旧俗，似乎很早就有，而六朝时为盛；从诗歌里可以约略知道。采莲的是少年的女子，她们是荡着小船，唱着艳歌③去的。采莲人不用说很多，还有看采莲的人。那是一个热闹的季节，也是一个风流④的季节。梁元帝《采莲赋》里说得好：

于是妖童媛女，荡舟心许；鷁首徐回，兼传羽杯；棹将移而藻挂，船欲动而萍开。尔其纤腰束素，迁延顾步。夏始春余，叶嫩花初。恐沾裳而浅笑，畏倾船而敛裾。

可见当时嬉游的光景了。这真是有趣的事，可惜我们现在早已无福消受了。于是又记起《西洲曲》⑤里的句子：

采莲南塘秋，莲花过人头；低头弄莲子，莲子清如水。

今晚若有采莲人，这儿的莲花也算得"过人头"了；只不见一些流水的影子，是不行的。这令我到底惦着江南了。这样想着，猛一抬头，不觉已是自己的门前；轻轻地推门进去，什么声息也没有，妻已睡熟好久了。

1927年7月，北京清华园

【思考与练习】

1. 作者描写了荷塘的哪些景物？这些景物各有什么特点？
2. 体会本文的语言特色。

5 故都的秋⑥

郁达夫

【阅读提示】

关于写"秋"的诗文，不胜枚举。但能像郁达夫一样把秋天写的如此美妙的，倒不多见。1934年7月，郁达夫"不远千里"从杭州经青岛去北平，再次饱尝了故都的"秋味"，并写下了本文。作者在对北平秋的描绘中，寄寓了眷恋故都自然风物和对美的执着追求，流露出一种沉静、寡淡的心境。阅读时认真体会。

秋天，无论在什么地方的秋天，总是好的；可是啊，北国的秋，却特别地来得清，来得静，来得悲凉。我的不远千里，要从杭州赶上青岛，更要从青岛赶上北平来的理由，也不过想饱尝一尝这"秋"，这故都的

---

① 梵婀(ē)玲，小提琴。 ② 丰姿，仪态，风度，美好的姿态。 ③ 艳歌，专门描写男女爱情的歌曲。 ④ 风流，这里指年轻男女不拘礼法地表露自己的爱情。 ⑤ 《西洲曲》，南朝乐府诗，描写一个青年女子思念意中人的痛苦。
⑥ 本文选自郁达夫：《郁达夫文集(第三卷)》，花城出版社、香港三联书店1982年版，第315—318页。

秋味。

江南，秋当然也是有的；但草木凋得慢，空气来得润，天的颜色显得淡，并且又时常多雨而少风；一个人夹在苏州上海杭州，或厦门香港广州的市民中间，浑浑沌沌地过去，只能感到一点点清凉，秋的味，秋的色，秋的意境与姿态，总看不饱，尝不透，赏玩不到十足。秋并不是名花，也并不是美酒，那一种半开，半醉的状态，在领略秋的过程上，是不合适的。

不逢北国之秋，已将近十余年了。在南方每年到了秋天，总要想起陶然亭①的芦花，钓鱼台②的柳影，西山③的虫唱，玉泉④的夜月，潭柘寺⑤的钟声。在北平即使不出门去罢，就是在皇城人海之中，租人家一椽⑥破屋来住着，早晨起来，泡一碗浓茶，向院子一坐，你也能看得到很高很高的碧绿的天色，听得到青天下驯鸽的飞声。从槐树叶底，朝东细数着一丝一丝漏下来的日光，或在破壁腰中，静对着像喇叭似的牵牛花（朝荣）的蓝朵，自然而然地也能够感觉到十分的秋意。说到了牵牛花，我以为以蓝色或白色者为佳，紫黑色次之，淡红色最下。最好，还要在牵牛花底，教长着几根疏疏落落的尖细且长的秋草，使作陪衬。

北国的槐树，也是一种能使人联想起秋来的点缀。像花而又不是花的那一种落蕊，早晨起来，会铺得满地。脚踏上去，声音也没有，气味也没有，只能感出一点点极微细极柔软的触觉。扫街的在树影下一阵扫后，灰土上留下来的一条条扫帚的丝纹，看起来既觉得细腻，又觉得清闲，潜意识下并且还觉得有点儿落寞，古人所说的梧桐一叶而天下知秋的遥想，大约也就在这些深沉的地方。

秋蝉的衰弱的残声，更是北国的特产；因为北平处处全长着树，屋子又低，所以无论在什么地方，都听得见它们的啼唱。在南方是非要上郊外或山上去才听得到的。这秋蝉的嘶叫，在北平可和蟋蟀耗子一样，简直像是家家户户都养在家里的家虫。

还有秋雨哩，北方的秋雨，也似乎比南方的下得奇，下得有味，下得更像样。

在灰沉沉的天底下，忽而来一阵凉风，便息列索落地下起雨来了。一层雨过，云渐渐地卷向了西去，天又青了，太阳又露出脸来了；著⑦着很厚的青布单衣或夹袄曲都市闲人，咬着烟管，在雨后的斜桥影里，上桥头树底下去一立，遇见熟人，便会用了缓慢悠闲的声调，微叹着互答着的说：

“唉，天可真凉了——”（这了字念得很高，拖得很长。）

“可不是么？一层秋雨一层凉了！”

北方人念阵字，总老像是层字，平平仄仄起来，这念错的歧韵，倒来得正好。

北方的果树，到秋来，也是一种奇景。第一是枣子树；屋角，墙头，茅房边上，灶房门口，它都会一株株地长大起来。像橄榄又像鸽蛋似的这枣子颗儿，在小椭圆形的细叶中间，显出淡绿微黄的颜色的时候，正是秋的全盛时期；等枣树叶落，枣子红完，西北风就要起来了，北方便是尘沙灰土的世界，只有这枣子、柿子、葡萄，成熟到八九分的七八月⑧之交，是北国的清秋的佳日，是一年之中最好也没有的Golden Days⑨。

有些批评家说，中国的文人学士，尤其是诗人，都带着很浓厚的颓废色彩，所以中国的诗文里，颂赞秋的文字特别的多。但外国的诗人，又何尝不然？我虽则外国诗文念得不多，也不想开出账来，做一篇秋的诗歌散文钞⑩，但你若去一翻英德法意等诗人的集子，或各国的诗文的Anthology⑪来，总能够看到许多关于秋的歌颂与悲啼。各著名的大诗人的长篇田园诗或四季诗里，也总以关于秋的部分，写得最出色而最有味。足见有感觉的动物，有情趣的人类，对于秋，总是一样的能特别引起深沉、幽远、严厉、萧索的感触来的。不单是诗人，就是被关闭在牢狱里的囚犯，到了秋天，我想也一定会感到一种不能自已

---

① 陶然亭，现位于北京城南，名称出自白居易诗“更待菊黄家酿熟，共君一醉一陶然”。 ② 钓鱼台，在北京阜城门外三里河，环境清幽。 ③ 西山，北京西郊群山的总称。 ④ 玉泉，指玉泉山。 ⑤ 潭柘寺，位于北京西山。 ⑥ 一椽，一间房屋。 ⑦ 著，通“着”，穿的意思。 ⑧ 指农历七八月。 ⑨ Golden Days，英文，译作“黄金般的日子”。 ⑩ 文钞，同“抄”，选摘。 ⑪ Anthology，英文，译作“选集”。

的深情；秋之于人，何尝有国别，更何尝有人种阶级的区别呢？不过在中国，文字里有一个“秋士”[①]的成语，读本里又有着很普遍的欧阳子的《秋声》[②]与苏东坡的《赤壁赋》等，就觉得中国的文人，与秋的关系特别深了。可是这秋的深味，尤其是中国的秋的深味，非要在北方，才感受得到的。

南国之秋，当然是也有它的特异的地方的，比如廿四桥的明月，钱塘江的秋潮[③]，普陀山[④]的凉雾，荔枝湾[⑤]的残荷等等，可是色彩不浓，回味不永。比起北国的秋来，正像是黄酒之与白干，稀饭之与馍馍，鲈鱼之与大蟹，黄犬之与骆驼。

秋天，这北国的秋天，若留得住的话，我愿把寿命的三分之二折去，换得一个三分之一的零头。

一九三四年八月，在北平

【思考与练习】

1. 熟读课文，说说作者选取了哪些景物来描写，故都的秋有哪些特点？
2. 关于描写秋天的诗文，你知道哪些？作简要表述。

---

① 秋士，古时指人到暮年仍不得志的知识分子。 ② 《秋声》，欧阳修的《秋声赋》。 ③ 秋潮，秋天涨起来的潮水。 ④ 普陀山，位于浙江舟山群岛中的一座小岛。 ⑤ 荔枝湾，地处广州城西。

第三篇

写　作

第一单元 应用文写作

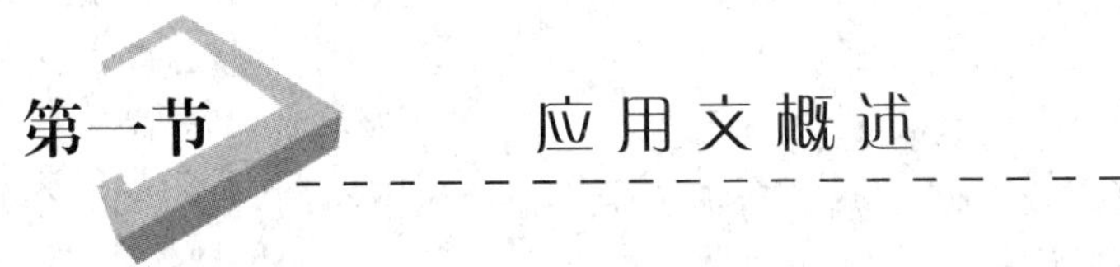

第一节 应用文概述

自有文字起，人类就开始了写作活动。人类最早的写作就是为了解决各种实际需要。就写作的目的而言可以把写作分成两大类，一类是文学写作，一类是应用写作。文学写作主要用于抒发作者主观情感，反映社会现实，是为人们欣赏而进行的艺术创作，如诗歌、小说、戏剧、散文等；应用文写作是为了公务和个人事务而写，用于解决实际问题。人们通常把应用型文章的写作称作应用文写作。

一、应用文的概念

应用文是各类企事业单位、机关团体和个人在工作、学习和日常生活等社会活动中，用以处理各种公私事务、传递交流信息、解决实际问题使用的具有直接实用价值、格式规范、语言简约的多种文体的统称。

二、应用文写作的特点

(一) 实用性强

应用文在内容上十分重视实用性。它是用来办事、解决实际问题的，具有很强的实用性。

(二) 真实性强

"真实"是文章的生命，一切文章都要求具有真实性。对于这一点，各类文章要求不同。应用文反映的情况和问题、叙述的事实是客观存在的，发布、传达上级指示精神是确有的，不能经过任何艺术加工。

(三) 针对性强

根据不同的领域、不同的具体业务、不同的行文目的，可选用不同的应用文种。

(四) 时效性强

应用文在传递信息、解决实际问题方面取得良好的效果，必须注意时间、效率，讲究时效性。应用文是在特定的时间处理特定的问题，尽快地传递相关信息，因此时效性很强。不及时发文，时过境迁就会失去其实用价值。

(五) 写作目的明确

应用文是为实现特定目的服务的，因此其写作动因与目的十分明确。

(六) 语言表达规范

应用文主要使用规范的现代汉语，适当采用一些古汉语词汇，文章语言庄重、简洁、严密。

(七) 格式体例稳定

大多数应用文已经形成了稳定的通用格式和体例，这体现了其规范性和严肃性，撰写者在拟文时必须遵守格式体例的要求。

（八）时间要素明确

应用文针对的事务一般是在一定时期内存在的，因此执行时间、有效期和成文日期等时间要素须非常明确。

三、应用文的分类

应用文种类繁多，目前尚未形成统一的划分方法，根据不同的分类标准，主要有以下几种分类方法。

（一）依用途划分

根据应用文的用途来划分，可以将应用文划分为指导性应用文、报告性应用文和计划性应用文三类。

1. 指导性应用文

指导性应用文指具有指导作用的应用文，一般用于上级对下级的行文，如命令（令）、决定、决议、指示、批示、批复等。

2. 报告性应用文

报告性应用文指具有报告作用的应用文，一般用于下级对上级的行文，如请示、工作报告、情况报告、答复报告、简报、总结等、

3. 计划性应用文

计划性应用文指具有各种计划性质作用的应用文，常用于对某件事或某项工程等开始前的预案，如计划、规划、设想、意见、安排等。

（二）依性质划分

根据应用文的性质来划分，可以将应用文划分为一般应用文和公文。

1. 一般应用文

一般性应用文指法定公文以外的应用文。一般应用文又可以分为简单应用文和复杂应用文两大类。

简单应用文指结构简单、内容单一的应用文，如条据（请假条、收条、领条、欠条、借条等）、请帖、聘书、文凭、海报、启事、证明、电报、便函等。

复杂应用文指篇幅较长、结构较繁、内容较多的应用文，如总结、条例、合同、提纲、读书笔记、会议纪要等。

2. 公文

公务文书又称为公文，它是指国家法定的行政公务文书。对于公务文书种类的规定，我国先后三次做出了规定。

1964年中华人民共和国国务院秘书厅发布了《国家行政机关公文处理试行办法（倡议稿）》，在第二章中把公务文书规定为9类11种，即命令、批示、批转、批复（答复）、通知、通报、报告、请示、布告（通告）。

国务院1981年发布了《国家行政机关关于公文办理（暂行）办法》，其中又把公文分为9类15种，即命令（令、指令）、决定（决议）、指示、布告（公告、通告）、通知、通报、报告（请示）、批复、函。

国务院2000年又发布了《国家机关公文处理办法》，把公文分成13种，即命令（令）、通告、批复、指示、决定、请示、意见、函、会议纪要等。目前，学界普遍认同这种把公文分成13种的划分方法。

四、幼儿园应用文的分类

对幼师生来说，根据幼儿园应用文的内容和使用范围，我们把幼儿园应用文分为常用文书、常用业务文书、常用礼仪文书、常用公文及常用专用文书等。在本单元中，将着重介绍便条、条据常用文书；计划、方案、总结、简报等常用业务文书；请柬、证明、介绍信等常用礼仪文书；启事、通知、海报等常用公文；自荐信、家园联系册等常用专用文书。

第二节　常用文书

一、便条

（一）便条的概念及特点

便条是指日常生活中，如果我们有什么事情要告诉另一方，或委托他人办什么事，在不面谈的情况下书写的一种条据。便条是一种简单的书信，内容简单大多是临时性的询问、留言、通知、要求、请示等，往往只用一两句话。便条都不邮寄，一般不用信封，多系托人转交或临时放置在特定的位置，有的时候甚至写在公共场所的留言板或留言簿上。简言之，便条是一种以传递信息、介绍情况、表达意愿为主的简明信函。常见的有请假条、留言条、托事条等。

便条的特点是简便、写作方法灵活，不受太多限制，以说明为主。具有一般书信的特征，要求简明扼要地交代清楚写给谁、什么事、谁写的、何时写的。一般采用第一人称写法。

（二）请假条的写作

请假条，是请假人因公、因病、因事，自己所写或他人代写的请求允许不参加某项工作、学习、活动等的说明性文书。请假条按请假的原因，一般分为病假条和事假条两种。

请假条一般最常用的格式如下：

1. 标题。第一行居中写“请假条”。

2. 上款。第二行顶格写称谓，后加冒号。

3. 正文。第三行空两格。要求写明请假缘由、起止日期及天数。

4. 结束语。写“请批准”或“请批准为谢”等。也可另起一行空两格写此致，再另起一行顶格写敬礼，加感叹号。

5. 下款。在正文右下分两行书写，第一行署名，如，请假人：×××。若请假人是学生的，为表示尊敬，亦可写为“学生：×××”。第二行写清楚日期，如，×年×月×日

【示例】

请　假　条

张老师：

今天，我因感冒发烧，不能到校上课，特向您请假一天，医院证明后补。请予批准为谢！

请假人：张　华

×年×月×日

请　假　条

王老师：

我因患急性肠炎，须去医院就诊，不能到学校上课，特向老师假一天，医院证明随后补上，请予批准。

此致

敬礼！

您的学生：李　兰

×年×月×日

请 假 条

尊敬的×园长：

我和女友×××商定于__月__日举办婚礼，需要从__月__日起请假__天，于__月__日正常恢复上班。目前手头的工作已经基本完毕，其他工作已经交付完毕。请予批准。

此致

敬礼！

请假人：×××

____年__月__日

二、条据

（一）条据的概念、类型及作用

条据是个人或单位之间因买卖、借钱、借物等关系给对方的一种作为凭证或说明的具有固定格式的条文。常用的有借条、欠条、收条、领条等。此类条据具有法律效力，可以作为处理借贷纠纷的依据，可以作为维护人们合法权益的凭证，也是解决信用危机的一个途径。但是，如果书写条据不谨慎，容易让不法分子钻空子，成为他们违法犯罪的工具。因此，我们在写条据时应当慎之又慎，规范书写。条据一般由标题、正文、结束语和落款四部分组成。

（二）常见条据的写作

1. 借条

借条是一种凭证性文书，打条人在归还所借钱或物之后必须将其收回毁掉。借条的写作格式与要求具体如下。

(1) 首行居中写标题，字号稍大。标题的写法有两种，一种是直接由文种名构成。即写上“借条”或“借据”字样；另一种是把正文的前三个字作为标题，而正文从第二行顶格处接着往下写。如用“今借到”作标题。

(2) 正文一般是在第二行空两格处开始写，但以“今借到”为标题的借条是不空格的。内容须简洁明了，依次写清楚被借方名称、被借物名称及数量、物品借期、归还时限（具体到年月日）。如果所借之物为钱财的，若有利息要进行约定并标明具体数字，末尾使用句号。文后加“此据”二字。笔者不主张“此据”转行书写和与尾句之间有空隙。以防被添加内容，给不法分子以可乘之机。

(3) 凡借据中涉及数量的数字均要大写，用汉字零壹贰叁肆伍陆柒捌玖拾佰仟万（以下各类型条据同），以防涂改或添加。

(4) 落款包括借方姓名和日期，分两行书写在内容右下角。姓名必须与身份证相符，日期具体到年月日，由借方签写。正规借条还应该加盖借方私人印章，以示负责。

(5) 书写时必须使用黑色墨水，毛笔钢笔均可，切勿使用铅笔或易褪色的笔墨。

【示例】

借 条

今借到李明人民币壹仟贰佰捌拾元整，借期一年，利息按还款时银行贷款利率的壹点伍倍计算，到时一次性还本付息。此据。

借款人：张 华

×年×月×日

今　借　到

学校摄像机壹个、笔记本电脑壹台作为录制公开课之用，借期一天，到时一次性归还。此据。

借方：王　玲

×年×月×日

2. 欠条

欠条是向个人或组织借了钱、物，未全部归还，尚有部分拖欠，对拖欠部分打的凭条；另外，当借钱、物时未打借条，事后补写的凭条，也叫欠条。欠条的写作格式与要求具体如下。

(1) 首行居中写"欠条"二字，标题字号应略大于正文。

(2) 标题下方另起一行，空两格书写正文。内容须简洁明了，依次具体写清楚被欠方的姓名，所欠钱、物的名称，已归还的数量、仍拖欠的数量，归还拖欠部分的时间(具体到年月日)。

(3) 凡欠条中涉及数量的数字均要大写，以防涂改或添加。

(4) 落款分两行书写于正文右下方，姓名在上，日期在下。

(5) 书写时必须使用黑色墨水，毛笔钢笔均可，切勿使用铅笔或易褪色的笔墨。

【示例】

欠　　条

原借到×级×班班费人民币贰仟元整作为学生李×的住院费，现已归还壹仟元整，尚欠壹仟元整，下个学期开学报名时一次性还清。此据。

×级×班学生：李×

×年×月×日

【示例】

欠　　条

×年×月×日曾向班主任陈×借人民币贰佰壹拾元整作为生活费，今补欠条，一个月后一次性还清，特此为证。

×级×班学生：李×

×年×月×日

3. 领条

领条是个人或单位向其他个人或单位领取物品时留给发放人的凭据。领条是物品发放与接收活动的反映，可以作为证明，留备事后核查。领条的写作格式与要求具体如下。

(1) 当面点清所领物品的种类与数量，准确地写到领条上。

(2) 首行居中写标题"领条"二字，或不写标题。

(3) 在标题之下，另起一行，空两格，开始书写正文。

(4) 正文内容要写清楚领取人名称，领取物品名称、种类、数量。数目字要使用汉字大写，以防涂改。

(5) 在正文右下角写清楚经手人姓名和打条日期。

(6) 书写时必须使用黑色墨水，毛笔钢笔均可，切勿使用铅笔或易褪色的笔墨。

【示例】

领　　条

今领到学校总务科发给数学教研组的粉笔贰拾盒，碳素墨水叁瓶，备课本拾伍个，钢笔拾伍支，此据。

数学教研组组长：杨××

×年×月×日

4. 收条

收条是收到别人或单位送到的钱物时写给对方的一种凭据性的应用文。收条也称作收据。收条也是日常生活中常见的一种应用文样式。收条一般适用于下列一些场合。

(1) 原来借钱物或欠钱物一方将所借、欠的钱物还回时，借出方当事人不在场，而只能由他人代收时可以写收条。如果当事人在场，则不必再写收条，而只把原来的借条或欠条退回或销毁即可。

(2) 个人向单位或某一团体上缴一些有关费用或财物时，对方需开据收条，以示证明。

(3) 单位和单位之间的各种钱物往来，均应开据收条。当然，在正式的场合下，一般都有国家统一印制的正式票据，这属于另一类情况。

收条一般来讲有两类。一类是写给个人的收条，一类是写给某一单位的收条。

单位出具的收条通常是由某一个人经手，而以单位的名义开据。

收条的写作格式与要求具体如下。

(1) 首行居中写标题，字号稍大。标题的写法有两种，一种是直接由文种名构成。即写上“收条”或“收据”字样；另一种是把正文的前三个字作为标题，而正文从第二行顶格处接着往下写。如用“今收到”“现收到”“已收到”“代收到”作标题。

(2) 正文一般是在第二行空两格处开始写，但以“今收到”为标题的收条是不空格的。正文一般要写明收到的钱物的数量、物品的种类、规格等情况。涉及钱或物的数字一律使用汉字大写，以防添加和涂改。

(3) 落款一般要求写上收钱物的个人的姓名或单位的名称，在署名的正下方署上收到的具体日期，一般还要加盖公章。是某人经手的一般要在姓名前署上“经手人：”的字样。是代别人收的，则要在姓名前加上“代收人：”字样。

(4) 收条在写作时，务必清点好收到的物品、钱款的具体数额，做到准确无误、不出差错。

(5) 书写时必须使用黑色墨水，毛笔钢笔均可，切勿使用铅笔或易褪色的笔墨。

【示例】

收　　条

今收到××学校交来培训费叁仟元整，此据。

××培训中心(盖章)

经手人：张××

×年×月×日

代　收　到

刘晓红同学还给张琼老师的网球拍壹副，完好无损。

代收人：李×

×年×月×日

三、便条与条据写作的注意事项

写便条既要做到要言不繁，一望而知，又要注意交代清楚下述四点：一是写给谁的，二是什么事情，三是谁写的，四是什么时候写的。

写条据应注意几点：

1. 字迹要端正清楚，要用深色墨水书写，以防涂改。如果确实需要改动，要在涂改处加盖印章，以示负责。

2. 对外使用的条据，写对方单位名称要用全称。

3. 涉及物品的，要写明名称、规格、数量。

4. 涉及金钱要写明金额，必须用大写，以防篡改。表示钱的数额前必须写出货币名称并紧密相连，如："人民币""美元""欧元"等，数额末尾还得加上"整"字，以防增减作弊。

5. 数字前不留空白，数字后面要写量词，如"元""个""双""斤"等。

温馨提示：写条据的十大忌讳

一忌空白留得过多。条据的内容部分与签章署名之间的空白留得太大，容易被持据人增添补写其他内容，或将原内容裁去，在空白处重新添加内容。

二忌大写、小写分不清楚。写条据时，如果只有小写，没有大写；或者小数点位置不准确，数字前头有空格；或大写、小写不相符，都容易被持据人添加数字或修改，甚至由此而引发民事纠纷。

三忌用褪色墨水书写。用圆珠笔或其他易褪色的墨水书写条据，倘遇保存不当、受潮或水浸时，字迹会变得模糊不清，并为某些别有用心的人用化学制剂涂抹留下可乘之机。

四忌不写条据日期。不写明日期的条据，一旦发生了纠纷，事实真相常常难以查清，对诉讼时效的确定也容易造成困难。

五忌条据内容表述不清。有的条据将"买"写成"卖"，"收"写成"付"，"借给"写成"借"等，都极易颠倒是非。

六忌名字不写齐全。条据上有姓无名或有名无姓，都会给对方留下行骗的口实和赖账的把柄。

七忌不认真核对。请别人或由对方写的字据，应字字斟酌，认真审核，不能稀里糊涂地签字盖章。

八忌使用同音同义字。姓名不要用同音同义字、多义字代替，否则也容易发生责任不清的纠纷。以身份证上面的名字为准，就具有法定的效力。

九忌印鉴不规范。由他人代笔书写或者代笔签名，而本人只在上面按一个手印，发生纠纷时，也很难认定责任。

十忌还款时不索回条据。还款还物时，对方若称一时找不到借条，应该让其写一张收据留存，这样才不至于给日后留下隐患。

总之，条据一经签订，一般对签约的各方就有了约束力，特别是经济性质的条据。因此，条据写得是否准确，权利与义务规定得是否严密、完备，关系当事人的切身利益，影响发生纠纷时是非曲直的判断和鉴别。所以，写条据时，必须认真慎重，熟悉各类条据的格式及写法，决不可掉以轻心。

写◇作◇训◇练

1. 便条的特点是什么？请根据自己了解的情况，说说在日常生活和工作中使用频率较高的便条有哪些？
2. 写作条据时，你觉得应该注意的事项有哪些？
3. 议一议：错误书写条据可能带来哪些不良后果？
4. 请规范书写请假条、借条、领条、欠条、收条各一份，注意格式与相关注意事项。

第三节 常用业务文书

一、计划

（一）计划的概念

计划是为了实现某一管理目标，完成特定的任务，开展某项工作或学习而预先做好的安排和设计，并用书面表达出来的一种事务性文书。既有单位的计划，也有个人的计划。在实践中，计划有许多其他名称，如：安排、要点、设想、方案、规划、打算等。

（二）计划的特点

1. 针对性

计划是根据党和国家的方针、政策，以及有关法律、法规，针对本系统、本部门的实际情况制订的，目的明确，具有指导意义。

2. 预见性

计划是在行动之前制订的，它以实现今后的目标、完成下一步工作和学习任务为目的。

3. 普遍性

实际的计划工作涉及组织中每一位管理者及员工，一个组织的总目标确定后，各级管理人员为了实现组织目标，使得本层次的组织工作得以顺利进行，都需要制订具体计划。

4. 目的性

任何组织或者个人制订的各种计划都是为了促使组织的总目标的实现和一定时期目标的实现。

5. 可行性

符合实际、易于操作、目标适宜，是衡量一项计划的重要标准。

6. 明确性

计划应明确表达出组织的目标和任务，明确表达出实现目标所需的资源以及所采取的程序、方法和手段，明确表达出各级管理人员在执行计划过程中的权利和职责。

7. 事务性

计划是为完成一定时期内的工作或学习任务而制订的，因而具有很明显的事务性。

8. 效率性

计划的效率性主要是指时间性和经济性两个方面。

（三）计划的类型

计划是一个统称，属于计划这个范畴的，还有规划、工作安排、设想、方案等。“规划”是比较全面、长远的具有战略性意义的计划。“安排”是适应时间短、内容比较具体的专项计划。“设想”是初步的、非正式的计划。“方案”是决策某项任务过程中，从目的要求、方式、方法到具体进度提出来供讨论的计划。

计划的类型较多，分类的方法也不相同，从实际工作应用来看，大致可分为以下几种类型。

按内容分，有学习、生产、教学、科研、销售计划等。

按范围分，有国际协作计划、国家计划、省市计划、地区计划、单位计划、部门计划、个人计划等。

按性质分，有综合性计划、单项计划等。

按时间分，有长期计划(10—15年以上)、中期计划(5年左右)、短期计划(一年及一年以下)。

按格式分，有条文计划、表格计划、综合计划。

(四) 计划的格式和写作要求

1. 计划的格式

计划一般由标题、正文、结尾三部分组成。

(1) 标题。标题即计划的名称。包括制订计划的机关或单位名称、计划的种类名称、适用期限。例如：《毕节市幼儿师范学校2014年工作计划》，其中“毕节市幼儿师范学校”是单位名称，“2014年”是计划适用期限，“工作计划”是计划种类。

(2) 正文。正文是计划的主体。一般包括：简单的前言、总的目标任务、制订计划的依据(上级总的要求、本单位情况分析等)；指标要求、具体项目；实施的步骤、方法与措施；完成的时间等。正文部分要写清楚“为什么做”(目的依据)、“做什么”(工作、学习任务和要求)、“怎样做”(工作方法、步骤和措施)等。为了条理清楚，计划的正文一般都分条分项地写。

(3) 结尾。结尾包括署名和日期。要标明制订计划的个人姓名或单位名称，写清制订计划的年月日，写在正文的右下方，署名在上，日期在下。如果标题中已有制订计划单位名称，这里也可以省略。如计划是呈报上级机关，或下发所属单位的，要加盖公章，否则无效。

2. 计划的形式

计划的常见形式一般有条文式和表格式两种。

条文式计划是把计划的内容分成若干部分，按照内在的逻辑关系排好顺序，写上序数和小标题。这种形式条理分明，层次清楚，便于贯彻执行。以进度、质量、措施为重点的计划常采用这种形式。

表格式计划是把计划要完成的任务用表格的形式加以罗列，有时加以简要说明。这种形式简洁明快，一目了然，可以省去许多相同的词语，便于对照检查。以数据为指标的计划常采用这种形式。

3. 制订计划的主要步骤

计划的制订，可以是自上而下的，即上级先发一个一般性的指标，由下级具体制订计划。如在制订乡镇工作计划时，可根据县级工作计划的总体思路而制订，村级可依据乡镇的工作计划，结合自身实际，制订自己的工作计划；也可以是自下而上的，即先由下级提交初步计划，上级根据下级计划综合成一个整体计划；有的还将两种方法结合起来，不断完善、修订后制订出较为切合实际的工作计划。要制订出一个切实可行的工作计划，一般事先都必须做好以下几项工作。

(1) 认真学习有关方针政策、上级有关文件，领会其精神实质，明确要制订计划的目标、任务、要求，制订出真正符合政策要求的工作计划。

(2) 分析制订计划的单位的现实情况。应该结合自身实际情况来制订，不能盲目地提出过高或过低的目标和要求，打击群众的工作积极性。

(3) 确定工作方针、任务措施和实施步骤。根据党的政策和上级要求并结合实际确定工作方针，明确具体方法和步骤，确保任务顺利完成。

(4) 听取群众意见，不断完善计划。在计划草案制订后，应在全体群众中宣读并展开讨论，倾听合理意见和建议，使计划得以完善。只有这样，计划才能反映出群众的共同要求，成为共同的奋斗目标。同时，随着时间的推移，事物在不断变化，计划中某些要求往往会出现问题，这就需要不断补充、修订，使其更加完善,更加切合实际。

4. 计划写作的注意事项

(1) 对上负责原则。要坚决贯彻执行党和国家方针政策、上级的指示精神,反对本位主义。

(2) 切实可行原则。要从实际出发定目标、定任务、定标准,既不要因循守旧,也不要盲目冒进。

(3) 集思广益原则。要深入调查研究,广泛听取群众意见、博采众长,反对主观主义。

(4) 突出重点原则。要分清轻重缓急,突出重点,以点带面,不能眉毛胡子一把抓。

(5) 防患未然原则。要预先想到计划试行中可能发生的偏差、可能出现的故障,要有必要的防范措施和补充办法。

【示例】

××幼儿园2013—2014学年第二学期工作计划

一、指导思想

继续认真学习《幼儿园教育指导纲要(试行)》,深刻领会《纲要》精神,转变教育观念,全面推进园内课程改革;加强园务管理,规范与细化管理过程,发挥领导小组团结合作、吃苦耐劳、以身作则的精神;加强教师教育教学管理,落实课程改革的具体措施;坚持保教结合的原则,重视师资队伍建设和幼儿的素质教育,为创设良好的教育氛围,提升保教质量而努力奋斗。

二、工作要点

(一) 保育工作

1. 对照省卫生保健要求,逐条学习,结合本园实际逐一落实。实际操作中加强对保育工作的自查与互查工作,及时表扬典型,规范操作过程。

2. 坚持每日的全园安全巡视工作,加强各条线教职工的安全防范意识,继续严格幼儿接送制度,对发现的问题要及时汇报、及时指出,严格管理好幼儿,杜绝事故发生。

3. 各室、各条线要做好幼儿园环境、物品的清洁卫生工作,有专人负责安排并做好检查记录;做好财产的保管与利用工作,各类财产落实到人,责任到人。

4. 重视幼儿的体育锻炼,保证幼儿有足够的户外活动时间。教师不仅要自制一些小型多样的体育器具,还要继续发动家长参与体育器具的制作,不断丰富幼儿体育器具。引导幼儿积极参与体育锻炼和体育活动。增强幼儿的体质与自我保护意识,促进其身心和谐发展。

5. 继续根据上级保健要求做好幼儿的保健工作,消毒要按时到位,做好对多发病、传染病的防范工作。加强对幼儿一日活动的观察。重视幼儿生活常规的管理,继续抓好对幼儿生活常规的检查与评比工作。

(二) 教育教学工作

1. 幼儿常规教育是教育之首要工作,如何把班级工作做细做实,保证幼儿良好常规的形成,需要教师的爱心、耐心和用心,在常规教育中,鼓励教师多加学习,学习先进的教育理念,学习园内优秀教师的教育方法,感受幼儿入小学后的学习常规要求,来研究常规教育的内容、方法、形式、途径,并运用相关的检查方式,尽力使幼儿的生活常规、学习常规有不同程度的提高。

2. 继续把《纲要》精神作为教育教学的思想依据、行动指南,本学期,全园全面推开新课程模式,协调配班教师的工作内容与形式,加强环境与教育的互动与结合,关注幼儿学习的过程与一日生活中知识内容的有机渗透,重视对教师教育教学过程中的指导、检查与调控,以改革课程模式为契机,加强管理过程,推进教育质量。

3. 给教师留有创造性教育教学的空间,要求教师对同一主题的教学方案进行修改,体现个人的教育理念与教学风格,开展主题方案评比,力求主题方案在不断的修改中加以完善,为逐渐形成具有本园特色的课程模式奠定基础。

4. 对教师继续进行随堂听课，及时了解教师的教育观念、教学水平及幼儿的学习常规、学习习惯、发展情况等。随堂听课后及时反馈，共同探讨，对能解决的问题当场解决。

5. 结合本园实际，本着促进幼儿发展为目的，积极开展丰富多彩、寓教于游的活动。围绕各类主题与节日安排开展各种活动，本学期设想组织幼儿大带小活动、“六一”系列活动等，发展幼儿的交往能力、语言表达能力，培养他们对家乡的热爱之情，对自然、环境的关爱之心。

（三）队伍建设

1. 要发挥领导小组团结合作、吃苦耐劳、以身作则的精神；团结合作是加强园务管理，规范与细化管理过程的有力保证；吃苦耐劳要求班子成员要讲付出讲奉献，一切要从幼儿园整体利益出发，讲大局识大体；严于律己，宽以待人，工作中要做教师的领头羊，成为教师学习的榜样，要帮助青年教师提高思想素养，提升业务水平。

2. 为教师树典型立榜样，带教师勤学习多反思，并开展各类评比活动，增强教师的师德意识、责任意识和敬业精神。以饱满的热情，务实的态度投身于教育教学事业。

3. 继续要求教师通过集体学习与个人学习相结合方法来学习教育理论，做好教育笔记的撰写和教育理论的摘抄，围绕课程的改革展开讨论与研讨，通过学习—实践—反思这样的不断循环过程促进教师理论与实践的统一。

4. 教师要对照个人目标要求，对存在的差距，采取一些具体的措施，逐步来达成自己既定的目标。教改带头人、教学能手、各级各类优秀工作者要发挥榜样带头作用，对教学能手以上的教师，要“压担子、明任务”，要认真完成上级的要求与规定。

5. 继续开展“拜师学艺”活动，“师傅”要把带好“徒弟”看作是自己的一项重要工作，是幼儿园发展的奠基工作。“徒弟”则要严格要求自己，凡是公开课，都要与师傅共同研讨，要有磨课研课的过程。整个活动中师徒两人要多研讨多交流，不断提高上课质量，互帮互学，共同成长。本学期开展同课题徒弟上公开课活动，并进行“优秀师徒”评比活动。

6. 不断修改与完善教师考核制度，继续执行“多劳多得、优绩优酬”的分配制度，增强教师的紧迫感、责任感与集体荣誉感。

（四）教科研工作

1. 结合幼儿园课程改革重点，要开展丰富多彩的教研活动，加强对单一教学活动的研究、对主题活动中教师整合理念落实的研究、对环境与教育和幼儿互动的研究，加强反思与实践。让课程改革活动真正落到实处。并组织好人人一堂实践课活动。

2. 根据课题《科学认读与幼儿心理发展》的实施情况与经验，扬长避短，继续做好课题的实验工作。重视课题的过程管理，重视活动过程中资料的积累。本学期课题进入结尾阶段，要组织教师总结实验中的经验与成绩、反思实验中的不足与教训、研究科研给幼儿与教师带来的促进与发展。要组织人员做好实验中资料的归类入档工作。

3. 课题《动手做中促进幼儿潜能开发》《幼儿园探究性教育活动的研究》进入实施阶段，科研人员要作好指导、分析、汇总等工作，实验人员要根据幼儿年龄特点，根据自身的专长特点做好课题的实施工作。

4. 重视环境育人的教育功能，要创设切合课题的教育环境，创设与幼儿互动的教育环境，创设幼儿乐于参与的教育环境。

（五）家长工作

1. 通过多种家园联系方式，及时反馈幼儿在园的学习、生活情况，如：举办家长会、向家长开放半日活动、填写家园联系册、出好宣传栏等。让家长更明确幼儿园的教育任务，以便家园更密切的加以配合。继续听取家长合理正确的意见和建议，努力改进幼儿园的保教质量，做好服务于家长，教育好幼儿的双重工作。

2. 继续办好幼儿园的展示栏，更换要及时，内容要丰富，要抓住园内主题教育的热点，幼儿的亮点推出展示栏的内容,让其成为家园的一座互动桥。对家长几学期来的教育心得文章汇编成册,不断提高家园的育儿水平。

3. 课程改革需要整合家长一块的资源,我们先要做出成绩,让家长看到幼儿的发展与进步,努力取得家长的对课程活动的支持与配合。保证我们课程改革的顺利开展。

4. 开展"百名教师访千名家长"活动,教师要主动走访幼儿家庭,了解幼儿在家情况,切实加强家园配合,促进幼儿不断发展。

三、每月工作安排

2 月份

1. 幼儿报名注册,稳定幼儿情绪

2. 据保教工作要求,做好后勤服务工作与教育准备工作

3. 完成各类教育计划

4. 出好家园展示栏、联系栏

3 月份

1. 完成各类计划检查

2. 小班家长会

3. 围绕"三八妇女节",与幼儿开展主题活动

4. 随堂听课

5. 环境检查

6. 教师讲座

7. 幼小衔接活动

8. 围绕整合活动的各类检查

4 月份

1. 中班家长会

2. 与"姐妹园"进行业务交流活动

3. 幼儿常规检查月

4. 教师讲座

5. 教师实践课活动

5 月份

1. 大班家长半日活动

2. 与"姐妹园"进行业务交流活动

3. 教师撰写论文

4. 课题组活动

(1) 庆"六一"幼儿系列活动

(2) 汇编家园教育心得

6 月份

1. 同课题比赛活动

2. 整合主题教学方案反思活动与教案检查

3. 评选各类优秀

4. 各项工作考核评估

5. 完成各类总结,资料整理归档

6. 总结课题活动情况

2014 年 1 月 25 日

通过例文我们可以对幼儿园计划的写作要求归纳如下。

第一，保证全面贯彻《幼儿园教育指导纲要》等幼教法律法规及各部门幼教政策。

第二，以幼儿年龄特征、实际发展水平为计划依据，做到因材施教。

第三，注意幼儿园各项工作的系统性、整体性与一致性。

第四，计划要有可行性。

二、方案

方案是进行工作的具体计划或对某一问题制定的规划，是计划中内容最为复杂的一种。由于一些具有某种职能的具体工作比较复杂，不作全面部署不足以说明问题，因而公文内容构成势必要烦琐一些，一般有指导思想、主要目标、工作重点、实施步骤、政策措施、具体要求等项目。

方案的内容多是上级对下级或涉及面比较大的工作，一般都用带"文件头"形式下发，所以不用落款，只有标题、成文时间和正文三部分内容。

1. 标题与成文时间

方案的标题有两种写法：一个是"三要素"写法，即由发文机关、计划内容和文种三部分组成，如《北华大学五年发展规划总体方案》；一个是"两要素"写法，即省略发文机关，但这个发文机关必须在领头的"批示性通知"（文件头）的标题中体现出来，如《治理采掘工业危机，实现良性循环方案》。成文时间，为郑重起见，方案的成文时间一般不省略，而且要注在标题下。

2. 正文

方案的正文一般有两种写法。

(1) 常规写法，即按"指导方针""主要目标（重点）""实施步骤""政策措施"及"要求"几个部分来写，这个较固定的程序适合于一般常规性单项工作。

(2) 变项写法，即根据实际需要加项或减项的写法，适合于特殊性的单项工作。但不管哪种写法，"主要目标""实施步骤""政策措施"这三项必不可少的，实际写作时的称呼可以不同，如把"主要目标"称为"目标和任务"或"目标和对策"等，把"政策措施"称为"实施办法"或"组织措施"等。在"主要目标"一项中，一般还要分总体目标和具体目标；"实施步骤"一般还要分基本步骤或阶段和关键步骤，关键步骤里还有重点工作项目；"政策措施"的内容里一般还要分"政策保证""组织保证"和"具体措施"等。

方案也可以是下级或具体责任人为落实和实施某项具体工作而形成的文件，然后报上级或主管领导批准实施。写法要求与下发式方案一致。

【示例】

幼儿园六一儿童节活动方案

一、活动目标

通过开展"六一"系列活动，使幼儿在积极地参与中体验合作与交往的快乐，从而度过一个幸福、难忘的"六一"儿童节；使家长在参观和参与幼儿的节日庆祝活动中，进一步感悟幼儿教育的观念，从中使自己对如何教育孩子有所启发，通过向家长、社会展示幼儿的"六一"活动，进一步塑造本园的良好形象；同时，将幼儿园孩子们近期的所学效果展示给家长，让家长看到孩子在幼儿园的全方面提升与成长，从而更好地促进我们幼儿园教学与活动等方面如期顺利完成。

二、活动主题和宣传口号

1. 活动主题：幼儿园的快乐，成长的空间

2. 宣传口号：幼儿园是孩子们快乐的天地，您的孩子将会在我们的幼儿园度过快乐的童年，做快乐孩子，做快乐家长，做快乐老师！（解放孩子的思维，使孩子会学；解放孩子的嘴巴，使孩子会说；解放孩

子的双手，使孩子会玩；解放孩子的双手，使孩子会做自己力所能及的事。）

三、活动准备

1. 布置富有欢庆气氛的环境（班级环境及全园周围环境）并张贴相关宣传标语。如条幅、宣传页、喷绘、写真、气球、彩带等方面，让幼儿园有全新的变化，同时可在活动前期，对幼儿园的环境进行大清除、大整理，给家长孩子们一个全新的空间。

2. 以班为单位作好参加活动的准备

(1) 排练一些童话故事或富有情节的舞蹈节目。

(2) 抓好幼儿生活技能的教育和学习：洗手绢、袜子、杯子等生活用品，也可以练习扫地、擦桌子等生活小细节。

(3) 培养幼儿与不同年龄班级的小朋友交往与和合作的能力：做游戏、借东西、过家家等。

(4) 收集废旧物品；每班设计一个结对子游戏。

(5) 专业培养孩子们学习超右脑识字法(CYS)，总结方法，提前练习。

(6) 材料样品。

3. 由幼儿园准备活动奖品和礼品。（奖品可考虑凡是参与孩子均可以不同名义配发奖品，提高孩子参与活动的积极性，还可适当考虑加入家长的奖品准备）

4. 准备场地、布置家长到位后的场地安排。提前做好各项工作。

四、活动内容

（一）活动倡议

1. 目的：为了使幼儿能度过一个愉快、难忘而有意义的"六一"儿童节，倡议本园全体教师和全体家长积极为幼儿创设欢度"六一"的节日环境与氛围，共同鼓励幼儿积极参与"六一"节的各项活动。

2. 时间：2011 年 5 月 20 日至 2011 年 6 月 1 日。

3. 对象：本园全体教师、幼儿和家长。

4. 办法：通过在本园的板报向教师、家长发出倡议和向每个幼儿的家长发送倡议书引起家长的重视，争取全体教师和家长对此次庆祝活动的配合与支持。

（二）系列活动

本次"六一"儿童节活动以"幼儿故事、童话剧、舞蹈表演""巧手儿比赛""小能人比赛""巧嘴儿比赛""结对子游园""识字课展示"等系列活动的形式来进行。

1. 幼儿故事、童话剧表演、舞蹈表演赛

(1) 目的：通过参加幼儿故事、童话剧的表演、舞蹈表演，培养幼儿对文学作品的兴趣；培养幼儿对文学作品的表现力以及孩子对儿歌故事的动作支配能力。

(2) 要求：每班准备一个幼儿故事或童话剧、舞蹈表演，体现人人参与；选材符合本班幼儿水平；表演活泼、大方；服装设计符合剧情需要；根据剧情的需要配有一定的背景和表演用的道具；讲述、配乐录音良好。

(3) 评奖：根据表演评出节目表演奖、最佳舞台设计、最佳小演员。

A. 节目表演奖：从参赛的 12 个节目中评出特等奖 2 个，一等奖 3 个，二等奖 7 个。

B. 最佳舞台表现奖：从参赛的 12 个节目中评出最佳舞台表现奖 6 个。

C. 最佳小演员：从所有参赛的演员中评出最佳小演员 10 人。

2. 巧手儿比赛（环保时装设计和制作比赛）

(1) 目的：通过举行环保时装设计和制作比赛，培养幼儿的动手制作能力及创新意识；进一步培养幼儿的环保意识。

(2) 内容与要求：要求幼儿人人参与，即参与收集废旧物品、参与环保时装的设计和制作；在制作的过程中保持周围环境的清洁；要求幼儿的制作在 1 小时内完成（可制作一件上衣或裙子或裤子）。也可以提前邀请家长一道与孩子们进行服装的制作，互相配合，使家长体验幼儿生活。

(3) 比赛形式：以班为单位进行比赛，由带班教师和生活老师组织指导幼儿制作活动，备课教师到抽签的其他班跟班检查、评比。同时可举行一场儿童时装秀的节目，将孩子们制作的服装穿在孩子们的身上，进行进一步的展示；同时家长也可以参与其中，抽取几位配合能力比较强的家长穿上自己制作的服装与孩子们一道表演，展示幼儿园家园共育的良好作风，使家长能感受到幼儿园的潜力所在。

(4) 评奖：根据幼儿和家长的设计和制作情况评出班级奖和最佳作品奖，同时可以评出最优秀家长奖。

A. 班级奖：根据幼儿制作的总体情况分别评出特等奖3个，一等奖4个，二等奖5个。

B. 最佳作品奖：根据幼儿的环保时装作品所表现出的创造性和制作的水平、质量评出最佳作品50件给予奖励。

C. 最优秀家长奖：根据家长在整个活动的实施过程中所表现出的配合能力、协助能力、表演能力等等方面选出几位。

3. 小能人比赛

(1) 目的：通过开展“小能人比赛”，培养幼儿自己主动做事的好习惯；进一步提高幼儿动手做事的能力。

(2) 要求：要求幼儿能迅速地把放在一起的玩具物品进行分类、整理，并放在合适的地方；要体现分工与合作，并有序地进行。

要求孩子能干净、利落的将自己的个人物品进行整理并清洗、如清洗小杯子、小手绢等，看孩子的独立自主能力。

(3) 比赛形式：大班选取“迷你餐厅”来进行玩具、物品的分类、整理比赛；中班选取娃娃家“小人国”来进行玩具、物品的分类、整理比赛；小班在本班级进行教室玩具、物品的分类、整理比赛。

可提前准备孩子们的一些日用品，并且把要用到的洗衣粉、洗衣盆、肥皂等用品提前分好份，并备份好，看孩子们的速度、顺序、质量等等方面进行比赛。

(4) 评奖：根据比赛的速度和分类、整理的现场结果分别评出一等奖、二等奖(学前班、大班一等奖2名，中班一等奖2名，小班一等奖1名，其余为二等奖)。

根据孩子们的清洗时间、清洗质量等方面进行评比，基本上参与的孩子都有不同奖项即可。

4. 巧嘴儿比赛

(1) 目的：通过开展比赛，促进我园幼儿的语言表达能力的进 步提高，即幼儿爱说、会说、敢说；培养幼儿大胆展现自我的精神面貌。

(2) 内容与要求：要求所有的选手均要参加以下三项内容的比赛。

A. 故事演讲比赛：要求选手进行4分钟以内的故事演讲，演讲时，要求普通话准确，语调、表情、体态语言与故事情节相符。(满分为10分)

B. 环保时装表演：要求选手们身着自己设计和制作的环保时装(可以和爸爸、妈妈共同制作)随着音乐大胆地进行时装表演；随后回答有关环保时装设计和制作的有关问题。(表演和回答问题各5分，满分为10分)

C. 智力抢答：要求选手们根据主持人提出的问题进行抢答(分大、中、小三组进行抢答)，每答对一题给1分。

(3) 比赛形式：各班在进行预赛的基础上，选派出3名幼儿参加平行班的半决赛，在半决赛中，学前班和大班共选出6名幼儿、中班选出5名幼儿、小班选出4名幼儿参加全园的决赛。

(4) 评奖：根据参赛选手的总得分评选出巧嘴儿10名，其余评为优秀选手。

(5) 比赛时间：预赛可在4—5月灵活进行，半决赛在5月中旬进行，决赛在5月28日进行。

5. 结对子游园

(1) 活动目的：使幼儿通过参加游园活动，进一步感受到“六一”儿童节的快乐；培养幼儿与不同年龄的小朋友合作与交往的能力，并使他们体验到合作与交往的快乐。

(2) 活动要求：要求幼儿能积极、大胆地与不同年龄的小朋友结成对子参加“六一”游园活动。

(3) 游戏内容：每班设计一个游戏项目，游戏要求以两人为单位进行设计。

(4) 活动形式：幼儿结成对子后，到各个礼品发放点领取“六一”礼品，然后和自己的对子一起到各游戏点参加游戏。

6. 识字展示

(1) 活动目的：往常情况下的六一节目基本上都为节目表演，而音乐舞蹈等方面于家长而言，有可能仅是一时的感觉，而不能对幼儿园做更进一步的了解，没有特别的优势作为幼儿园的宣传亮点。进一步而言，家长喜欢什么，我们就可以投其所好，据不完全调查了解，目前县级、乡镇级、农村级幼儿园的家长一般情况下对幼儿园的要求基本上均为识字、算术、吃玩等。于是我们也可以将幼儿园的识字作为游戏或者展示会表现给家长。比如“找朋友的游戏”“扔球球的游戏”等诸多游戏均可作为识字的展示。

(2) 活动要求：学习CYS项目一段时间的不同年龄段孩子，要求老师提前做好准备，如字宝宝的准备，还有与游戏配套用到的部分道具。

(3) 活动内容：如下游戏，任意选择均可！

A. 指字卡游戏：老师将字卡分别放在教室的不同地方。一组小朋友读，一组小朋友找，按时计算，先找到者为胜方。

B. 带字卡做操：老师可带领孩子做一个简单的伸展运动，边做动作边读字卡，老师做示范，孩子一起做，老师读，孩子做动作，也可让孩子一组读，另一组孩子做动作。

C. 我说你接：让小朋友围成一个圆圈站好，老师也在其中，读一张小朋友接一张，依次往下进行，所有的字卡分别让小朋友接。

D. 扔球读卡：把小朋友分成若干组，围成圆圈蹲或者坐，每组一个球，每组一部分字卡，一个孩子先拿球，然后将球滚出，球要依次滚到拿字卡的小朋友手中，拿字卡的孩子读出自己手中的字卡，游戏反复进行。

E. 找朋友：小朋友围成一个长方形，一个小朋友拿着字卡站在外围，在字卡放在哪个小朋友身后，哪个小朋友就站起来，拿着字卡找朋友。尽量让每个孩子都有锻炼的机会。

F. 歌曲串编：老师启发孩子开动脑筋，一起唱一首学过的儿歌，再把学的字卡编成曲调唱歌起来。比如“小燕子，穿花衣，年年春天来这里”用这个曲调，换词“太阳啊，日出哦”。

G. 变魔术：老师找一个装饰得很漂亮的袋子，告诉孩子这是个神奇的袋子，里面能变出来很多好东西，请小朋友注意看，老师神秘地在袋子里摸几下后，拿出一张字卡然后两张、三张，让孩子念完，并数数几张字卡，再变出礼物发给孩子。

H. 兔子找家：老师扮演老狼，其他小朋友扮兔子，老师把小朋友分成五组，提前在地上画好五个大圈，每个圈里有一部分字卡，游戏开始时，播放一段音乐，小朋友用手做兔子耳朵，跟着跳，突然音乐停止，老狼出现，小朋友跳进圈内，并大声说出字卡名字，狼抓住的速度慢，没跳入圈内的小朋友，然后换狼的扮演者，继续游戏。

I. 拍手拍卡游戏：小朋友围成长方形，请一名小朋友和别人，字卡拍手，老师发出什么指令，小朋友就拍谁和字卡，并读出来，依次进行。

J. 听指令蹦跳：给小朋友发字卡，老师发出指令，比如“太阳”，字宝宝蹦一蹦。字卡轮流拿，小朋友一直换蹦。（注意安全）

K. 串串香：把字卡排队放在前面，把小朋友分成四组或两组，老师读哪张字卡，小朋友就像串串一样，站成一队，哪一组时间最短，哪组获胜。

L. 萝卜蹲：把小朋友分成白红萝卜两队，一对蹲，另一队读字卡，轮流读，哪队反应快、用时短、读字卡整齐又正确，哪队获胜。

M. 彩色的气球：老师把小朋友分成四组围成四个圈，并准备红黄蓝绿气球各一个，再分组分别为红气球队、黄气球队、蓝气球队、绿气球队，四队分别读字卡，哪组表现好，就把气球奖励给哪组。其他组给这队棒一棒，“红气球你真棒”！

N. 单腿跳：全班小朋友分组全部单腿跳，跳一下读一张字卡2到3遍，谁坚持不住，谁出局站一边，哪组剩下的人多哪组胜出。

O. 和字卡交朋友：让每个小朋友上台，先介绍“我叫××，你是‘日出’，很高兴见到你，再见”，每个小朋友介绍自己，说出来字卡的名字，既锻炼了小朋友，又增加了趣味性。

P. 说说指指：请一个小朋友上台，老师可把字卡贴到黑板上，小朋友说哪张字卡，其他小朋友指哪张字卡。

Q. 抢椅子：老师把椅子摆成一排，每把椅子上放上一张字卡，把小朋友分成两组，站在椅子两侧，放音乐，音乐一停，老师读哪张字卡，小朋友边读边抢椅子上的字卡，并举起来领其他小朋友读，然后这个小朋友坐在这把椅子上不动，哪组小朋友抢的椅子多，哪组小朋友获胜。

(4) 活动形式：以游戏的方式去让孩子展示所学的知识，既生动有趣还可以与家长互动，让家长有参与、有口碑、有宣传。

五、活动时间安排

5月20日—6月1日：可以选取几个代表性的节目进行统一汇演，邀请全体家长参与，并选举出几个较为方便的节目，以便外出宣传时可以继续使用。

幼儿园活动方案的写作，除了拥有写作计划的共性要求之外，还有自身特别的要求，现将其归纳如下。

第一，目标要明确，指导思想与现行幼教法律法规及相关政策保持高度一致。

第二，方案各部分内容安排要合理，注意详略得当，尤其要详写具体活动步骤以及保障措施。

第三，方案安排的活动内容要符合幼儿年龄、心理特征及认知水平。

第四，方案要具有很强的可操作性。

三、总结

(一) 总结的概念及分类

总结是单位和个人对一定时期内的工作、生产、学习等方面进行回顾与检查，进行全面系统的分析与研究而写成的书面材料。常见的工作汇报、个人小结、经验交流材料等，都属于总结的范畴。

总结的种类比较多，按内容分，有工作、学习、劳动、思想总结等；按性质分，有综合总结、专题性总结等；按时限分，有年度、季度、月份、阶段总结等；按范围分，有单位、部门、班组、个人总结等；按表达方法分，有陈述性总结、论述性总结。常见的总结有综合性总结、阶段总结、会议总结。

(二) 总结的格式与写作要求

总结一般由标题、引言、正文、结尾等部分组成。

1. 标题

标题，即总结的名称。有全称式、简称式和文章式标题三种。全称式标题包括写作总结的机关或单位名称、总结时段、内容及文种名称，如《××学校2014年上半年工作总结》。简称式标题包括总结时段、内容和文种名称，如《2014年教学工作总结》。文章式标题一般按总结的主题来拟定，如《突出特色教育，走多元化办学之路》。

2. 引言

通常总结主要内容作简要提示和交代的一个语段即引言，其作用是引出正文。

3. 正文

正文是总结的核心，结构比较规范，一般分为三到四个部分，依次说明所做的工作、取得的经验或成绩、存在的问题、今后的打算。重点是总结所做的工作、取得的经验或成绩。这两方面可以分开写也可结合写，篇幅一般占全文一半以上。具体的篇章结构可以根据不同的主题和不同的内容而有所变化。有的可分为现状与特点、问题与原因、措施与对策等三个部分，有的可分为基本做法、主要经验、存在的问题、心得体会等四个部分，还有的可以根据工作的几个方面来划分层次。

4. 结尾

结尾一般用两个语段简要给出结论或说明努力的方向、今后的打算等。也可不专设结尾。总结像其他文章一样也要署名，一般在正文的右下方写明总结的单位和日期。如在报刊上发表的总结，一般在标题下署名。

【示例】

幼儿园安全教育工作总结

幼儿园的安全工作任重而道远，把安全工作摆在幼儿园的日常工作中，强化了师生的安全意识，幼儿由于年龄小、自我保护意识较差，因此，根据班级幼儿的实际情况，制订了安全工作计划，并开展一些相应的安全教育活动。

一、开展一次生动、有趣、富有教育意义的“安全知识我知道”的竞赛活动。

让幼儿们知道了“不跟陌生人走，不随便跟陌生人说话”“不吃陌生人送的食物”“不远离集体单独行动”“遇到危险如何逃生”“安全标志知多少”以及“游戏活动安全注意事项”等。通过这样的竞赛活动，认识一些安全标志，增强了幼儿的安全防范和自我保护意识和能力，对保障幼儿安全工作起到了积极作用。

二、组织一次“参观消防队”的活动。

为了帮助幼儿树立防火意识，我们全园的小朋友认识了消防车的结构，通过教师的讲解，了解遇到火灾时的基本自救常识。同时围绕“着火了怎么办”进行了谈话活动。随后，幼儿又参与了消防演练活动，通过这样直接的学习，幼儿增加了保护自己的方法，提高了安全意识。

三、进行安全工作自查。

幼儿园教师及时地对班级里的桌椅、午睡室的床铺等进行检查、修理，防止一些安全隐患的存在。班里两位老师就一日生活中容易出现的不安全因素进行排查，如午睡时，多提醒睡在床上的幼儿不要站起来，提醒幼儿不带小玩具进午睡室，盥洗活动中不吵闹、不推不挤等。排除幼儿自身不安全因素，如要勤剪指甲，以免指甲过长伤到别人，书包里不放危险性的物品，如小刀等一些尖锐物品，进一步强化幼儿的安全意识。

四、安全教育渗透于一日活动中。

1. 通过谈话，观看安全教育录像等活动，利用发生在身边的一些事故对幼儿进行教育，使幼儿了解一些安全事故及自我保护的案例，提高幼儿的自我保护能力。

2. 在主题教学活动中，如人体的骨骼，让幼儿在认识骨骼的基础上了解我们应该如何保护好自己的骨骼，使骨骼不受到伤害。幼儿能够积极地参与讨论，如：不从高处往下跳，以免发生骨折；遵守交通规则，以免发生安全事故、伤到骨骼；等等。

总之，安全工作是一项长抓不懈的工作，只有把安全工作放在首位，才能保证幼儿的身心得到健康的发展。

×××幼儿园
×年×月×日

四、简报

（一）简报的概念与用途

1. 简报的概念

简报是党政机关、企事业单位、社会团体用于汇报和通报工作、反映情况、交流信息的一种有一定新闻性质的文字材料。也叫“情况简报”“情况反映”“工作动态”“信息通报”“内部参考”等。

2. 简报的用途

(1) 向上级机关反映和报告情况。

(2) 机关、企事业单位、社会团体内部迅速向下级机关推广经验、指导工作。

(3) 同级机关相互沟通和交流情况。

(二) 简报的分类

常见的简报有三种：一是会议简报，主要反映会议交流、进展情况；二是情况简报，反映人们关注的问题，供机关领导参考；三是工作简报，报告重大问题的处理情况以及工作动态、经验或问题等。

(三) 简报的格式和写作要求

1. 报头

简报名称一般用套红印刷的大号字体。如有特殊内容而又不必另出一期简报时，就在名称或期数下面注明“增刊”或“××专刊”字样。秘密等级写在左上角，也有的写“内部文件”或“内部资料，注意保存”等字样。期号，可写在名称下一行，用括号括上。编印单位写在期号下一行。印发日期写在与编印单位平行的右侧，在下面，用一道横线将报头与报核隔开。

2. 报核

报核，即简报刊登的一篇或几篇文章。简报的写法是多种多样的，因此，它的形式也较灵活。大多数是消息，包括标题、导语、主体、结果和穿插在叙述中的背景材料。除了消息，还有别的文体，所以，不是每篇简报都有这几项内容。

(1) 简报的标题类似新闻的标题，要揭示主题、简短醒目。

(2) 导语通常用简明的一句话或一段话概括全文的主旨或主要内容，给读者一个总的印象。导语的写法多种多样，有提问式、结论式、描写式、叙述式等。导语一般要交待清楚谁(某人或某单位)，什么时间，干什么(事件)，结果怎样等内容。

(3) 主体用足够的、典型的、有说服力的材料，把导语的内容加以具体化。

(4) 结尾或指明事情发展趋势，或提出希望及今后打算。如果主体部分已经把事情说清楚，那就不必再加结尾了。

(5) 背景：即对人物、事件起作用的环境条件和历史情况。背景可以穿插在各个部分。

3. 报尾

在简报最后一页下部，用一横线与报核隔开，横线下左边写明发送范围，在平行的右侧写明印刷份数。

【示例】

中国共产党××农业技术学院第一次代表大会

简　报

第 18 期

党委组宣处　　　　2008 年 5 月 30 日

食品系召开党员大会讨论党代会两委报告征求意见稿

5 月 29 日下午，食品系党总支全体党员在 606 会议室集中学习讨论学院即将召开的第一次党代会党委和纪委工作报告的征求意见稿。本次会议由系党总支副书记陈××同志主持。

全体党员同志在会前已经认真学习了党委与纪委工作报告的征求意见稿，同志们对学院即将召开的第一次党代会十分关注，并投入了高度的热情。党员同志在会上积极讨论，分别对两委报告的征求意见稿发表了自己的看法与建议。

学院即将召开的第一次党代会是在我院进入新百年、谋求跨越式发展的关键时期召开的一次具有十分重要意义的会议，回顾总结我院五年来的发展历程，进一步明确今后五年的发展目标，并将在本次党代会中选举出中共××农业技术学院第一届委员会委员和第一届纪律检查委员会委员。食品系党总支全体党员对第一次党代会顺利召开既殷切期盼又充满信心。

最后陈××副书记对参加第一次党代会的各位党员代表提出了殷切的希望，希望他们在思想上要高度重视，并以高度的责任感和使命感认真参加会议，加强纪律性，坚持党的组织原则，为第一次党代会的顺利召开发挥应有的作用。

食品系党总支预祝学院第一次党代会圆满成功！

报：中共××省委组织部　省教育工委　××省农林厅党组　中共××市委
送：各党总支　直属党总支、党委各部门

（共印：50 份）

写◇作◇训◇练

1. 你们班将在 6 月份举行一次游戏教学比赛活动，要求每个小组至少推选一人参加，参赛者上课时间不得超过半小时，请你以班委会的名义制订一份活动计划（方案）。
2. 请依照如下表格内容，填写一份幼儿园每周逐日计划表。

××幼儿园×班×月份第×周计划

	周活动主题				
本周发展目标					
生活活动指导					
个别教育					
家长工作					
环境创设					
其他工作					
	一	二	三	四	五
入园晨检					
来园活动					
早操（课间操）					
早餐					
第一次教育活动（或区角活动）					
第二次教育活动（或区角活动）					
游戏活动 上午					
游戏活动 下午					
午餐					
散步活动					
午睡					
课间活动					
户外活动					
离园活动					
区角活动投放及指导					

×年×月×日

执笔人：×××

3. 请写一份班级元旦晚会总结。

4. 请编写一份班级文化建设活动简报。

第四节 常用礼仪文书

一、请柬

(一) 请柬的含义与特点

请柬，又称为请帖、柬帖、邀请信(函)等，是为了邀请客人参加某项活动而发的礼仪性书信。请柬被广泛应用于社会交际中。一些公务活动包括召开较隆重的会议需要请柬；人们在举行结婚、丧葬、祝寿等礼仪活动时，为邀请亲友赴会，也常常需要发请柬给被邀请者。发请柬是为了表示对客人的尊敬，也表明邀请者的郑重态度，所以请柬在款式和装帧设计上应美观、大方、精致，使被邀请者体会到主人的热情与诚意，感到喜悦和亲切。

请柬篇幅有限，书写时应根据具体场合、内容、对象，认真措辞，行文应达、雅兼备。达，即准确；雅，即讲究文字美。在遣词造句上，有的使用文言语句，显得古朴典雅；有的选用较平易通俗的语句，则显得亲切热情。不管使用哪一种风格的语言，都要庄重、明白，使人一看就懂，切忌语言的乏味和浮华。

(二) 请柬的格式与要求

请柬从形式上分为横式请柬和竖式请柬。横式请柬由上往下写；竖式请柬由右向左写。从内容上看，请柬作为书信的一种，又有其特殊的格式要求。请柬一般由标题、称谓、正文、结语、落款五部分构成。

(1) 标题。标题为“请柬”“请帖”或“邀请书”等字样，一般要做一些艺术加工，可用美术体的文字，还可做些装饰，如图案、花边、套色、烫金等。通常，请柬已按照书信格式印刷好，发函者只需填写正文即可；封面也已直接印上了名称“请柬”或“请帖”字样。

(2) 称谓。第一行顶格书写被邀请者(单位或个人)的名称、姓名。如：“某某单位”“某某先生(女士)”等。如果邀请的是夫妇俩，注意将两人的姓名并列书写。称呼后加上冒号。

(3) 正文。正文要写清活动内容，如开联欢晚会、招待会、生日会、婚礼等。写明时间、地点、方式。如果是请人看戏或是其他表演还应将入场券附上。若有其他要求也需注明，如“请准备发言”“请准备节目”等。

(4) 结语。结语又称敬辞，是表示敬意和诚意的礼仪性语言，如“恭请光临”“敬请惠顾”“敬请莅临指导”“致以——敬礼”“顺致——崇高的敬意”等。

(5) 落款。落款写邀请者姓名或邀请单位全称及发出邀请的时间。以单位名义发出的请柬应在此处加盖公章。

(三) 写请柬的注意事项

(1) 被邀请者的姓名应写全，不能写绰号和别名。

(2) 在两个姓名之间应该写上“暨”或“和”，不用顿号或逗号。

(3) 应写明举行婚礼、宴会、活动等的具体日期(×月×日，星期×)。

(4) 写明举行婚礼、宴会、活动等的地点。

【示例】

请　柬

吴××老师：

兹定于十二月九日(星期二)晚八时整，在2013级(2)班教室举行纪念“一二·九”学生运动诗歌朗诵会，敬请届时光临指导。

2013级(2)班班委会
二〇一四年十二月八日

二、介绍信

(一) 介绍信的含义与种类

介绍信是用于证实本单位有关工作人员身份、介绍其工作使命、凭此与其他单位接洽工作的一种证明性函件。它具有介绍和证明的双重作用。

介绍信主要有两种形式：专用介绍信和普通介绍信。一种是固定格式，印刷好的介绍信格式，留有存根，有编号，便于查询。另一种是公用信纸临时书写，不受限制。

(二) 普通介绍信的基本格式

普通介绍信一般不带存根，正中写“介绍信”。内容包括：称呼、正文、结语、署名和日期，并注上有效日期。

标题：首行居中写“介绍信”或“××单位介绍信”。

称呼：标题之下另起一行顶格书写主送单位全称。

正文：称呼下另起一行空两格书写。一要写清被介绍人姓名、身份、随行人数；二要写清接洽事项和要求；三要用祈请用语或谦恭语，如“请予接洽”或“请予支持”，之后写“此致敬礼”。

落款：结语右下角空半行或一行书写出具介绍信单位全称和日期，加盖公章。

期限：落款下另起一行空两格括号标注“有效期×天”。

【示例】

介　绍　信

××图书馆：

兹介绍我校高级讲师杨×、李×前往贵馆查阅学前教育图书资料，请予接洽为荷。

此致

敬礼！

××幼儿师范高等专科学校
×年×月×日

(有效期五天)

三、证明信

(一) 证明信的含义与种类

证明信简称证明，是以行政机关、社会团体、企事业单位或个人的名义凭借确凿的证据证明某人的身份、经历或某件事情的真实情况时使用的一种专用书信。

证明信可分为组织证明信和个人证明信，前者又可分为普通书写证明信和印刷证明信。

（二）证明信的特点

1. 凭证的特点

证明信的作用贵在证明，是持有者用以证明自己身份、经历或某事真实性的一种凭证，所以证明信的第一个特点就是它的凭证作用。

2. 书信体的格式特点

证明信是一种专用书信，尽管证明信有好几种形式，但它的写法同书信的写法基本一致，它大部分采用书信体的格式。

（三）证明信的写作格式

证明信一般由标题、称谓、正文、落款几个部分组成。

（1）标题。首行居中书写“证明信”“证明”或写明“关于××同志××情况（或问题）的证明”。

（2）称谓。标题下另起一行顶格书写需要证明的单位的全称，之后加冒号，也可不写。

（3）正文。这是证明信的主体部分。称谓之下另起一行空两格书写，写清证明事由，要求实事求是、真实可靠、言之有据、引文准确、语言简洁。结尾写“特此证明”，注意不要写祝愿、勉励之类的话。

（4）落款。落款即署名和日期。在正文右下方署上证明单位（或个人）名称（姓名），并由证明单位或证明人加盖公章或签名、盖私章，否则证明无效。

（5）附件。证明信之后若有复印材料作为附件的，复印件应加盖复制单位印章。

如果是以个人名义出具的证明，其书写格式和组织证明信是一样的，但个人证明信写好后应交证明人所在单位签署意见，加盖公章，以示负责。

证明信有时是要作为结论根据的。因此，撰写时应严肃认真，实事求是，言之有据。语言要准确，文字书写要清晰、工整，切忌潦草。证明信内容如有涂改，必须在涂改处加盖公章。

（四）证明信的写作要求

（1）证明信内容要求完全真实可靠。

（2）对被证明者本人的工作、政治、业绩作出评价，让对方了解证明人的情况，从而鉴别证明材料的真实性与可信度。

（3）语言表述一定要准确，不能模棱两可。书写要工整，不得涂改，否则加盖印章。

（4）证明信件要留有存根，以备核查，而且必须加盖公章，否则无效。

【示例】

证　明　信

××小学：

你校×××同志，于2006年至2009年在我校函授大专语文教育专业班学习三年，全部成绩合格，已予毕业。

特此证明。

毕节市幼儿师范学校（盖章）
×年×月×日

写◇作◇训◇练

1. 请根据所学知识，自主编写一封请柬，内容不限。
2. 王敏即将赴小明星幼儿园实习，学校要给王敏写一封介绍信，请根据这个情况拟写一份介绍信。注意介绍信的有关格式要求。

3. ××中学是“法律知识抢答赛”的主办方，你作为选手代表学校只身前往参加此次比赛，临行前发现自己的学生证丢失了，需要学校帮你出一份证明信。请你以学校的名义拟写一份证明信。

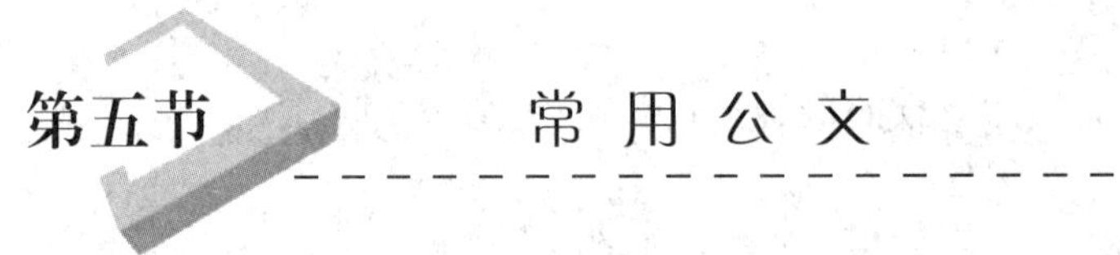

第五节 常用公文

一、启事

(一) 启事的含义与特点

1. 启事的含义

启事是指将自己的要求，向公众说明事实或希望协办的一种短文，属于应用写作研究的范畴。通常张贴在公共场所或者刊登在报纸、刊物上。机关、团体、企事业单位和个人都可以使用。

2. 启事的特点

启事具有公开性、广泛性、实用性、随意性等特点。写作启事的目的在于将有关事项广而告之，多数启事被张贴于比较显眼的公共场所，或于广播电视上播报，以期引起公众的关注，因而具有公开性；由于启事的受众群体复杂多样，因此具有广泛性的特点；启事能很好地表达发布者的意图，是一种快捷而有效的宣传方式，因此具有很强的实用性；由于启事可张贴于街头巷尾，亦可张贴于大雅之堂，篇幅可大可小，内容可涉及社会生活的很多方面，所以又具有随意性。

(二) 启事的结构与分类

1. 启事的结构

启事一般由三部分组成。

(1) 名称，这主要由启事的内容决定，如内容是征文，则名称写明“征文启事”。名称字号应大于正文字号，首行居中写。

(2) 具体内容，即要向大家说明的情况。

(3) 落款和启事日期。

2. 启事的分类

按其内容，启事可分为不同类型的多种启事，主要有：招生启事、寻物启事、招聘启事、挂失启事、征集启事、征婚启事、庆典启事等。常见的启事有招领启事、征文启事、招聘启事等。学校、幼儿园常用的启事主要是与我们学习生活、幼儿园工作有关的事项，有寻物启事、征文启事、招聘启事、招生启事等。

(三) 启示的写作

1. 寻物启事

寻物启事是个人或单位丢失物品，希望通过启事得到帮助找回物品的一种应用文。它应写清遗失物的名称、规格、数量、遗失时间、地点、联系人姓名、单位、住址、电话及酬谢方式。如是支票、证件之类，还须附上账号、号码，并宣布作废。

寻物启事一般可张贴于丢物的地点，或贴在单位门口或街巷较显眼的位置，有的寻物启事也刊登在报纸杂志上。

【示例】

寻 物 启 事

本人不慎在十一月二十五日于学校礼堂丢失钱包一个，内有现金叁佰元整、身份证、驾驶证各一个。

有拾到者请与陈××联系，必有酬谢。

手机号：1398535××××

启事人：陈××
×年×月×日

2. 征文(征稿)启事

(1) 征文启事的概念及分类

① 征文启事的概念。征文启事是指报刊、杂志或有关单位面向社会，向作者征求稿件时使用的征求性应用文。征文启事又称征稿启事。

征文启事往往以有奖的方式进行征文，设若干奖项，并聘请专家、学者评选，这有利于推出一些新鲜、深刻的作品。另外，当代一些具有现代思想和公关意识的企业家也常常和一些报纸、杂志社联合主办征文活动，以此提高自己的知名度和美誉度。

② 征文启事的分类。征文一般分成报刊征文和活动征文两类。

报刊征文主要是一些报刊杂志为配合某项专题性内容的宣传，通常以征文的形式组织稿件，公开发出征文启事，向愿意参加征文的读者说明征文的有关事项。如主题征文启事、随笔征文启事、杂文征文启事、报告文学征文启事等。

活动征文主要是一些社团、组织为推进某项事业，就一定的内容范围进行广泛交流而开展的各种征文活动。如书画大赛征稿启事、服装设计大赛征稿启事，等等。

(2) 征文启事的格式及写法。征文启事的内容由标题、正文、落款组成。

① 标题。标题有以下几种构成方式。

第一，由事由直接构成，如“征稿”“征文”。

第二，由事由和文种名称共同构成，如“征文启事”。

第三，由具体内容和文种名构成，如“中国名胜古迹大观征文启事”。

第四，由征文单位、具体内容和文种名称共同构成，如“微型小说选刊社‘超级想象’微型小说全国征文大奖赛启事”。

② 正文。征文启事的正文一般要写明以下四个方面的内容。

一是写明征文的目的、对象、用途、意义。

二是写明征文的题材、体裁、字数。

三是说明有关事项(如起止时间、投寄办法、评奖的办法等)。

四是写明征文单位的地址、邮编、联系人。

③ 落款。注明发布征文单位的名称、发布日期。若标题或正文中已显示征文单位，此处可以省略。在报纸上发表的征文，也可不必再写年、月、日。

【示例】

“我心目中的好教师”征文启事

今年9月10日是我国的第×个教师节，为庆贺这个即将到来的节日，学院决定举办“我心目中的好教师”征文比赛，现将有关事项通知如下。

1. 参赛对象：本院在校生。

2. 具体要求。

内容要求：请你敞开心扉，畅所欲言。你喜欢怎样的教师，你认为一个“好教师”应该是什么样的。你心目中的好教师，是胸怀理想、充满激情和诗意的；是富有爱心、善解人意的；还是博学多才、思想深刻的；还是关注社会、关注人类命运，有社会责任感的……可以写生活中遇到的，曾经教过你，给你许多关爱，使你从无知变得学有所长的一位教师，也可以是你希望碰到的，虚拟的，你想象中的“理想教师”。

形式要求：体裁不限，篇幅在2 000字以内。

时间要求：10月21日截稿。

3. 奖项设置：一等奖1名，二等奖3名，三等奖5名。获奖作品将在校报上发表。

收稿单位：党委宣传部。

联系人：×××

联系电话：×××××××

××学院党委宣传部

×年×月×日

3. 招聘启事的写作

(1) 招聘启事的概念。招聘启事是用人单位面向社会公开招聘有关人员时使用的一种应用文书。招聘启事撰写的质量会影响招聘的效果和招聘单位的形象。

(2) 招聘启事的结构与写作格式。招聘启事一般包括标题、正文、落款三部分。

① 标题。招聘启事的标题一般有三种写法。

第一种是事项＋文种，可写作“招聘启事”。

第二种是事项＋对象，如“招聘服务员”“招聘文秘”等。

第三种是单位名称＋内容＋文种，如“××公司诚聘注册会计师启事”。

一则好的招聘启事标题应包含两层意思：一是能反映主题；二是醒目、引人注意。

② 正文。招聘启事的正文较为具体，一般而言，需着重交待以下事项。

A. 招聘方的情况

包括招聘方的业务、工作范围及地理位置等。

B. 对招聘对象的具体要求

包括招聘人员的工作性质、业务类型，以及招募人员的年龄、性别、文化程度、工作经历、技术特长、科技成果等。

C. 招聘人员受聘后的待遇

该项内容一般要写明月薪或年薪数额，写明执行标准工休情况，是否解决住房，是否安排家属等。

D. 其他情况

应聘人员须交验的证件和应办理的手续以及应聘的手续以及应聘的具体时间、联系的地点、联系人、电话号码等。

③ 落款。落款要求在正文右下角署上发表启事的单位名称和启事的发文时间。题目或正文中已有单位名称的可不再重复。

(3) 写作招聘启事的注意事项

① 招聘启事要遵循实事求是的原则，应如实写出启事中的各项内容，既不可夸大也不可缩小。

② 招聘启事的各项内容，可标项分条列出，使之醒目。也可用不同的字体列出以求区别。

③ 招聘启事的语言要简练得体又重点突出、要庄重严肃又礼貌热情。

【示例】

招 聘 启 事

为了满足幼儿园教育教学的需要，诚聘3名幼儿教师、2名保育员。具体条件如下。

(1) 幼儿教师：必须具有中专以上文化程度，有幼儿教师资格证，普通话二级甲等证书，年龄在18—35周岁，身体健康，男女不限。

(2) 保育员：具有初中以上文化程度，身体健康，年龄在40岁以下的女性。

(3) 待遇从优，详情面谈。有意应聘幼儿教师的请带上身份证、毕业证书或学历证明、学位证书、幼儿教师资格证、普通话二级甲等证书、获奖证书、本人一寸免冠标准证件照4张等有关材料；应聘保育员的请带上身份证、学历证书、本人一寸免冠标准证件照4张，于本月20日下午2点30分来本园报名。

××幼儿园

×年×月×日

4. 招生启事

招生启事是招考学生的启事，一般在报刊或公共场所张贴。写作格式和招聘启事基本相同，但正文一般要分项写明招生单位、专业、学习期限、考试科目、范围及时间、招生的一般条件、录取时间、报名地点等。

【示例】

招 生 启 事

为培养和提高幼儿的艺术素养，应广大幼儿家长的要求，我院新学期开办书法、美术、舞蹈、钢琴四个特长班。每周活动一次(周六上午8点30分到11点30分)，幼儿园将聘请有丰富教学经验的专业老师进行辅导。学费每生一学期壹佰元整(100元)。

欢迎前来报名。

报名地点：××幼儿园会计室

××幼儿园

×年×月×日

(四) 启事的写作要求

1. 写启事总的要求：是以通俗简洁的文字表达具体明确的内容，形式安排上力求醒目、生动、有吸引力。

2. 启事写作的基本方法：第一，激发感情，以求共鸣；第二，科学陈述，以理服人；第三，主体单一，分条列项。

二、通知

(一) 通知含义和特点

1. 通知的含义

通知是机关、团体、企事业单位等常用的一种传达性、指示性、部署性应用文体。

2. 通知的特点

通知具有广泛性、周知性、单一性、时效性等特点。从通知内容上来讲，凡需让个人或群体知晓的事情，无论大小，均可使用通知这一形式，因此通知具有广泛性；一般来讲，通知都是公开发布，在一些公开的场合张贴，凡路过之人，均可阅读，因而其具有周知性；通知一般一事一通知，因此具有单一性；通知所述之事，一般都有明确的时间规定，过时无效，因而通知又具有较强的时效性。

（二）通知的类别

1. 转发性通知

转发需要下级部门知晓的上级单位的文件和指示用转发性通知。如某幼儿园接到市教育局关于教师职称评定工作的文件，要求迅速传达给每一位教师，园领导便马上拟定了一份通知，把文件的具体内容转发给全体教师，使全体教师及时了解职称评定工作的具体要求，以便按文件要求申报职称。

2. 指示性通知

领导向下级部门布置工作、作出指示或安排，用指示性通知。如某幼儿园的领导了解到一位教师的教学方法非常好，觉得可以组织全校教师进行观摩学习，便向全校教师发布一项向这位教师学习的通知，并提出了一些具体要求。

3. 事务性通知

这是向员工或外来办事的有关人员发出的告知某项需要大家了解的具体事务的通知。幼儿园有许多工作需要幼儿家长的支持和配合，因此向家长发出的事务性通知较多。如某幼儿园要搞一次亲子活动，在活动举行前两天就向幼儿家长发出了通知，要求幼儿家长中至少一人到场参与活动，并要求带上不同颜色的气球五个。

4. 会议通知

会议通知是常见的通知类型，以召开某次会议的有关事项为通知内容。这类通知应该写得具体明确，让与会人员了解会议的目的、议题等情况，以便做好准备。

（三）通知的基本要求

1. 格式

通知由标题、对被通知者的称呼、正文、发出通知者署名和日期四部分组成。标题要用较大字体写在上面中间。称呼应在标题下面左侧顶格写，并加上冒号。正文另起一行空两格书写。署名写在正文右下角，日期写在署名下面。

2. 主要部分的写法

（1）标题。标题有四种写法：① 基本式，发文机关＋关于＋事由＋文种，例如，《××学校关于整顿工作纪律的通知》；② 省略式，关于＋事由＋文种，例如，《关于开展向雷锋同志学习的通知》；③ 文种式，只写文种，例如，《通知》；④ 省略附加式，根据通知的紧急性、重要性或内容在文种前附加修饰成分，例如，《紧急通知》《重要通知》《会议通知》。

（2）正文。这是通知的主体部分，长短详略要根据通知内容的具体情况而定。由于通知类型不同，正文也有多种写法，下面分别对事务性通知和会议通知作简要介绍。

事务性通知的正文没什么具体要求，只要写清楚要通知的事情、如何处理就行了。写完通知的事项后，可用“望周知”“望按时办理”这类用语结尾。

会议通知的正文要求写得具体明确，要详细交代会议名称、会议内容、主持单位、起止时间、会议地点、参加人员及对参加人员的要求等。

3. 通知的语言

通知的语言应使用规范的书面语。用语要通俗易懂、准确明了、简明扼要、庄重朴实，无闲词冗语、不矫揉造作，杜绝空话、大话、假话。

【示例】

××市环保局关于转发《××县环保局关于开展环保自检互检工作的总结报告》的通知

各县（区）环保局、各直属单位：

××县环保局是我省环保工作的先进单位，积累了丰富的工作经验。近年来，他们通过开展环保自检和互检，有效地推动了环保工作的深入开展，并取得了良好效果。他们的经验基本也适于我市。现将《××县环保局关于开展环保自检互检工作的总结报告》转发给你们，望参照执行，以推动我市环保工作的深入开展。

××市环保局

×年×月×日

三、海报

（一）海报的概念与特点

1. 海报的概念

海报是向人们报道或介绍有关戏剧、电影、体育比赛、文艺演出、报告会等消息的一种实用文体。

2. 海报的特点

(1) 广告宣传性。海报希望社会各界的参与，它是广告的一种。有的海报加以美术的设计，以吸引更多的人加入活动。海报可以在媒体上刊登、播放，但大部分是张贴于人们易于见到的地方。其广告性色彩极其浓厚。

(2) 商业性。海报是为某项活动作的前期广告和宣传，其目的是让人们参与其中，演出类海报占海报中的大部分，而演出类广告又往往着眼于商业性目的。当然，学术报告类的海报一般是不具有商业性的。

（二）海报的分类

一般来讲，海报从内容上看主要可以分为下列几类。

1. 电影海报

这是影剧院公布演出电影的名称、时间、地点及内容介绍的一种海报。这类海报有的还会配上简单的宣传画，将电影中的主要人物画面形象地绘出来，以扩大宣传的力度。

2. 文艺晚会杂技体育比赛等海报

这类海报同电影海报大同小异，它的内容是观众可以身临其境进行娱乐观赏的一种演出活动这类海报一般有较强的参与性。海报的设计往往要新颖别致、引人入胜。

3. 学术报告类海报

这是一种为一些学术性的活动而发布的海报。一般张贴在学校或相关的单位。学术类海报具有较强的针对性。

4. 个性海报

自己设计并制作，具有明显 DIY(Design It Yourself，译为自己设计)特点的海报。

（三）海报的用途

第一，海报可以传播到社会中，主要为提高企业或个人的知名度。

第二，海报较为普遍的社会现象，为大多数人接纳，并提供现代生活的重要信息。

第三，海报为企业认可，企业可以利用其引导员工的一些思想，引发思考。

第四，文化是当今社会必不可少的，无论地区多么偏远，都存在着文化、明星海报的踪迹，有利于推广文化或宣传明星。

（四）海报的写作

1. 格式

(1) 标题。标题必须醒目、新颖、简洁，能把人们的兴趣和注意力紧紧抓住。一般写法是：上方正中间写出标题，字体要大而醒目，大到占了一张纸的大半都可以。

(2) 正文。正文的内容，大约有以下三个方面。

① 活动性质。活动是演出、赛事、会议、商品销售等，要明确告诉大家。

② 情况介绍。活动的具体情况要有简明介绍，如球赛：是什么球队，水平如何；演出：有哪些演员、什么剧种、剧目；报告会：内容、报告人情况；商品销售：货物、价格和质量如何等情况要让人们心中明白，那才能更好地吸引人们。

③ 时间、地点、票价。举行活动的时间一定要写得明白而具体。必要时，要写明乘车路线。票价也要明确写出。

(3) 结尾。在正文之后，另起一行可用稍大的字书写“莫失良机”“欢迎参加”等作结语。结语后另起一行。稍右写落款，即举办单位的名称，在名称的下一行的右下方位置写出书写海报的日期(×年×月×日)。

2. 书写海报的注意事项

(1) 在内容介绍上，必须是真实的，不能虚假，也不可夸张。

(2) 文字要精炼、简洁。

(3) 语言要具有鼓动性。

【示例】

海　报

青春靓丽的幼师学生也讲究时髦服装，现代社会的发展，幼儿教师也需要丰富多彩的生活。为了满足同学们的要求，充分展示同学们的设计才能，提高我们的审美水平，特举办时装表演晚会。

手工制作精妙绝伦，废物利用低碳环保。

青春模特争奇斗艳，绚丽时装夺人眼球。

时间：×年×月×日

地点：学校礼堂

门票礼堂门口当日购买，每张2元整。

××幼儿师范学校书画社

×年×月×日

写◇作◇训◇练

1. 假如你丢失了一本语文书，请据此拟写一份寻物启事。
2. 学生会要召开干部选拔会，请据此拟写一份会议通知。
3. 著名作家张××要来学校作题为“文字是一朵美丽的花”的文学讲座，请你设计制作一张海报。

第六节　常用专用文书

一、自我鉴定

(一) 自我鉴定的概念、特点、作用

自我鉴定是个人在一个时期、一个年度、一个阶段对自己的学习和工作生活等表现的自我总结。

自我鉴定的特点是篇幅短小，语言概括、简洁、扼要，具有评语和结论性质。

自我鉴定的作用主要是：(1) 总结以往思想、工作、学习，展望未来，发扬成绩，克服不足，指导今后工作；(2) 帮助领导、组织、评委了解自己，作为入党、入团、职称评定、晋升的依据材料；(3) 重要的自我鉴定将成为个人历史生活中一个阶段的小结，具有史料价值，被收入个人档案。

（二）自我鉴定的结构和内容

自我鉴定的结构由标题、正文和落款三部分构成。

1. 标题可写成“自我鉴定”。

2. 正文包括以下四点又不局限于这四点：(1) 政治表现；(2) 学习表现；(3) 工作和道德表现；(4) 缺点及今后努力的方向。

3. 落款部分需要写清姓名与日期。

（三）自我鉴定的写作要求

1. 实事求是，切忌浮夸　自我鉴定的内容要符合自身的实际，如果吹嘘浮夸就会导致名不副实，给人不诚实之感。

2. 突出优点，正视缺点　自我鉴定重在展示自己的长处，让相关部门了解自己的优点，同时也应坦然承认自身存在的缺点，并且要有改正缺点的态度。

3. 语言简洁，切忌冗繁　文字表述能力是衡量一个人文化素养的重要标尺，自我鉴定是对自己学习、工作等情况的简要总结，因此行文时应简明扼要，让人一目了然。

4. 态度端正，字迹工整　写自我鉴定关系自己的切身利益，需要端正态度，工整地书写，既体现了对自身的负责，也体现了对相关部门的尊重。

【示例】

幼师实习自我鉴定

时光飞逝，我来深圳雏鹰幼儿园实习已经一个学年了，在此我对一年来的实习生涯做一个自我鉴定。

首先，我在实习工作中能坚持党的教育方针、政策，努力学习和实践“三个代表”重要思想和科学发展观，教育专业思想牢固，有较强的事业心和责任感。在工作中能用正确的教育观对待我的幼儿教育工作，关爱每一位幼儿，做到让每一个幼儿都能健康、快乐地学习和生活。

其次，在工作中，我能虚心地向有经验的老教师学习，认真地钻研教学方法，阅读幼儿教育方面的书刊，不断地为自己充电，努力提高自己的专业素养。

第三，在生活中，我同园领导及同事们相处融洽，用热心、诚信、耐心、爱心去对待每一个人。

我会在今后的日子里加强学习，不断提高自己，我相信只要我坚持下去，一定能够实现当一名优秀的幼儿教师的梦想。

×××

×年×月×日

二、简历

（一）简历的概念

简历是对自己的生活经历，包括学习经历、工作经历等，有选择、有重点地加以概括叙述的一种应用文。

（二）简历的写作

1. 简历的格式

简历没有固定的写作格式，可以是文本式的，也可以是表格式的，但不管是哪一种，其内容都是一致的。现在重点介绍文本式简历的写作，一般情况下，简历由标题、正文和落款组成。

(1) 标题。在首行居中写明“简历”“个人简历”或“求职简历”等字样。

(2) 正文。另起一行，空两格书写正文。简历正文一般包括：① 个人基本信息；② 求职意向；③ 教育经历；④ 专业课程、专业技能、主要成绩；⑤ 选修课程；⑥ 社会实践活动；⑦ 自我评价；⑧ 求职感言。

(3) 落款。在正文之后的右下方，写上姓名、日期。简历后面可以附上个人获奖证明，如三好学生、优秀学生干部、比赛获奖荣誉证书、英语等级证书、普通话等级证书等的复印件。

2. 个人简历

个人简历一般应简要写明本人所受教育、专业兴趣、工作经历、所取得的成绩及家庭背景。

(1) 个人简历的结构可分为三到四个段落。第一段简单交代个人情况，如姓名、性别、出生时间及地点、家庭背景等。第二段围绕求学经历来写，但不要使用流水账的写作方式，以免显得生硬刻板。第三段以学习生活为主，说明为何选择这个专业，可与前文叙述相呼应。第四段要说明自己的能力、性格及兴趣爱好。

(2) 内容着重在学习动机、目前取得的成绩、终生目标。

(3) 个人简历避免使用过多的形容词。

(4) 个人简历约 200—300 字为宜，不宜写得太长。

三、自荐信

(一) 自荐信的概念

自荐信是向用人单位自荐谋求职位的书信，是踏入社会、寻求工作的第一块“敲门砖”和“通行证”，也是求职者与用人单位的第一次短兵相接。如何让你的才能、潜力在有限的空间里耀出夺人的光彩，在瞬间吸引住用人单位挑剔的眼光，这封自荐信极其关键。

(二) 自荐信的特点

1. 介绍性

客观介绍自己德、能、勤、绩等方面的表现，使用人单位了解自己的真实情况，做到实事求是。

2. 自述性

说明自己想做什么工作以及对这份工作的认识，使对方相信自己能够胜任工作，要做到热诚、谦虚、自信、自重。

3. 请求性

请求对方聘任自己，尽量满足自己的求职要求，要不卑不亢、尊重对方、文明礼貌。

4. 简明性

自荐信行文要简明得体，篇幅宜短小精悍。可列附件，增加信息。

(三) 自荐信结构与写法

自荐信一般由四个部分构成。

1. 标题

正文上方居中写上“自荐信”或“事由＋自荐信”字样，也可不写标题。

2. 称谓

另起一行顶格书写。成为可以根据具体情况灵活掌握。例如可以写“单位＋职务＋姓＋尊称”(××公司总经理张先生)、“单位＋姓＋职务”(××幼儿园李园长)、“单位＋职务”(××公司董事长)、“修饰语＋职务＋尊称”(尊敬的总经理先生)、“姓＋职务”(李园长、王经理)，等等。

3. 正文

另起一行空两格起写，分段写正文内容。

开头，介绍自己的基本情况，如姓名、性别、籍贯、民族、年龄、学历、政治面貌、婚姻状况、职称、现在职务等，也可只写姓名、单位，余见附件简历表。

主体，说明自荐理由，包括经历、学历、业务特长、经验或业绩，应聘什么工作，自己胜任工作的条件，还可提出自己的工作、生活要求。

结尾，表明自己殷切的愿望和被聘任后的决心。

祝颂语，用语同普通书信。

4. *落款及附件*

在正文之后的右下方，写上姓名、日期。简历后面可以附上个人获奖证明，以及成绩单（加盖公章）等。

【示例】

自　荐　信

××幼儿园张园长：

我叫孙雨霏，女，19岁，汉族，贵州省××县人。××幼儿师范学校2010届毕业生。

我在校学习期间，成绩优良，多次在期末考试中总分名列前茅，其中音乐、语文、舞蹈三科连续两年拿了全年级第一名。在学校的艺术节比赛活动中，我获得了独唱第一名、独舞第一名。在全省中职生作文大赛中我获得过一次二等奖，一次优秀奖。在贵园实习期间也获得过您和老师们的好评。我性格开朗活泼，乐于与人合作；我热爱幼教事业，比较全面地掌握了幼儿教育的各种职业技能，因此一定能胜任幼教工作。毕业在即，我十分希望应聘到贵园工作，实现当一名幼儿教师的愿望。

张园长，在实习期间得到您的帮助，我十分感谢。这更坚定了我投身幼儿教育事业的决心。如果被聘任，我将深感荣幸，一定努力工作，做出成绩。

期待回函或约见。

此致

敬礼！

孙雨霏

××××年×月×日

又：联系地址：××××××

　　联系电话：××××××

附件：1. 成绩单加复印件（加盖公章）

　　　2. 获奖证书复印件

四、家园联系册

（一）家园联系册的概念

《家园联系册》是记录与孩子交流孩子成长情况的一本史册，是家与园之间沟通的桥梁，也是教师及时向家长反映幼儿在园表现情况的载体，它能满足家长了解自己子女在园情况的需求，通过书面往来，协调老师、学生、家长三方面的力量，以便有效地促进幼儿的成长。

（二）《家园联系册》的填写

1. 抓住孩子的特点，有针对性地与家长交流

《家园联系册》是就某一个孩子的教育问题与家长进行交流，因此，教师必须抓准孩子的个性特点，有针对性地与家长交流，让家长一看便知道是自己的孩子，知道教师在关注他的孩子，从而与教师产生共鸣，乐意拿起笔与教师交流。

2. 针对不同类型的家庭、家长，讲究交流艺术

对家庭经济条件比较好、父母文化素养比较高、对孩子期望也比较高的，教师要引导家长树立正确的人才观、儿童观和教育观，引导家长全面、客观地分析孩子的身心发展情况，准确地找出孩子的长处与不足，给孩子适当的指导与帮助；对祖孙三代同堂、孩子被溺爱的，教师要把工作重点放在父母身上，引导他们要体谅祖辈对孙辈的疼爱之情，又要耐心地做好老人的工作；对文化水平不高、生活不宽裕、对孩子的教育放任自由的，教师在写《家园联系册》时文字要通俗，语气要亲切自然，必要时可以在家长接送孩子时进行简短的交谈，就家长如何写《家园联系册》给予具体的指导。

3. 多报“长处”少揭“短”

在《家园联系册》上，要多向家长汇报孩子的长处，少批评孩子的不足。要努力寻找孩子的闪光点，充满热情地唤起家长对孩子的教育意识和培养信心。

4. 给予具体的指导和帮助

怎样为孩子选购玩具？孩子爱哭怎么办？孩子发脾气怎么办？怎样指导孩子阅读？这些问题是家长经常提到的，教师要认真加以分析，将其中共性的问题和个性的问题区分开来，然后可以选择与此有关的文章或专家的一些观点，抄写下来或复印下来，共性的问题贴在班上“家长园地”中，个性的问题贴在相关的《家园联系册》上。必要时，还可谈谈自己的看法，与家长进行探讨。

此外，教师写《家园联系册》时要把家长视为教育合作伙伴，真诚地与家长交流，要让家长从字里行间看出这种感情，切忌居高临下，自命不凡。

【示例】

××家长：

您好！

彤彤是一个非常聪明、活泼、可爱的小朋友，我们老师都十分喜爱她！每天睡觉的时候有点爱闹，但只要你跟她讲道理，她就不闹了，这点是非常好的！她的自理能力比较强，每次小便都是自己脱、穿裤子，吃饭也是自己吃。她每天和小朋友们玩得很开心。所以，请家长不用担心。

2014 年 9 月 22 日

这段填写在《家园联系册》上的话，字里行间感觉老师是很有针对性地观察了彤彤这个孩子，她睡觉时会闹、听大人讲道理、自理能力较强等都总结出来了，真实地反映了彤彤在幼儿园的生活表现情况，让家长看了很舒心。

五、评语

（一）评语的概念与作用

评语是对学生一学年总结性的评价，是班主任工作的一项重要的内容，也是一种教育手段。

一份恰如其分的评语会使学生心服口服，会使他们发扬优点；反之，会使学生无所适从、灰心丧气，甚至对老师产生敌对情绪。所以一份好的评语，应该能反映学生的个性特点，充分肯定学生，鼓励学生，又能适当指出缺点，既能使学生正确认识自己，明确今后努力的方向，体会到班主任评语的用意，又能使家长了解到子女的情况，有效地配合学校。

（二）评语的写作要求

1. 平时要注意积累、收集学生的个人素材

积累、收集学生的个人素材，掌握学生的第一手材料，这是写好评语的重要前提。这就要求班主任要在平时的工作中，注意细心观察，发现学生的闪光点，并作好记录，为日后写评语准备素材。

2. 要多听取各个方面的意见，尽量使素材充实丰富、全面中肯

班主任一个人掌握的资料未必全面。为此，就必须向任课老师了解学生情况，充实评语素材。也可以让学生做自我评价和对熟悉的同学做评价，这样班主任综合考量以后作出的评语就更加准确和中肯。

3. 写作评语时，语言应该亲切，不要说教，要写成"知心话"

评语，往往倾向于"评"，过多地讲究训导，冷冰冰、硬邦邦的，让学生反感，难以接受。若把评语换成"知心话"，情况则会大有改观。"知心话"讲究心灵的沟通，是师生间一种无声的交流方式，更具人性化，更让学生更乐于接受。

（三）评语写作的注意事项

1. 实事求是，客观公正。

2. 能反映学生的个性特点。

3. 语言简洁明确，有分寸。

【示例】

刘涛小朋友：你是一个爱玩、好动、有点小个性的男孩子，你喜欢沉浸在自己的小世界里，一不小心就要走神了，课堂上千万不能总这样哦！你喜欢画画、手工和唱歌，这学期你的画又有进步了，你画的机器人是那么的活灵活现，大家都很佩服呢！你的手工作品也总是很精致，都能和老师的相媲美了。虽然你的嗓音是有点低沉沙哑的，但是唱出的歌声却很好听，有着与众不同的味道。

在新的一年里，希望你能保持住自己的优点，更有规则意识，这样会有更大收获的，对吗？

程程小朋友：你是个机灵、乖巧、有个性的小女孩，是老师的贴心小棉袄，你讲文明、懂礼貌，和小朋友相处得很好，人人都愿意和你做朋友。你愿意在集体面前大胆发言，求知欲旺盛，语言表达能力、动手能力都很强。你喜欢唱歌、画画，在音乐活动中就像个快乐的小精灵，用甜美的歌声告诉我们你唱歌的声音有多好听；你画的画大家也都很喜欢。如果你在手工活动中能多一点耐心，相信大家会更佩服你的。

期待你在新的一年各方面有更好的表现，继续做大家学习的好榜样，好吗？

写◇作◇训◇练

1. 请根据自己的情况写一封自荐信，注意自身的优势特长和个性。
2. 站在教师的角度，为班上的某位同学写一份评语。要言辞亲切，客观中肯。
3. 在幼儿园大班里，有一个活泼可爱的小男孩叫李冬冬，他一直很听老师的话，和小朋友们相处得很好，可是最近却喜欢扮演奥特曼打人，很多小朋友都被他打哭了。请你就此情况在《家园联系册》上给冬冬的家长写一段话。

第二单元　实 用 文 体

实用文体是生活中的精短武器，它常被用来弘扬主旋律，讴歌真善美，抒发真性情。本单元分三节来介绍颁奖词、演讲稿、教育小论文、调查报告四种实用文体。

第一节　颁奖词　演讲稿

一、颁奖词

生活中让我们感动的东西太多，无论是刚正不阿的执法者，利国利民的奉献者，倡导改革开放、与时俱进的开拓者，还是关爱弱势群体、舍生取义的时代精英，默默奉献、不计个人荣辱的凡夫俗子，都在不断撞击着我们的心田。颁奖词就是以特有的语言形式，向这个世界上无数需要帮助的人讲述真情，传递关爱，唱响生命的赞歌；向无数奋斗者传递执着、追求、热情的信念。

（一）颁奖词的含义及特点

1. 含义

颁奖词是对受表彰的公众人物颁发奖项时由主持人宣读的致词，围绕一个主题，对获奖者的事迹所作的一种奖励性概括评价的礼仪文稿。因此它既要让听众了解获奖者的事迹及其独特的人格魅力，又要实现宣传教育目的。

2. 颁奖词的主要特点

（1）情感真挚，以情感人。

（2）高度概括性。颁奖词具有高度概括性，对人物事迹的评价有深度，能把握人物的精神内核，并上升到一定的思想高度。

（3）简洁生动。

（二）颁奖词的写法

1. 大处着眼，简要勾勒人物最感人的事迹

如感动中国2004年度人物获奖者任长霞的颁奖词：

她是中原大地上的又一个女英雄。扫恶打黑，除暴安良，她铁面无私；嘘寒问暖，扶危济困，她柔肠百转。十里长街，白花胜雪，挽幛如云，那是流动在百姓心中的丰碑！一个弱女子能赢得百姓的爱戴，是因为，在她的心里有对百姓最虔诚的尊重！

2. 深度把握，彰显人物精神

这一要求是颁奖词写作的重点，也是难点。如感动中国2004年度人物获奖者袁隆平的颁奖词：

他是一位真正的耕耘者。当他还是一个乡村教师的时候，已经具有颠覆世界权威的胆识；当他名满天下的时候，却仍然只是专注于田畴，淡泊名利，一介农夫，播撒智慧，收获富足。他毕生的梦想，就是让所有的人远离饥饿。喜看稻菽千重浪，最是风流袁隆平。

3. 文风的多样性

颁奖词善用长短句，风格刚柔并济，抒情、描写、议论各有侧重，有的还恰当引用了一些诗词歌赋名句，尺幅之间，流光溢彩，读来朗朗上口，给人以美的享受。如感动中国2005年度人物获奖者黄伯云的颁奖词：

这个和世界上最硬材料打交道的人，有着温润如玉的性格，渊博宽厚，抱定赤子之心。静，能寒窗苦守，动，能点石成金，他是个值得尊敬的长者，艰难困苦，玉汝以成，三万里回国路，二十年砺剑心，大哉黄伯云！

二、演讲稿

(一) 演讲稿的含义与作用

演讲稿也叫演讲词，它是在较为隆重的仪式上和某些公众场合发表的讲话文稿，演讲稿是进行演讲的依据，是对演讲内容和形式的规范和提示，它体现着演讲的目的和手段。演讲稿是人们在工作和社会生活中经常使用的一种文体。它可以用来交流思想、感情，表达主张、见解；也可以用来介绍自己的学习、工作情况和经验等；演讲稿具有宣传、鼓动、教育和欣赏等作用，它可以把演讲者的观点、主张与思想感情传达给听众以及读者，使他们信服并在思想感情上产生共鸣。

(二)演讲稿的主要特点

1. 针对性

演讲作为一种在公开场合进行的宣传形式，在口语交际中占有重要的地位。俗话说“到什么山唱什么歌”，演讲要根据受众群体的不同来决定说什么样的话，必须考虑听众的接受能力、文化层次、风俗习惯等多方面因素，对听众动之以情、晓之以理，以达到宣传自己的主张、说服听众的目的，因此，演讲具有很强的现实针对性。写作演讲稿要根据不同的时间、不同的场合、不同的对象，为听众设计不同的内容。同样的听众，同样的主题，但时空变换之后，听众对于问题的认识是会发生变化，因此演讲者在写作演讲稿时需要与时俱进。

2. 可讲性

演讲的核心在于“讲”而非“演”，所谓三分演七分讲说的就是这个道理。演的目的仅在于让讲变得更加生动形象，更有吸引力。由于演讲是以口语表达的方式来表达，所以演讲稿的语言必须做到上口易讲，听众听起来易懂入耳。优秀的演讲稿不但要可讲，而且要好讲、好听。为了达到可讲的目的，演讲稿的语言最忌冗繁拖沓，要多用短句，少用长句；多用耳熟能详的格言熟语，少用生涩难懂的文言词句；若能做到节奏鲜明、韵律感强则更佳。

3. 鼓动性

俗话说：“一句话逗人笑，一句话惹人跳”，演讲是一门语言的艺术。一个成功的演讲者就是一个善于激发听众的情绪，鼓动听众跟随自己的思想观点去思考、去行动的高手。在写演讲稿时，应当以深刻丰富的思想内涵、精辟独到的见解打动听众，引起听众思想和情感的共鸣。所以演讲稿的语言要生动形象、富有极强的感染力，这样才具鼓动性。

4. 即兴性

演讲稿是演讲者为了向特定或不特定对象传播思想，表达观点，宣传主张而事先准备的文稿。由于演讲本身是演讲者与听众的一种沟通与交流，虽然是以演讲者为主导，但不能不考虑听众的反馈。根据临场可能出现的变化，演讲者必须对演讲内容作出相应调整，现场即兴发挥，这就说明演讲稿具有即兴性。所以写作演讲稿要充分考虑可能出现的变化，留有一定的弹性空间，充分体现出演讲者自控与他控的技巧，这也是演讲的魅力之一。

(三) 演讲稿的分类

1. 按用途、性质来划分

(1) 开幕词指比较隆重的大型会议开始时使用的讲话稿。

（2）闭幕词指较为大型的会议结束时，领导同志所做的总结性的讲话。

（3）会议报告是指召开大中型会议时，有关领导代表一定的机关进行中心发言时使用的文稿。

（4）动员讲话是指在部署重要工作或活动的会议上，有关领导使用的用于鼓励人们积极开展此项工作或参加此项活动的文稿。

（5）总结性讲话是指某一事项或某一活动结束后，有关领导对其进行回顾、概括时使用的文稿。

（6）指示性讲话是指有关领导对特定的机关和人员布置的工作、任务，指出希望和要求，并规定某些指导原则时使用的文稿。

（7）纪念性讲话是指有关领导在追忆某一特殊的日子、事件或人物时，使用的文稿。

2. 按照体裁划分

（1）叙述式：向听众陈述自己的思想、经历、事迹，转述自己看到、听到的他人的事迹或事件时使用的。叙述当中，也可夹用议论和抒情。

（2）议论式：摆事实、讲道理，既有事实材料，又有逻辑推断，立场坚定，旗帜鲜明。

（3）说明式：对听众说明事理，通过解说某个道理或某一问题来达到树立观点的目的。

3. 按照内容划分

（1）政治演讲稿。政治演讲稿是指政治家或代表某一权力机构的要员阐述政治主张和见解的演讲稿。各级领导的施政演说、新当选的领导人的就职演说、政治家的竞选演说等都属于这一类型。著名的范例有《林肯在葛底斯堡的演讲》《丘吉尔在美国圣诞节的即兴演讲》以及马丁·路德·金的《我有一个梦》等。

（2）学术演讲稿。学术演讲稿是传播、交流科学知识、学术见解及研究成果的演讲文稿。随着科学事业的发展、四化建设的需要，国内外学术交流活动的日益增多，学术演讲或学术报告的活动也越来越多。不仅专业科学技术工作者要参加各种各样的学术活动，进行学术演讲，一些机关、企事业单位的领导也要经常参加学术类的活动，也要成为科学技术方面的内行。因此，学术演讲稿具有广阔的应用范围。

（3）思想教育类演讲稿。思想教育类的演讲稿是针对现实生活中人们的思想动态、思想倾向和思想问题，以真切的事实、有力的论证、充盈的感情来讴歌真善美、鞭挞假恶丑，引导听众树立正确的人生观、世界观，激励听众为崇高的理想、事业而奋斗的实用文体。这类演讲稿适用于演讲比赛、主题演讲会、巡回报告等。

（4）课堂演讲稿。这类演讲稿可分为两种：一是教师在传授知识时使用的；一是学生为培养自己演讲能力写的。

思想教育类演讲稿和课堂演讲稿的写作有共同的要求：（1）明确的目的性；（2）严格的时限性；（3）内容的充实性；（4）语言的简明性。

（四）演讲稿的结构及写作技巧

不同类型、不同内容的演讲稿，其结构方式也各不相同，但结构的基本形态都是由开头、主体、结尾三部分构成。各部分的具体要求如下。

1. 开头要先声夺人，富有吸引力

演讲稿的开头，也叫开场白，它犹如戏剧开头的“镇场”，在全篇中占据重要的地位。开头的方式主要有如下几种。

① 开门见山，亮出主旨。这种开头不绕弯子，直奔主题，开宗明义地提出自己的观点。如 1941 年李卜克内西《在德国国会上反对军事拨款的声明》开头就说：“我投票反对这项提案，理由如下”。

② 叙述事实，交代背景。开头向听众报告一些新发生的事实，比较容易引起人们的注意，吸引听众倾听。如 1941 年 7 月 3 日斯大林《广播演说》的开头：“希特勒德国从 6 月 22 日向我们祖国发动的背信弃义的军事进攻，正在继续着。虽然红军进行了英勇的抵抗，虽然敌人的精锐师团和他们的精锐空军部

队已被击溃，被埋葬在战场上，但是敌人又从前线调来了生力军，继续向前闯进。……我们的祖国面临着严重的危险。”

③ 提出问题，发人深思。通过提问，引导听众思考一个问题，并由此造成一个悬念，引起听众欲知答案的期待。如曲啸的《人生理想追求》就是这样开头的：“一个人应该怎样对待自己青春的时光呢？我想在这里同大家谈谈我的情况。”

④ 引用警句，引出下文。引用内涵深刻、发人深省的警句，引出下面的内容来。如一个大学生的演讲稿，标题叫《我的思考与奋起》，开头就很精彩：“一个人如果一辈子都不曾混乱过，那么他从来就没有思考过。”

开头的方法还有一些，不再一一列举。总之无论采用什么形式的开头，都要做到先声夺人，富于吸引力。

2. 主体部分要层层展开，步步推向高潮

演讲稿的主体，要层层展开，步步推向高潮。所谓高潮，即演讲中最精彩、最激动人心的段落。在主体部分的行文上，要在理论上一步步说服听众，在内容上一步步吸引听众，在感情上一步步感染听众。要精心安排结构层次，层层深入，环环相扣，水到渠成地推向高潮。主体部分展开的方式有以下三种。

① 并列式就是围绕演讲稿的中心论点，从不同角度、不同侧面进行表现，其结构形态呈放射状四面展开，宛若车轮之轴与其辐条。而每一侧面都直接面向中心论点，证明中心论点。

② 递进式即从表面、浅层入手，采取步步深入、层层推进的方法，最终揭示深刻的主题，犹如层层剥笋。用这种方法来安排演讲稿的结构层次，能使事物得到由表及里的深入阐述和证明。

③ 并列递进结合式。这种结构，或是在并列中包含递进，或是在递进中包含并列。一些纵横捭阖、气势雄伟的演讲稿常采用这种方式。

竞聘演讲

一、竞聘演讲的特点

1. 目标明确。这是竞聘演讲区别于其他演讲的主要特征。演讲者一上台就要旗帜鲜明地说出自己所要竞聘的职位。同时，所选用的一切材料和运用的一切手法都是为了一个目标，那就是竞聘成功。

2. 内容针对性强。竞聘演讲必须突出自己的优点，趋利避害，扬长避短，以便在众多竞争者中胜出。

3. 主题鲜明，重点突出。竞聘演讲要在规定的很短时间内让用人单位了解自己的需求与竞聘优势，因此更要做到主题鲜明，重点突出，详略得当。

4. 语言的准确性。准确，一般是指恰如其分地表情达意。竞聘演讲是竞争，但并非比赛谁能吹，听众边听你演讲，边掂量你说的话是否合理、现实。此外还要求材料真实、准确，掌握好分寸。

二、竞聘演讲的五步程序

第一步，开门见山讲自己竞聘的职位和竞聘的缘由。

第二步，简要介绍自己的基本情况，包括年龄、政治面貌、学历、现任职务等。

第三步，摆出自己优于他人的竞聘条件，如政治素质、业务水平、工作能力等。要言而有据，才具有说服力。如讲到自己的工作能力时可以用曾经获得的成果和业绩来证明。

第四步，提出假设自己任职后的施政措施(这一步是重点，应该讲的具体翔实，切实可行)。

第五步，用简洁的话语表明自己的决心和请求。

写◇作◇训◇练

1. 假如你想竞选学生会主席这一职位，请撰写一篇演讲稿。
2. 红旗幼儿园招聘教师，其中要求应聘者作一个三分钟以内的演讲，假设你是应聘者之一，请根据自身情况写一篇竞聘演讲稿。

第二节 教育小论文

一、教育小论文的概念及现实意义

教育论文是对教育教学经验以及规律进行探讨研究的阐述的一类文章。我们这里所说的教育小论文，则指同学们对幼儿教育问题进行研究而撰写的篇幅较小的论文。

随着时代的发展，教研工作在提高幼儿园保育教育质量，促进幼儿身心健康发展方面起着越来越重要的作用，进行教育教学研究和写作论文的能力也成为衡量一个教师素质的重要标志。同学们如果能在见习、实习期间写出有一定内容的小论文，这对提高分析问题和解决问题的能力，对现在的学习和今后的工作有着非常重要的意义。

二、写教育小论文的准备

（一）掌握一定的幼教理论

没有理论指导的实践是盲目的。同学们要进行幼教研究，写教育小论文，就要学习和掌握选择论题的有关理论，并有意识地运用这些理论指导自己的实践。

（二）确定选题

确定选题就是确定论文探索、研究的问题。只有确定好选题，才能围绕着选题的需要开展其他的准备工作。确定选题应该注意以下几个问题。

(1) 选题要有实用价值。选题应该是幼教界比较关心的、对幼儿教育实践有一定意义的问题。

(2) 选题要有新意。可以开发别人没有研究过的新课题，也可以在前人的基础上推陈出新。

(3) 课题要小。初学写论文，应把探讨研究的范围缩小，这样便于驾驭。例如探讨幼儿良好的行为习惯的养成这个课题就太大了，如果限定一下，变成“保教结合，培养幼儿良好的卫生习惯”，这个课题就比较容易把握了。

(4) 选题要有可行性。要考虑所选论题的资料是否丰富，自己对这个问题是否感兴趣，是否能够如期完成等。

（三）搜集整理材料

论文的观点是从材料中产生的，同时，论文的观点又需要大量的材料来支撑。因此，若无丰富的材料，写论文就如同“巧妇难为无米之炊”。

我们可以通过到幼儿园亲自观察、体验或调查、实践，获得第一手材料。此外，还需要查阅一些有关幼儿教育的文献书籍，以获取第二手材料。

搜集材料后，还要整理材料，进行分析、比较、归纳，从中选择适用的材料，提炼出有普遍意义的经验，提炼出论文要阐明的论点。

动手写论文前还要对文章有一个整体的构思，以避免结构混乱，材料和论点不合等问题的出现。

三、教育小论文的结构与类别

（一）结构

教育小论文与其他论文一样，有基本共同的结构形式。

1. 标题：用一句话点明作者所要研究的问题或论文的论点，不必追求朦胧、含蓄，要简洁、明了，有些标题还可以设置副标题。

2. 导语：交代写论文的缘由，研究的意义等。

3. 主体：把观点和材料相结合，具体阐述论文的内容。

4. 结论：总结全文，深化主题。

论文初稿完成后，还要本着科学的态度反复修改，看看观点是否鲜明，材料是否充实，论证是否严密，语言表达是否恰当。论文的语言风格应该简洁、平实。

（二）类别

教育小论文可以大致分为两类。一类以总结在幼儿园实践中的保教经验为主要内容，包括一些成功的做法、体会、认识以及教训等，像教育教学经验总结，经验性的专题教育教学文章，以及一些教育随笔等都可以列入此范围。写这类论文要介绍教育教学实践中的情况、主要效果等，但不能只局限于叙述材料，就事论事，而要结合实践经验进行分析，使之上升到一定的理论高度。

另一类则侧重从理论上探讨幼儿教育问题，主要是一些理论性较强的专题教育教学文章。写这类论文，要运用比较丰富的材料特别是二手材料，对概括出的原则、方法等做系统的分析和深入阐发。与前一类论文相比，后一类论文学术性更强，写作难度也更大。同学们写作教育小论文可以前一类为主，但也可以尝试写后一类论文。

写◇作◇训◇练

根据学习的幼教理论，结合你了解的幼教现状，自选角度，写一篇1 500字左右的教育小论文。

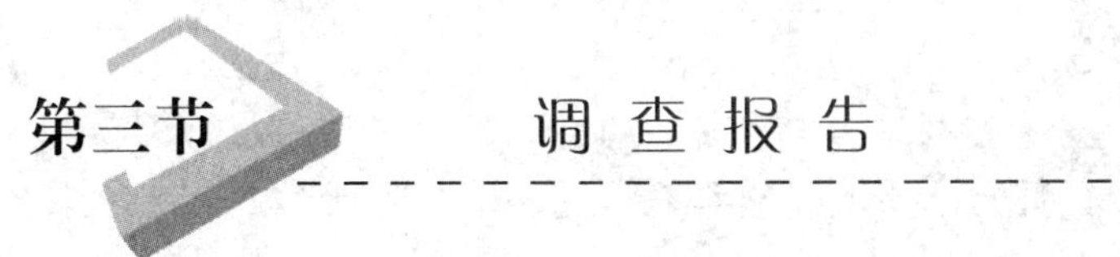

第三节 调查报告

一、调查报告的含义与特点

（一）调查报告的含义

调查报告是对某项工作、某个事件、某个问题，经过深入细致的调查后，将调查中收集到的材料加以系统整理、分析研究，以书面形式向组织和领导汇报调查情况的一种文书。

（二）调查报告的特点

1. 写实性

调查报告是在占有大量现实和历史资料的基础上，用叙述性的语言实事求是地反映某一客观事物。充分了解实情和全面掌握真实可靠的素材是写好调查报告的基础。

2. 针对性

调查报告一般有比较明确的意向，相关的调查取证都是针对和围绕某一综合性或是专题性问题展开的。所以，调查报告反映的问题集中而有深度。

3. 逻辑性

调查报告离不开确凿的事实，但又不是材料的机械堆砌，而是对核实无误的数据和事实进行严密的逻辑论证，探明事物发展变化的原因，预测事物发展变化的趋势，提示本质性和规律性的东西，得出科学的结论。

4. 时效性

调查报告的写作基础是调查研究工作的开展，基于对大量的历史与现实的研究资料的综合分析而得出结论，客观反映现实存在的问题，从而提出解决问题的办法以供决策者参考。而调查研究的对象是动态变化的，因此调查报告具有一定的时效性。一份迟来的报告对于飞速发展的社会来说是没有多大意义的。

二、调查报告的结构及写法

调查报告一般由标题和正文两部分组成，正文又分为前言、主体、结尾三个部分。

（一）标题

标题可以有两种写法。一种是规范化的标题格式，即“发文主体＋文种”，基本格式为“××关于××××的调查报告”“关于××××的调查报告”“××××调查”等。另一种是自由式标题，包括陈述式、提问式和正副标题结合使用三种。陈述式如《东北师范大学硕士毕业生就业情况调查》，提问式如《为什么大学毕业生择业倾向沿海和京津地区》，正副标题结合式，正题陈述调查报告的主要结论或提出中心问题，副题标明调查的对象、范围、问题，这实际上类似于“发文主题＋文种”的规范格式，如《高校发展重在学科建设——××××大学学科建设实践思考》等。作为公文，最好用规范化的标题格式或自由式中正副题结合式标题。

（二）正文

1. 前言

前言有几种写法：第一种是写明调查的起因或目的、时间和地点、对象或范围、经过与方法，以及人员组成等调查本身的情况，从中引出中心问题或基本结论来；第二种是写明调查对象的历史背景、大致发展经过、现实状况、主要成绩、突出问题等基本情况，进而提出中心问题或主要观点来；第三种是开门见山，直接概括出调查的结果，如肯定做法、指出问题、提示影响、说明中心内容等。前言起到画龙点睛的作用，要精练概括，直切主题。

2. 主体

这是调查报告最主要的部分，这部分详述调查研究的基本情况、做法、经验，以及分析调查研究材料中得出的各种具体认识、观点和基本结论。

3. 结尾

结尾的写法也比较多，可以提出解决问题的方法、对策或下一步改进工作的建议；或总结全文的主要观点，进一步深化主题；或提出问题，引发人们的进一步思考；或展望前景，发出鼓舞和号召。

三、写调查报告的几个要求

（一）深入实际，进行周密细致的调查，掌握第一手材料

毛泽东同志曾经说过“没有调查，就没有发言权”，详细科学的实际调查是非常必要的。深入实际、了解情况、收集材料是写好调查报告的先决条件。

（二）分析研究，提炼出富有概括意义的观点

深入实际调查，获取大量的材料只是为撰写调查报告提供了素材，要写好调查报告，还必须用科学的方法分析研究，“将丰富的感觉材料加以去粗取精、去伪存真、由此及彼、由表及里”的整理加工。这

样，就可能找出规律，揭示问题的内在联系和事物的本质特征，提炼出富有概括意义的观点。

研究是整理和分析材料的过程，不抓好这一环节，其结果只会是就事论事地堆砌材料、罗列事例、缺纲少目。

（三）合理安排结构

调查报告的结构形式，主要应根据具体内容和写作目的来定。

调查报告的标题一般都是两行，由正题副题组成。正题主要是或基本是全文经验的概括与说明；副题是关于调查对象和调查内容的补充说明，并且要标明“调查报告”“调查”或“调查附记”等字样。有的报告只有正题，没有副题，这时，正题要直接标明“……的调查报告”。正文中的前言部分要说明调查的目的、对象、时间、地点和调查方法等；主体部分可把调查的主要情况，经验或问题分类归纳，分几部分写，每部分可加序号或加小标题，使文章眉目清楚；结尾部分要语言简洁有力。

（四）要做到观点和材料统一

调查报告必须做到材料说明观点，观点统帅材料。具体做法一般有两种：一是先摆观点，然后用材料加以说明和论述；二是先摆材料，从材料中引出结论。要注意做到概述和典型事例相结合，要精确运用数字等，防止笼统不具体。

（五）调查报告要写得短而精

语言应准确通俗，言简意赅，朴实无华。也可以适当吸取群众中富有表现力的话语，增强感染力。

写◇作◇训◇练

1. 请同学们写一篇幼师生学习兴趣的调查报告。
2. 选择自己感兴趣的调查对象，在调查研究的基础上，自拟题目，写一篇调查报告，做到观点明确、文字简洁、篇幅适当。

第三单元　文学作品创作

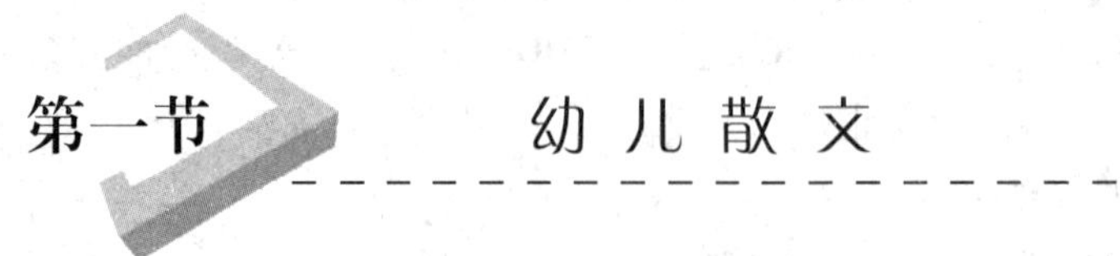

第一节　幼儿散文

一、散文与幼儿散文

散文是一种抒写作家的情绪感受、与读者进行精神对话的文体，特别强调个性化和个体情感的抒发，同时，在写作上又相当自由灵活，选材极为宽广，具有“形散神聚”的特点。

幼儿散文是为幼儿创作，适合他们(3—6岁幼儿)欣赏的篇幅极为短小、知识性强、写法自由、文情并茂的一类文章。幼儿散文是散文的一部分，它具有散文的一般特点。

幼儿散文与成人散文是从接受对象的特殊性而区分出的两个概念。

二、幼儿散文的发展状况

在我国的封建社会时期，没有真正意义上的幼儿散文；到了“五四”新文化运动时期，幼儿散文才初见端倪；直至20世纪80年代，幼儿散文创作才真正崛起。

20世纪初，冰心的《寄小读者》开了儿童散文这一文体的先河，成为经久不衰的佳作。另外，同一时期比较著名的幼儿散文作品有刘半农的《雨》、郑振铎翻译的印度诗人泰戈尔的《纸船》。

20世纪三四十年代，严文井的《世界一点也不稀奇》、贺宜的《雾》、陈伯吹的《一批出色的马》、郭风的《我听见小提琴的声音》问世，幼儿散文得到进一步的发展。

到了20世纪50至70年代，因为系列政治运动的影响，幼儿散文发展滞后，一度十分低迷。

改革开放以后，文艺界思想开始解冻，慢慢活跃起来。进入20世纪80年代以来，幼儿散文发展迅速，除了以冰心、郭风、方轶群、黄农青、张继楼等一批老作家以外，还涌现出一大批优秀的新幼儿散文作家，如金波、望安、夏辇生、张秋生、郑春华等。这一时期，幼儿散文作品数量猛增，超过以往作品的总和，且题材广泛，形式多样，表现手法不断提高，语言表达切合幼儿的年龄特点，注意表现幼儿的心理和情趣，提升幼儿的欣赏水平。

三、幼儿散文的特点

散文的一般特点是以记叙真人真事、真情实景为内容，题材广博丰富，构思新颖独特，结构形式形散神聚、灵活多样，情感真挚、意境优美。

幼儿散文除了具有散文的一般特点以外，还具有适合幼儿生理、心理和欣赏水平方面的独特性。具体表现为以下三个方面。

1. 篇幅短小，内容真实，跃动的童心和贯穿着全篇的童趣

幼儿散文要求内容真实，要求情节比较简单，要求有“情”和“趣”。幼儿散文不能像儿童小说那样以形象来吸引人，也不能像儿童故事那样以故事性取胜。它像诗，靠传达一种情绪和意境来叩开幼儿的心

扉。这就决定了幼儿散文的字里行间必须要有一颗跃动的童心和贯穿全篇的童趣。只有具备了这童心、童趣，才能与儿童读者进行情感交流。

2. 灵活自由，生动活泼，充满幼儿的想象

幼儿散文中的形象都生动活泼，具体逼真，同时这些生动、活泼、可感的形象要激发幼儿的想象力。

3. 语言明丽清新，意境优美

幼儿散文最吸引幼儿的地方，还在于它的语言明丽清新，渗透着幼儿的情调和趣味。

四、幼儿散文的分类

幼儿散文通常被划分为幼儿叙事散文、幼儿抒情散文、幼儿写景散文、幼儿童话散文、幼儿知识散文五种类型。

(一) 幼儿叙事散文

幼儿叙事散文侧重描写幼儿生活中发生的事。用散文笔调向幼儿描述生活中的一些人物、事件等，题材十分广泛，凡适合幼儿接受的生活情景皆可入题。如望安的《小太阳》。

幼儿叙事散文有别于幼儿故事，它更注重写实，既可以完整地叙述一件事，也可以写一件事的片断，不一定有头有尾，情节有些淡化。

(二) 幼儿抒情散文

幼儿抒情散文重在抒发孩子们对生活中人、事、景、物的纯真美好的感情，既可以写景抒情，又可以融情于景，篇幅往往非常短小。如韦苇的《太阳，你好》，张秋生的《妈妈睡了》。

(三) 幼儿写景散文

幼儿写景散文主要是描绘优美的自然风景、四季变化及季节特征，把幼儿感受到的自然美表现出来，让幼儿受到美的熏陶，激发他们对大自然和对生活的热爱。

幼儿写景散文是以少量的、深浅适度的景物描写为内容的散文，常见样式是风光游记，通过旅游过程中的所见所闻来介绍知识，多以地理风光、乡土民俗等为内容。重在描述中外名胜风光、山水人情及幼儿在旅途中的见闻感受。如乐美勤的《布鲁塞尔的铜像》。

(四) 幼儿童话散文

幼儿童话散文是以散文的样式描写童话的形象。它的形象是童话中的拟人形象，但是情节又比童话简单得多，平淡得多，因而更具有抒情性。如安武林的《太阳公公生病了》。

(五) 幼儿知识散文

幼儿知识散文是以介绍知识为主要目的，寓知识于形象描述之中，要求所写知识新奇有趣，一般篇幅短小，语言浅近，写法灵活，不论是知识内容还是艺术传达，都能对幼儿产生吸引力。

五、幼儿散文的作用

幼儿正处于语言能力发展的关键期，诵读幼儿散文，对幼儿具有陶冶情操、培养美感、启发灵感、熏陶语言的作用。

写◇作◇训◇练

多阅读一些幼儿散文经典之作，尝试创作幼儿散文。

第二节 幼儿诗歌

《幼儿园教育指导纲要(试行)》指出：要"引导幼儿接触优秀的儿童文学作品，使之感受语言的丰富和优美，并通过多种活动帮助幼儿加深对作品的体验和理解"。具体地说，就是要培养幼儿爱听、爱看、爱讲、爱表演儿童文学作品，能理解并复述简短的儿童文学作品。因此幼儿诗歌教学就显得尤为重要。

一、幼儿诗歌与儿童诗歌

一直以来，幼儿诗歌与儿童诗并没有一个明显的界定，谈幼儿诗歌必然离不开儿童诗歌。编者认为幼儿诗歌是儿童诗歌的一个组成部分。

儿童诗歌是指以儿童为主体接受对象，适合于儿童听赏、吟诵、阅读的诗歌。它应符合儿童的心理和审美特点，既包括成人诗人为儿童创作的诗，也包括儿童为抒怀而创作的诗。包括儿童诗与儿歌。

幼儿诗歌是以幼儿为欣赏对象的诗歌，是幼儿接触较多而又非常喜爱的一种文学形式。它包括儿歌、古诗、谜语、绕口令、散文诗等。和幼儿散文不同，儿童诗歌出现的时间要早得多，在《诗经》中已经崭露头角。到了唐代，骆宾王的《咏鹅》成了脍炙人口的幼儿诗歌。在很长的一段时期，大多数幼儿诗歌的创作都处于一种无意识的状态。到了现当代，幼儿诗歌的发展才蔚为大观。

二、幼儿诗歌的特点与作用

幼儿诗歌的主要特点是：主题单纯；内容浅显、凝练；节奏明快、韵律和谐；富有儿童情趣，读起来朗朗上口，易于朗诵、记忆和表达情感。

幼儿诗歌是诗歌的一个分支，由于它受到特定读者对象心理特征的制约，因此反映的生活内容、进行的艺术构思、展开的联想和想象、运用的文学语言等都必须符合幼儿的年龄特征和认知水平，必须是幼儿喜闻乐见的。这样才能在培养幼儿良好的道德品质、思想情操，激发丰富他们的想象力、思维能力等方面，尤其在培养幼儿健康的审美意识和艺术鉴赏力上，发挥独特的作用。

幼儿诗歌不仅可以丰富幼儿的知识、发展语言、启迪智慧，而且还可以使幼儿的心灵和情感受到良好地熏陶以及美的感受。

三、幼儿诗歌教学的基本步骤

(一) 选择合适的诗歌教学内容

幼儿园各年龄段的诗歌，情感洋溢，想象丰富，语言凝练，并集中体现了艺术语言的形式美特征，给幼儿以强烈的美的刺激，形成情感的共鸣。因为诗歌教学的年龄阶段特点比较明显，大家在内容的选择上应有所侧重。一般来说，小班在选材上要注意以语言浅显重复、读来朗朗上口、动作体验强的儿歌为主，例如《手指谣》《小朋友爱清洁》等。中大班在选材上除了要贴近幼儿生活经验，还要注重诗歌蕴涵的意境美、诗歌中渗透的情感美、情节美和诗歌中词句的优美等，如《梦》这首诗中蕴涵的意境美，诗歌《绿色的和灰色的》渗透的情感起伏变化的情绪美和故事发展的情节美等。

(二) 制定确切的诗歌教学目标

教师要有明确的目标意识，懂得根据幼儿的年龄特点和生活经验制定具体、明确的诗歌教学目标。如有的诗歌注重道德教育目标，有的诗歌注重培养幼儿的审美情趣，有的诗歌重视对幼儿情感的体验。这要求我们在分析诗歌内容的基础上，进行整合提炼，从情感、态度、知识能力等方面综合考虑制定目标。如小班的《小朋友爱清洁》"小鸭叫，嘎嘎嘎，叫我剪指甲；小鸡叫，叽叽叽，叫我擦鼻涕"，制定目标时可以从卫生行为习惯上提示。又如小班儿歌《逗蚂蚁》整首诗充满了天真烂漫的童趣，制定目标时可以从鼓励幼儿的天真出发。

（三）运用灵活的诗歌教学方法

诗歌教学首先是一种美感体验的活动，是一个由感受而感动的过程。其次，诗歌学习是师幼共同进行的文学审美活动，教师要有意识地引导幼儿感受、体验诗歌中丰富多样的情感。如果不重视幼儿审美情感的培养，把学诗、读诗、编诗当作一个机械的任务来完成，幼儿情感上无动于衷，心湖上风平浪静，就无法产生心灵感应，无法体验美好的情感。为此，幼儿教师可以从以下几方面着手教学。

1. 生动简洁导入，以"引"介入诗歌

诗歌教学的导入方式多种多样，但任何一种成功的导入方式，都应该是简洁、生动、准确的，并且可以收到集中幼儿的注意力、激发幼儿活动兴趣、帮助幼儿明确活动目的的效果。目前我们常用的导入方法有：直接欣赏导入法、启发提问导入法、情景表演导入法、故事讲述导入法、图片导入法等。导入环节不是活动的主体，更不是整个活动的重点，它所占的时间一般较短，但它所起的作用却是不可忽视的。

例如：在儿歌《逗蚂蚁》这样导入：小朋友，今天我们邀请一位客人来做游戏，猜猜它是谁？用白纸遮住蚂蚁身体，慢慢露出一对小触角和半个脑袋，让幼儿猜一猜（小班孩子）。激发兴趣，集中注意力。"蚂蚁来呀来……"请幼儿完整欣赏一遍儿歌。（情景导入）教学散文诗《冬爷爷的胡子》可以这样导入：请小朋友告诉老师，你爷爷有胡子吗？你爷爷的胡子是怎么样的？你想知道冬爷爷的胡子是什么吗？今天，老师给小朋友带来一首有关冬爷爷的胡子的散文诗……这是典型的与幼儿作简短谈话的导入方式，整个环节简洁、自然、切题。

导入的方法有很多，我们应该结合诗歌内容有效地选择。

2. 倾听感受理解，以"问"步入诗歌

倾听感受诗歌内容，让孩子初步熟悉诗歌的语词语句，这在诗歌教学中必不可少。如何让孩子愿意听、积极地听、专注地听，老师可以在听之前提出要求。第二遍欣赏时《逗蚂蚁》提问：仔细听听，儿歌中我们请小蚂蚁吃的是什么呢？小蚂蚁问了什么话？我们怎么回答的？让幼儿带着问题去欣赏儿歌，而接下来的第三遍欣赏，可以让幼儿边扮演小蚂蚁边和老师进行一问一答，帮助幼儿具体理解诗歌中的每一句话。

3. 完整朗读，以"情"进入诗歌

"美文"需要用"美语"来传达，才能让听者感受它的美。作品能否引起幼儿的学习兴趣，教师的示范朗诵很重要。幼儿通过朗诵，可以增加文字的趣味性，并且学习正确的语音、语法、语调、语气……充分欣赏文学的美。

由于受生活经验和认知发展水平的局限，幼儿对诗歌的欣赏与创造不能像成人那样直接通过阅读文字轻而易举地来把握，而是要依靠教师声情并茂、形象生动的语言传递来学习。诗歌教学的过程，实际上就是帮助和引导幼儿去欣赏、创造的过程。

4. 创作仿编，以"说"重塑诗歌

为了强化幼儿诗歌教学，教师可以根据幼儿的年龄特点，自行创作仿编幼儿诗歌，并带领幼儿进行说唱练习，让幼儿对诗歌的韵律、格式、词语、节奏等有具体的感知。在此基础上，教师还可以引导幼儿进行简单的创编活动。创编诗歌是一种融思维、语言发展为一体的创造性活动，能够很好地提升幼儿的语言能力、想象能力和逻辑思维能力。如诗歌《家》《落叶》，可以让小、中班幼儿进行仿编：还有谁是谁的家，或者落叶还会落在哪里？哪个小动物会发现它，把它当做什么呢？对于大班的幼儿，教师可以在难度上有所提高，除了引导他们进行仿编之外，还可以引导他们进行续编。

（四）结合其他领域的活动内容

在诗歌教学中可以进行综合性主题活动，即围绕某一诗歌作品，结合其他领域的教育活动，综合运用多种手段、途径开展活动。如以诗歌为中心，开展欣赏、朗诵、表演、制作、绘画、音乐等活动。例如在《落叶》的诗歌活动中，我们开展了外出秋游，唱一唱有关“落叶”的歌曲，利用“落叶”粘贴作品等，一系列活动来丰富幼儿的知识面，发展幼儿多方面的能力。

四、幼儿诗歌写作技法

（一）比喻法

比喻法能抓住事物之间的相似之处，把一物比成另一物。

例：《荷叶》

碧绿的荷叶，是神奇的飞机场。一只只蜻蜓，自由地升降。碧绿的荷叶，是鱼儿的大伞。雨滴来了可以遮挡，太阳来了可以歇凉。碧绿的荷叶，是池塘的录音盘。录着动听的蛙鸣。白天黑夜不停地播放。

《妈妈的爱》

妈妈的爱是一支雪糕，从嘴里，甜到心里。妈妈的爱是一记藤条，从皮里，痛到骨里。妈妈的爱是一道数学题目，一点一点，从心里，加进眼里。又一点一点，从眼里，加进心里。

（二）拟人法

拟人法是把事物比拟成人，赋予事物以人的情态和动作的写作手法。

例：《汽水》

跟你握握手，你就冒气。请你脱脱帽，你就生气。干干脆脆，一口把你喝下去，看你还神不神气。

《日的故事》

有一天，日见了白说：别以为你长了一根头发，我就不认识你了；又有一天，日见了目说：别以为你有了皱纹，我就认不出你了。

（三）假设法

使用“假如”或“如果”等假设词，写出美丽的希望和想象。

例：《如果我变成风》

如果我变成风，就到妈妈工作的地方。替妈妈，把脸上的汗珠，一颗一颗吹干。

（四）阅兵法

阅兵法是分层次描写、突出主题的一种写作手法。

例：《树》

春天的树，是花儿们选美的舞台。夏天的树，是蝉儿们唱歌的教室。秋天的树，是水果们睡觉的摇篮。冬天的树，是风儿们赛跑的运动场。

（五）叙事法

叙事法即将一件事或一个故事写成诗。

例：《葡萄架》

葡萄架，高又高，上边吊着紫葡萄。紫葡萄，大又圆，个个儿，香又甜。狐狸看见往上跳，跳了半天够不到。够不到，心不甘，不说自己笨，倒说葡萄酸。

《悄悄话》

妈妈出差了，晚上来电话，照顾好自己，别让妈牵挂。我给妈妈悄悄话，妈妈放心吧女儿已长大。

写◇作◇训◇练

尝试创作一两首幼儿诗，同学之间互相交流。

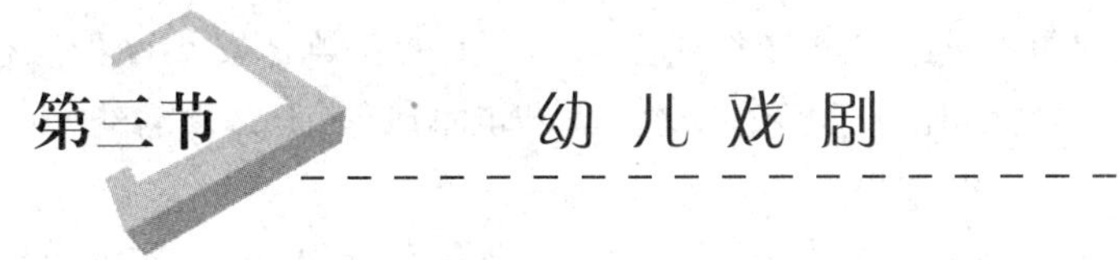

第三节 幼儿戏剧

一、幼儿戏剧及其发展

（一）幼儿戏剧的概念

戏剧是一种综合性的舞台艺术，它以舞台表演为中心，融合了文学、音乐、美术、舞蹈以及造型、灯光、服饰等各种艺术成分。幼儿戏剧是以幼儿为对象，以人物对话为主，辅以动作、表情等手段进行舞台表演，供幼儿观看或直接参与的艺术形式。

戏剧中的文学成分主要体现在剧本上，戏剧剧本即戏剧文学。剧本为舞台演出提供脚本，同时也是一种可供阅读的文学体裁。

（二）幼儿戏剧的发展

20世纪初，西方资产阶级教育思想传入我国，许多知识分子在改革学校教育的同时，也引进了欧美学校设置的音乐、美术、体育等课程，并且提倡儿童戏剧，把它作为学校开展课外活动的重要内容。

"五四"运动以后，郭沫若、郑振铎、叶圣陶等都为孩子们写过儿童剧。1922年，黎锦晖在《小朋友》杂志上发表了儿童歌舞剧《麻雀与小孩》，这是我国最早出现的幼儿戏剧。以后，黎锦晖又陆续创作了十余部儿童歌舞剧，其中《葡萄仙子》《月明之夜》《三蝴蝶》等都是可供幼儿观赏的童话歌舞剧。黎锦晖是中国儿童歌舞剧的创始人，也是第一个中国歌舞学校的创办者。

抗日战争和解放战争期间，剧作和舞台演出的主要任务在于宣传抗战、动员斗争，当时几乎没有什么幼儿戏剧。

新中国成立以后，我国儿童戏剧事业迅速发展，出现了不少可为儿童观赏的作品。如张天翼的《大灰狼》、乔羽的《果园姐妹》《森林的宴会》、老舍的《宝船》等。包蕾原作、经中央人民广播电台"小喇叭"节目配曲的《小熊请客》、刘饶民的《小兔子领尾巴》、金近的《兔妈妈种萝卜》等童话歌舞剧和沈慕垠的木偶剧《老公公种红薯》更是直接进入幼儿园中，是小朋友们十分乐意扮演的节目。

二、幼儿戏剧的特征

（一）主题鲜明、浅显，题材幼儿生活化

幼儿戏剧的题材或取自幼儿现实生活，以幼儿为主人公，或取自幼儿独特的幻想世界，以童话的方式、拟人化的人物形象间接反映幼儿的生活，不论是反映自然界还是人类社会，无论是现实题材还是非现实题材，幼儿戏剧的题材内容和主题意蕴上都具有鲜明的幼儿年龄特征。这些特征往往鲜明地体现在所刻画的人物形象上。

（二）戏剧冲突的趣味性和游戏性

戏剧冲突是戏剧反映、表现生活的基本手段，是戏剧的轴心，所以说"没有冲突就没有戏剧"。幼儿戏剧也属于戏剧，自然也不能违背、脱离这一艺术规律。但是，幼儿戏剧中出现的戏剧冲突必须符合幼儿的年龄心理特征，符合他们的接受能力和审美趣味。一般比较单纯，充满幼儿情趣，只有一条主线，而且十分鲜明，往往以幼儿能理解的真假、善恶、美丑之间的矛盾对立作为戏剧冲突。

原苏联著名作家高尔基说过，"游戏是幼儿认识世界的方法，也是他们认识世界的工具"。幼儿戏剧不仅在内容上大多反映、表现了幼儿的游戏活动，而且在艺术形式上也都只具备幼儿游戏的特点。幼儿戏剧的演出实际上就是一种经过组织的、具有戏剧艺术特点的高级游戏。在幼儿戏剧中，有些是有成人演出给幼儿观赏的，但主要部分则是供幼儿自己演出的。

（三）戏剧语言动作性、儿童化和口语化

戏剧主要通过台词，即角色对白和独白来塑造人物形象、推动剧情发展和表达主要思想。戏剧语言要求简练、明确、口语化、个性化和富于动作性，幼儿戏剧也不例外，但必须与幼儿的年龄特征和审美情趣相适应。

幼儿戏剧不可能有大段的对白和独白，因此它的语言特别要求形象化和动作化，甚至常常用大幅度的、夸张的动作去表现人物的思想情绪和性格，让幼儿一听一看便明白，留下鲜明而深刻的印象。

戏剧语言的动作性和口语化要求人物语言要自然、朴实、浅显，符合幼儿口吻，同时要生动有趣、动作感强。即使是拟人化的人物形象，也应该具有幼儿的个性特征和语言动作心理，适合幼儿理解和欣赏。

人物语言的个性化和类型化要求刻画人物的性格时反复锤炼角色语言，使之具有个性化特征。类型化的手法，赋予一类人物形象某一鲜明的性格特征，以便幼儿把握理解。如狡猾贪吃的狐狸、善良柔弱的小鸡、凶神恶煞的大灰狼等。

三、幼儿戏剧的分类

从容量场次方面来讲，幼儿戏剧主要是独幕剧；从题材范围方面讲，主要是童话剧；从艺术表现形式讲，包括幼儿歌舞剧、幼儿歌剧、幼儿话剧、幼儿广播剧、幼儿木偶剧以及故事表演等，这些都是比较常见的幼儿戏剧。

写◇作◇训◇练

找一个幼儿童话故事，将它改编成幼儿戏剧，写一个剧本，并邀请同学一起扮演。

参 考 文 献

白冰、汤锐主编:《世界儿童文学名著鉴赏大典·诗歌散文寓言卷》,广西人民出版社 1992 年版。

白冰、汤锐主编:《世界儿童文学名著鉴赏大典·童话卷》,广西人民出版社 1992 年版。

陈望道:《修辞学发凡》,上海教育出版社 1997 年版。

丁声树编著:《古今字音对照手册》,中华书局 1981 年版。

董少文编:《语音常识》,文化教育出版社 1964 年版。

国家语言文字工作委员会普通话培训测试中心编:《普通话水平测试实施纲要》,商务印书馆 2004 年版。

胡明扬主编:《词类问题考察》,北京语言学院出版社 1996 年版。

胡裕树主编:《现代汉语参考资料》,上海教育出版社 1981 年。

黄伯荣、廖序东主编:《现代汉语》,高等教育出版社 1995 年版。

李建国:《汉语规范史略》,语文出版社 2000 年版。

梁东汉:《汉字的结构及其流变》,上海教育出版社 1959 年版。

刘焕阳主编:《语言文字通用教程》,山东大学出版社 2002 年版。

吕叔湘:《现代汉语八百词》,商务印书馆 1997 年版。

罗常培、王均编著:《普通语音学纲要》,商务印书馆 1981 年版。

[俄] 契柯夫:《契柯夫短篇小说选》,童道明等译,上海三联书店 2009 年版。

秦礼君主编:《现代汉语语法专题》,海洋出版社 1990 年版。

人民教育出版社中学语文室编著:《阅读与写作》,人民教育出版社 2000 年版。

苏艳霞、丁春锁主编:《语文教程》,复旦大学出版社 2010 年版。

滕吉海、张发明主编:《语音文字基本功训练手册》,吉林大学出版社 1990 年版。

王希杰:《修辞学通论》,南京大学出版社 1996 年版。

王向东主编:《幼儿教师语文素养》,复旦大学出版社 2009 年版。

萧国政:《现代汉语语法问题研究》,华中师范大学出版社 1997 年版。

邢福义:《语法问题思索集》,北京语言学院出版社 1995 年版。

许嘉璐主编:《古代汉语》,高等教育出版社 1995 年版。

颜迈编著:《现代汉语》,四川大学出版社 1996 年版。

张志毅:《词汇语义学》,商务印书馆 2002 年版。

郑定欧:《词汇语法理论与汉语句法研究》,北京语言文化大学出版 1999 年版。

钟业枢、郦亭山主编:《文字学基础》,广东高等教育出版社 1987 年版。

钟业枢、郦亭山主编:《训诂学基础教程》,学院出版社 1988 年版。

钟业枢、郦亭山主编:《音韵学教程》,广东教育出版社 1989 年版。

图书在版编目(CIP)数据

幼儿教师实用语文/杨帆主编. —上海：复旦大学出版社,2015.7(2019.1 重印)
全国学前教育专业(新课程标准)“十二五”规划教材
ISBN 978-7-309-11491-1

Ⅰ. 幼… Ⅱ. 杨… Ⅲ. 汉语-幼儿师范学校-教材 Ⅳ. H1

中国版本图书馆 CIP 数据核字(2015)第 112514 号

幼儿教师实用语文
杨 帆 主编
责任编辑/孙程姣

复旦大学出版社有限公司出版发行
上海市国权路 579 号 邮编：200433
网址：fupnet@fudanpress.com http://www.fudanpress.com
门市零售：86-21-65642857 团体订购：86-21-65118853
外埠邮购：86-21-65109143 出版部电话：86-21-65642845
上海春秋印刷厂

开本 890×1240 1/16 印张 13.75 字数 386 千
2019 年 1 月第 1 版第 4 次印刷
印数 13 301—16 400

ISBN 978-7-309-11491-1/H·2484
定价：36.00 元